经典·新阅读

读懂亚里士多德的第一本书
形而上学

［古希腊］亚里士多德◎著　　黄颖◎译

中国华侨出版社

图书在版编目（CIP）数据

读懂亚里士多德的第一本书：形而上学 /（古希腊）亚里士多德著；黄颖译 . —北京：中国华侨出版社，2017.5
　ISBN 978-7-5113-6832-4

Ⅰ. 读… Ⅱ. ①亚… ②黄… Ⅲ. ①亚里士多德（Aristotle 前384-前322）- 形而上学 Ⅳ. ① B081.1 ② B502.233

中国版本图书馆 CIP 数据核字（2017）第 113136 号

读懂亚里士多德的第一本书：形而上学

著　　者 /［古希腊］亚里士多德
译　　者 / 黄　颖
责任编辑 / 拾　青
责任校对 / 王京燕
经　　销 / 新华书店
开　　本 / 787毫米×1092毫米　1/16　印张/22　字数/371千字
印　　刷 / 三河市华润印刷有限公司
版　　次 / 2022年2月第1版第3次印刷
书　　号 / ISBN 978-7-5113-6832-4
定　　价 / 46.00元

中国华侨出版社　北京市朝阳区静安里26号通成达大厦3层　邮编：100028
法律顾问：陈鹰律师事务所
编辑部：（010）64443056　　64443979
发行部：（010）64443051　　传真：（010）64439708
网　址：www.oveaschin.com
E-mail：oveaschin@sina.com

译者序

形而上学,这个哲学名词既指对世界本质的看法,也指片面的、孤立的、静止的思维方式。在哲学家亚里士多德的体系中,形而上学探讨的是对存在、客体及其性质、空间和时间、因果和可能性的认识。

每个人来到这个世界上,都会对世界上的一切感到好奇,产生了解的渴望。世界如何存在,存在的一切都有怎样的价值?什么是智慧,人类为什么拥有智慧?什么是本体,什么是客体……这所有的了解和认识世界的问题,会萦绕着每一个善于思考的人。而亚里士多德就是其中之一,他在不断地研究和思考中,领悟到世界的真理,洞察到本体与客体的关系,明了时间与空间的规律。在他毕生的研究中,他给所有想认识和理解这个世界的人指出了一种可能性。这种可能性也将引导人们深入思索。

在世界范围,包括中国在内,亚里士多德的哲学思想,一直为人们所乐道,专家学者对亚里士多德的研究也层出不穷。但是不管如何研究,如何阐释,亚里士多德的原著永远是读者研习哲学、理解世界的最佳工具。

纵观国内翻译亚里士多德的书籍，均是大家力作。但是对于读者来说，大家的翻译著作往往佶屈聱牙，深涩难懂。普通读者想通过明了易懂的文字来认识和学习形而上学思想，几乎非常困难。因此，译者尽可能地将亚里士多德的形而上学思想以简洁明了的方式翻译出来，尽最大可能地还原亚里士多德的思想。尽管如此，"亚里士多德不可翻译"的困难依然横亘在我们面前，译者才疏学浅，即使将亚里士多德的著作翻译成简单明了的形式，但纰漏与错误在所难免。为了更加方便读者阅读，译者加入了诸多批注，辅助读者理解。在体例方面，译者尽可能保持原著的架构，但是根据内容也进行了微调。希望能够更符合读者的阅读口味，也希望读者在阅读过程中能够斧正，译者诚挚接受批评与建议。

目录
CONTENTS

Part 1　哲学探究与问题

"智慧"概述 …………………………………… 003
哲理学术探究 ………………………………… 005
早期哲学理论 ………………………………… 008
早期哲学家的研究 …………………………… 012
两个学派的理论 ……………………………… 015
柏拉图哲学 …………………………………… 018
众多理论的探究 ……………………………… 020
理论中的问题 ………………………………… 022
意式和通式 …………………………………… 026

Part 2　哲学与真理

哲学是真理的知识 …………………………… 035
事物的原因 …………………………………… 037
学科方法的区别 ……………………………… 039

Part 3　原因研究之问题解答

关于原因的种种问题 ………………………… 043
问题之解答 …………………………………… 045

Part 4　哲学相关问题的解析

"实是"的研究是门学术 …………… 061
本体概述 …………………………… 062
矛盾律的起源 ……………………… 066
矛盾律的定义 ……………………… 068
对感觉观察来认识事物的理论的辩驳 …… 075
不是所有事物都能被证明 ………… 080
间体在相反描述中的定限 ………… 082

Part 5　本体论的重要词语

"原"的含义 ………………………… 087
"因"的含义及种类 ………………… 088
"元素"的含义及组成 ……………… 090
本性的含义 ………………………… 091
"必须"（必然）的含义 …………… 093
"一"的含义 ………………………… 094
关于"是"的理解 …………………… 097
本体的含义 ………………………… 099
"同"、"别"、"异"的含义及用法 …… 100
"相反"的含义及用法 ……………… 102
"先于"和"后于" …………………… 103
潜能的含义 ………………………… 105
量的含义 …………………………… 108
"质"的含义 ………………………… 109
"关系"的各种情况 ………………… 110
"完全"的含义 ……………………… 112
"限"的含义 ………………………… 113
"由彼"的含义 ……………………… 114
"安排"的含义 ……………………… 116

"有"的含义 …………………………………… 117
"禀赋"的含义 ………………………………… 118
"缺失"的含义 ………………………………… 119
"持有"的含义 ………………………………… 120
"所从来"的含义 ……………………………… 121
"部分"的含义 ………………………………… 122
"全"的含义 …………………………………… 123
"剪裁"的含义和使用 ………………………… 124
"科属"的用法 ………………………………… 125
"假"的含义和使用 …………………………… 126
"属性"的含义 ………………………………… 128

Part 6　哲学范围和学术分类

神学应该是第一学术 ………………………… 131
偶然属性的内容 ……………………………… 134
事情的必然和偶然的联系 …………………… 137
从想法而来的事物离合的真假 ……………… 138

Part 7　本体问题的研究

本体含义的分析 ……………………………… 141
本体是什么 …………………………………… 143
本体应用的对象 ……………………………… 144
关于怎是的研究 ……………………………… 146
怎是和本体的关系 …………………………… 149
事物与其怎是的异同 ………………………… 151
创生的事物 …………………………………… 153
综合实体论 …………………………………… 156
本体特性 ……………………………………… 158
"公式"及"定义"之整体和部分 …………… 160

有关"定义"和"公式"相关问题之讨论 …… 164
分类法而来的"定义" …………………… 167
本体探讨 ……………………………………… 169
意式的漏洞 …………………………………… 172
综合实体与"公式" ………………………… 174
本体为潜在物? ……………………………… 176
本体之貌 ……………………………………… 178

Part 8　物质和形式

本体之总结 …………………………………… 183
物质是潜在本体 ……………………………… 185
组合本体 ……………………………………… 187
物质本体 ……………………………………… 190
另一些疑难 …………………………………… 192
以前说过的一些疑难 ………………………… 193

Part 9　潜能与实现

所谓"潜能" ………………………………… 197
理知公式 ……………………………………… 199
动变的"能" ………………………………… 200
可能即非不可能 ……………………………… 202
潜能的实现 …………………………………… 203
实现是什么 …………………………………… 204
定义潜在 ……………………………………… 206
先于 …………………………………………… 208
实现的价值 …………………………………… 212
"是"与"非是" …………………………… 213

Part 10　事物之对反

何为"一" ················· 217
元一的本体 ················ 221
相同、相别、相反 ············· 223
相异中的对成和对反 ············ 225
事物的相对 ················ 227
"一和多"的问题 ············· 229
相对之间体 ················ 231
"于种有别" ················ 233
品种差异 ················· 235
非品种之别 ················ 237

Part 11　真正的研究

智慧的学术 ················ 241
智慧学术研究对象 ············· 243
不同科属的同一学术 ············ 246
哲学的学术分支 ·············· 248
"是"与"不是"不并存 ·········· 249
人为万物之计量? ············· 251
学术的目的 ················ 254
实是的偶然性 ··············· 256
潜在、实现、动变 ············· 258
无尽 ··················· 261
主、被动动变 ··············· 264
运动 ··················· 266

Part 12　物质本体

本体的研究 ················ 271

变化 …………………………………… 273

物质与通式 ……………………………… 275

事物的要素 ……………………………… 277

独立本体 ………………………………… 279

三类本体 ………………………………… 281

极因 ……………………………………… 283

本体的数量 ……………………………… 286

理性 ……………………………………… 290

至善本性 ………………………………… 292

Part 13　探究事物内部

永恒本体 ………………………………… 297

可感知之外的对象 ……………………… 298

属性 ……………………………………… 301

数理对象 ………………………………… 303

通式于事物 ……………………………… 306

意式 ……………………………………… 308

单位的相通 ……………………………… 310

数的差异 ………………………………… 314

串联与接触 ……………………………… 319

普遍本体和个别本体 …………………… 323

Part 14　论数

对反 ……………………………………… 327

永恒事物之要素 ………………………… 330

意式数和数学数 ………………………… 333

美与善的问题 …………………………… 336

善为第一原理 …………………………… 338

数与列数 ………………………………… 340

Part 1
哲学探究与问题

"智慧"概述

我们喜欢运用我们自己的感觉，这说明了一个事实：求知是人类的天性，就算是没有什么实际的用处，但是人们还是喜欢感觉，而在所有的感觉中，视觉是人们最为重视的。无论我们做什么，不管是有所作为还是无所作为，和其他的感觉相比，我们都最喜欢看，因为视觉是所有感觉中，能让我们知道事物，并区分事物之间区别的最多的来源。

其实动物生来也有官能[1]上的感觉，只不过有的可以产生一些记忆，而有的则不会产生，这样看来，前者就比后者更加聪明，而且更适合学东西。有一些动物是不能听到声音的，它们是不能接受教诲的，虽然它们也比较聪明，例如蜜蜂及一些类似于蜜蜂的物种；能够接受教诲的动物，除了能够有记忆外，还要具备听觉。

人类与这些凭借自己本能，感觉现象，产生记忆，但却不去思考的动物的区别就是：人类可以对同一事物产生多次记忆，最后产生经验，而这些经验使人类得到知识与技术。就像浦罗说过的："经验造就技术，无经验就凭机遇。"举个例子来说，加里亚得过某种病症，而这种病症对他有好处；苏格拉底和很多其他的人，得了这种病之后也是这样的情况。这样的情况总结下来，就得到了这种病或者说这类事物的普遍判断，这就是经验；而在经验的基础上再加以分析，比如某一类型体质的人得了这种病都这样，这就是技术。

经验是个别知识，技术则是普遍知识[2]，这么看来，经验似乎更适用于实际业

---

[1] 器官的功能，比如眼睛这个器官的功能是视觉，但是在此处还是指有机器官的功能。

[2] 个别知识为适用于个别领域或个别现象的知识，普遍知识则是在某个领域中所有的事物都适用的或所有领域都适用的知识。

务，在实际活动中，有经验的人甚至比有理论而无经验的人更成功。这是因为实际活动中的业务与生产往往都是和个别事物有关，如同医生面对的是各不相同的个体，而不是一样的群体，如果仅仅是知道普遍的知识，对于这些个别事物却不甚理解，那么这样的医生也不是好医生，因为每个人都是不一样的，也并不一定适合普遍的理论。但是这些仅仅适用于一些领域而已，总的来看，还是技术要比经验更重要，技术家也比经验家更聪明（普遍的认识可以产生智慧，而个别的认识则不能）。因为技术是知识和理解的统一，而经验不是，技术家可以知道这样做的原因，为什么要这样做，而凭经验的人则不知道，凭经验的人只是凭习惯来做动作而已，并不知道为什么要这样做。我们通常认为每一行中的大匠师要更受尊敬，大匠师比一般工匠懂得更多，也更聪明，他们知道自己做这些动作的原因，而一般的工匠只是机械地重复工作，凭习惯做事情，并不知道做这些事情的原因和道理。他们可能做得不如一般工匠灵活，但是他们懂得道理，懂得理论，这也就是我们说大匠师要比一般工匠更聪明的原因。还有一点就是懂得技术的人可以去教别人，告诉别人技术中存在的道理，凭经验的人是做不到这些的，这也是人们有无理论的标志。

技术、知识还有感官的区别，在伦理学[1]中就已经讲过了，这里所要讨论的，就是大家怎么样来阐述事物，还有阐述事物时所展现的智慧，就像上面所说的，有经验的人比靠感觉的人更有智慧，而技术家又比经验家强，大匠师比匠师强，理论部门比生产部门强，这样来看，有关某些原理和原因的知识就是智慧。

---

[1] 古希腊哲学家亚里士多德是最早给伦理和德行下定义的人，他所写的《尼各马可伦理学》一书是西方最早的伦理学专著。伦理学把道德现象当作探究的对象，包括了所有和道德有关的现象。

哲理学术探究

正由于我们要探寻这门知识，所以我们就必须了解到智慧是关于何种原因与原理的知识。如果我们仔细看看对于哲人的解释，就可以找到比较明白的答案。首先，我们先做这样的假设：哲人知道所有的事物，即使对于每一件事物的细节未必都清楚，那么谁可以明白别人很难知道的事物，那我们就称他很有智慧（感觉因为人人都有，而且比较容易得到，就不算是智慧），然后，哪个人更擅长并且更实际地把各门知识的原因教授给别人，那这种人也更有智慧。更深地研究这门学科本身所具有的知识，比研究它怎么样来应用所得到的知识更有智慧。低级学术的智慧比不上高级学术的智慧。由此看来，哲人怎样做，不应该听别人的，而是别人应该听他的。

这些可以用来解释智慧与哲人的关系。这样来看，掌握了最高级的普遍知识的人就可以称之为是博学的人。当然如果说有一物不知道，就不能算是普遍。所谓的最普遍的就是人类所最难知道的，因为这些离感觉是最远的。特别重视基本原理的学术[1]，又是最精确的学术，相比较之下，学术中所包涵的原理越少，就越精确，比如说算术和几何。而研究为什么的学术比那些不研究的学术更有益处，也只有那些能够知道所有事情原因的人才可以教诲我们。所有为了知道为什么而去追求研究的人，知道的才最多，因为这些人为了知道原因，所了解的都是最真实也是最可知[2]的知识。其中，原理与原因是最可知的，只有明白了这两种东西，才能够明白其他的一切，如果要靠次级学术，那这些永远也不会搞明白。因为次级

---

1 学术，是指系统的有针对性的知识，是对存在的事物和它的规律的专业的研究。
2 可知在此处的意思应该是认识其他知识的基础。

学术做不到了解每一事物的来龙去脉。研究的最终目的，如果单指某一事物，就是指这一事物的"本善"，如果是普遍而言就是全宇宙的"至善"。总而言之，这门学术就是为了研究原因和原理，而这些"善"就是原因而已。

这类的学术并不是一门制造学术，这一点从早些时候的哲学家[1]的历史就可以看出来。从古到今，人们都是先惊讶于自然万物，然后开始对哲理的探索，起初，他们是对于各种迷惘产生惊讶，然后一点点地进行解释，一点点地积累，并对一些比较重大的问题作出解释，比如太阳、月亮是怎么运行的，宇宙是如何产生的。一个有着迷惘和惊讶的人，当他为自己的愚蠢（神话编录的都是怪异，爱好这些的也是爱好智慧的）而惭愧的时候，就想去探寻哲理来摆脱愚蠢，由此可见，这些人探索只是为了求知，并没有什么别的目的。这也就证明，这类学术的产生，是在人们的基本生活和精神享受都得到了之后。人们探求智慧只是为了探求，为了自由，而没有其他利益，人们为了自己而生存，不是为了别人，所以哲学[2]是为了研究自身而成立的唯一的学术，因为它是唯一的自由探讨并加以深究的学术。

要获取这样的知识或许是在人类能力范围之外了，从一些方面来看，人类本身就是在缧绁之中的，这是人类的本性，就像雪蒙尼得说的"自然的秘密只许神知道"，人类就应该只获得人间的知识，而不应该去窥探天机，也有诗人说道，如果你能够领悟到真谛，则诸神也会嫉妒，所以这些得到智慧的人，都遭到不幸，但是神也未必就会嫉妒，而且在人间也没有比这个更光荣的学术了。最神圣的学术也是最光荣的，这样的学术在两方面都应该是神圣的，由此看来，对于神来说都是最合适的，那么这样的学术就是神圣的学术，而任何讨论神圣的事物的学术也必然是这样，那么哲学就是神圣的。为什么这么说呢，首先，神被认为是万物的本原，也是世间的第一原理，其次，这样的学术是神所独有的，或者说神因为它而比人类知道得多。其他的所有学术，确实比哲学更为实用，但是哲学比任何

---

1 哲学家是指拥有独立的研究结论，对哲学有很深造诣的哲学学者。

2 哲学（英文：Philosophy，源于希腊文：Φιλοσοφία），对于学术而言，哲学是没有确定的定义的，将来也不一定会有固定的定义，如果只是从西方的角度来看，哲学就是对各个领域所产生的一些问题的研究。

学术都更佳。

但是,从某种意义上讲,探索这门学术的结果恰恰与我们的初意相反,我们探索的最初就是因为对万事万物感到惊讶,比如"冬至到夏至",比如"傀儡自行",比如"对角线不能用边来计量"[1]等,对于世上的某一个事物如果用最小的单位都不能计量,这对于所有不知道真相的人来说都是不可思议的。但是当人们探索之后知道了万事的原因,不再受这些现象所困扰,这就是与最初的想法所背离的,比如说对于一个几何学者,当他知道对角线是可以计量的,那才是奇怪的。

现在,我已经把所探索的学术的性质,全部研究所到达的标准都已经阐述清楚了。

---

[1] 对于古人来说对角线是没有办法直接测量的,也不能计算。

早期哲学理论

很明显的,我们应该获取的是可以解释原因的知识,因为只有在明了这一事物的基本原因之后,才可以说是了解了这个事物。原因则可分为四项来举例说明:第一是本体即怎是[1](就是说明最后或最初的为什么是什么,指明了一个愿因或是原理),其次是物质或底层(物因),第三是动变的来源(动因[2]),第四是这些变动最终的结果是什么,这是一切变化与创造的最终。我们曾经在物学[3]中仔细地研究了这些原因,现在让那些曾经研究真理来论证"实是"的先哲们来帮助我们学习。他们也曾经探讨过某些原因与原理,弄懂了他们的观点,对我们现在的探索是有益处的,而且由这些学说来求得新解,是可以证明我们所坚持的理论是没有错误的。

开始的时候,哲学家们大都认为物质的本性才是万物唯一的真理。万物无论从哪儿开始,从哪儿结束,属性无论怎么变化,本体都是不会变化的,这样的本体,他们称为元素[4],并认为元素就是万物的原理,所以他们认为,就算是万物消失了,其实并没有消失,其本源毕竟是万古常在的,比如说苏格拉底[5]长得好看,并且很

---

1 就是本体事物。
2 变动就是运动,动因就是变化的原因,也可以解释为运动的原因。
3 物学是指研究事物的学科,包括天文、地理等等,研究范围很广。
4 元素或古典元素(英语:Classical elements),在哲学来看,就是一种组成世界上所有物质的最基本实体,或是说是能量。从历史来看,不同的民族都有专属于他们自己的元素思想,最有名的就是古希腊的四元素说或五元素说、印度的四大种和中国的五行。
5 苏格拉底(希腊文:Σωκρτη,英文:Socrates,公元前469年—公元前399年),著名的古希腊的思想家、哲学家、教育家,他和他的学生柏拉图,以及柏拉图的学生亚里士多德被并称为"古希腊三贤",更被后人广泛认为是西方哲学的奠基者。身为雅典的公民,据记载苏格拉底最后被雅典法庭以引进新的神和腐蚀雅典青年思想之罪名判处死刑。尽管他曾获得逃亡雅典的机会,但苏格拉底仍选择饮下毒堇汁而死,因为他认为逃亡只会进一步破坏雅典法律的权威,同时也是因为担心他逃亡后雅典将再没有好的导师可以教育人们了。

文明，但是美貌和文明是会变化的，最后会消失的，而苏格拉底这个人是常在永存的。

正因为如此，他们就说万事万物无论生死，无论存在还是毁灭，其实都是存在的，因为组成事物的元素——无论是一种还是几种，在万物循环中，都是不变的。

但是他们对于这些原理是什么，是由什么组成的，看法想法并不一致，这类学说的创始者泰勒斯[1]就说过"水是万物之源"（就因为这种理由，他宣称，大地是在水上的），他之所以这么认为，可能就是因为他看到了这些现象：种子需要水来滋润，所有的事物都需要滋润，而水是滋润之源。他也可以得出这样的看法，那就是湿润生热，而由湿润来保持热度（这就是所见到的事实，就是万物的原理）。

有些人认为，那些去世已久的古哲，在他们诸多的记录中，也有类似的记载：比如他们认为海神奥启安与德修斯为创世的父母，而且在叙述中，诸神往往都是指水为誓，并将之称为"斯德赫"。对于事物来说，往往最古老的也是最受尊敬的，而大家所指向用来发誓的，也应该是最为神圣的事物。对于这种关于自然的说法，我们难以论定究竟从何时开始，但是我们可以确定，泰勒斯曾这样确定了世界第一原因。一般都不把希波的说法列入这一学派，因为希波的思想太杂太碎。

而阿那克西米尼[2]和第欧根尼[3]认为气是最先的，比水还要早，是万物的本源；

1　泰勒斯，古希腊时期的思想家、科学家、哲学家，希腊最早的哲学学派——米利都学派（也称爱奥尼亚学派）的创始人。希腊七贤之一，西方思想史上第一个有记载有名字留下来的思想家。泰勒斯是古希腊及西方第一个自然科学家和哲学家，是"科学和哲学之祖"。泰勒斯的学生有阿那克西曼德、阿那克西米尼等。

2　阿那克西米尼（英文：Anaximenes，约公元前570年—公元前526年），古希腊哲学家、米利都学派的第三位学者，是阿那克西曼德的学生。他继承了前两位米利都学派哲学家的传统，也是该学派最后一位哲学家。

3　第欧根尼（希腊文：Διογνη 英文：Diogenēs，约公元前412—前324），"锡诺帕的第欧根尼"（Diogenēs o Sinopeus，亦译狄奥根尼、戴奥真尼斯），古希腊哲学家，出生于一个银行家家庭，犬儒学派的代表人物。活跃于公元前4世纪，生于锡诺帕（Σινπη，英文：Sinopeus，现属土耳其），卒于科林斯。他的真实生平难以考据，但古代留下大量有关他的传闻轶事。

不过梅大邦丁的希巴索和爱菲斯的赫拉克利特[1]却认为火是万物本源；恩培多克勒[2]认为四元素是万物初始（土，水，气，火），他认为这四种元素，无论形态如何，无论多少，都是万物的组成，他们本身永恒不变，古今长存。

克拉左美奈的阿那克萨哥拉[3]，这个人虽然比恩培多克勒年纪大，但在学术上却比恩氏要晚，他的看法是，万物以数字为本源（但不是一，也不是四），他认为万物的各个组成部分合在一起为生，散了之后为灭，万物就像水火一样，由相似的微分所组成，所以所谓的生灭就是许多微分的聚散，而各个微分则是永恒存在的。

这一节所讲的希腊学说中以水、火、土、气为四种元素，就是印度古教婆罗门所列举的"四大"。中国早期的佛学把这"四大"翻译为"水、火、地、气"。希腊学者认为"四大"为实体，和印度佛教所说的"四大皆空"是不同的。而与中国的五行相较，希腊人把金并入了水中，因为金属可以熔为液体，又将木列入火元素中，另立了气（风）这一元素。

以这些事实来看，人们只是将万物的本因归结为物质，但是随着学术的不断进步，大家又有了新的境界，他们也不得不开始对这些主体做新的研究。就算是万物真的由一种或几种元素所组成，不断演变、生灭进而组成宇宙万物，但是这种生灭从何开始，这其中的原因又是如何呢？这些物质的自身是不能自己来演变

---

1 赫拉克利特（Heraclitus，约公元前530年—公元前470年）是一位富传奇色彩的哲学家，是爱菲斯学派的代表人物。他出生在伊奥尼亚地区的爱菲斯城邦的王族家庭里。他本来应该继承王位，但是他将王位让给了他的兄弟，自己跑到女神阿尔迪美斯庙附近隐居起来。据说，波斯国王大流士曾经写信邀请他去波斯宫廷教导希腊文化。著有《论自然》一书，现有残篇留存。

2 恩培多克勒是哲学家，但他在青年时代曾毫不犹豫地投身于政治。他是故乡阿克拉噶斯（今阿格里琴托）推翻暴君斗争的策动者，感激他的公民愿把暴君的王位留给他以示报答，但恩培多克勒以当时希腊人中罕有的自我克制加以拒绝了。他宁可把时间花在哲学研究上。恩培多克勒在很大程度上受到毕达哥拉斯教的影响。这体现在他教义中强烈的神秘主义。他并不反对被人视为预言家和创造奇迹的人，有人甚至认为他可以使人起死回生。

3 阿那克萨哥拉，古希腊哲学家、原子唯物论的思想先驱。克拉左美奈人。公元前464年来到雅典，居住了三十年。他是雅典奴隶主民主派领袖伯里克利的朋友、老师和政治上的积极支持者。他是著名的自然科学家，认为太阳是一团炽热的物质，月亮和地球一样也有山谷和居民，陨石是从太阳掉下来的石头，雷由云彩的撞击而产生，闪电是云与云之间摩擦的结果。由于这些违反传统宗教和神话的主张，他被人攻击为宣传邪说，以"不敬神"的罪名被驱逐出雅典。后来他回到伊奥尼亚，隐居于朗普萨柯。

的，比如木头和青铜都不能自己来变化，木头不能自己变成床，青铜不能自己变成雕像，那么这些演变的原因就是有另一种事物在干涉。这个事物就是我们所说的第二种原因——动因。当初那些做出探索的人们，说宇宙的"底层"只有一种原因，还颇为自得，而有一些人虽然已经对第二原因产生考虑，但是却没有找到，所以还在坚持全宇宙的成坏在于不变的"元一"；其他的说法也是这样（这种最开始的信念，是所有初期哲学家共同的思想）。这就是他们共同所持有的观点。所有坚持宇宙为元一这种观点的人，除了巴门尼德[1]以外，都没有能找到另一种原因，巴门尼德也只是说在某种含义上，原因不仅有一，还可能有二。而那些坚持多元素说法的人，就比较有可能涉及这第二原因，他们把冷热，土木都当作元素，他们就认为火是动态的，但是水、土等就是被动的。

就算是在学说纷杂、百家争鸣的时代，人们还是觉得这些思想不能完全阐述万物的创生。为了探寻真理，我们还得去探索另一项原因。万物在生的时候，无论是达到完美，还是活得出色，像火、土以及其他元素，好像都不能使万物达到这样的情况，宇宙也没有像这些思想家想的那样来演化，如果说事物的变化只是些偶然的现象，这似乎不是真理。那么就有人说，这些变化都是由于"理性"——在动物中是这样的，那么在全宇宙也是这样。所有事物的安排、秩序都是由于这个原因，这种说法就比前人的虚谈更为明朗。我们现在所知道的这种说法来自于阿那克萨哥拉，但是据说克拉左美奈的赫尔摩底谟更早的说过这种主张。这种说法说明了一种原理，万物所有变化的原因，正是万物由静变动的原因。

---

1 巴门尼德（希腊文：Παρμενδη 或 λετη 英文：Parmenides of Elea，约公元前515年—公元前5世纪中叶以后），是一位诞生在爱利亚（南部意大利沿岸的希腊城市）的古希腊哲学家。他是前苏格拉底哲学家中最有代表性的人物之一。他是爱利亚派的实际创始人和主要代表者。他是克塞诺芬尼的学生，同时也受到毕达哥拉斯派成员的影响。他认为没有事物会改变，我们的感官认知是不可靠的。

早期哲学家的研究

说到第一个把"情欲"视为万物的一个原因的人,人们会想到希萧特和巴门尼德,因为希萧特在描述宇宙创生的时候是这样说的:

"爱神是在她的计划中顺利成功的第一个神祇。"

希萧特还说道:

"最开始的时候是混沌,

接下来是胸怀宽广的大地……

在所有的神祇中,爱神的位置是在前面的。"

这就意味着万物之中,要有一个可以引发变动的原因,这样才可以使万物集结。在这些思想家中,到底是谁最先提出的这个说法,我们在后面再加以讨论。但是可以肯定的是,大家可以看到自然界中,万物的种种形态大多都是有着相对的性质——不仅仅只有美丽和规整,还有丑陋与纷乱,而且不好的事物往往要多于好的,就像美丽的要少于不美丽的,所以另一个思想家把"友"和"斗"当作二者每一个的原因。我们如果研究恩培多克勒的想法,彻底了解他所说的嗫嚅的涵义,按照他的实际含义来对万物进行说明,那我们就可以明确"友"(爱)是万物向善的原因,相对而言,"斗"(憎)就是万物向恶的原因。这样的话,我们如果说恩培多克勒说出(首先提出)"爱使万物向善,憎使万物向恶"这样的话,把善恶作为世界的第一原因,那就是正确的。

我们在前面的"论自然"中已经探讨过两个原因:物因和动因。这些思想家虽然已经认识了一些,但还不是很明白,了解得也不透彻。就像那些了解过拳术但是没有训练过的拳术家,他们打拳,总是在对手的周围转,有的时候出击,虽然也展现出了好的拳法,但终究不能算是高明的拳术。这些思想家也是这样,他们对于自己的理论也未必了解得那么熟,掌握得那么精湛。原因就在于他们不怎么使用自己的理论,或者说很少用。阿那克萨哥拉把"理性"作为万物本源,但是他自己平时并不用此来解释问题,而多用别的原因,只有在没办法的时候,才会用"理性"。虽然恩培多克勒在主张自己的看法时,有的时候用的范围过大,有的时候也不充分,甚至在用的时候有些自相矛盾。但是最起码,他在很多地方用到了自己的学说,把"友"作为万物分离的原因,把"斗"当作万物结合的原因。如果说宇宙万物是因为憎斗而解体,成为了一个个的元素,那么从另一种角度来看,火就是因此而再一次集结在一起了,其他元素也是这样。如果这些元素因为爱又聚集为万物,那么其他几个元素就又重新分散到各个事物中去了。

和他的前辈们相比较来看,恩培多克勒可以说是第一个把变动的原因分为相异又相对的两个来源的。他也是首先把四种元素作为物质元素的人,不过在实际上,他很多时候是把火这种元素单列出来放在一边,而把土、水、气这三种放在另一边。我们再看他的诗句的时候,就可以看出来。他所讲的原理就是这个样子,元素的数量有的时候是四,有的时候是二。

留基伯[1]和他的同窗德谟克利特[2]把"空"和"实"作为万物的元素,他们认为"实"就是"是","空"就是"不是"。他们还认为"是"离不开"不是",所以"空"离不开"实","实"离不开"空";他们把这作为万物的物因。有些人认为万物都是由同一底层的物质不断变化而来,这些人认为"疏"和"密"才是变化的根本,他们也同样认为,元素的差异是引发各种质变的原因。他们认为元素之间的差异

1　留基伯(希腊文:Λεκιππο,英文:Leucippus 或 Leukippos,约公元前 500 年—约公元前 440 年),是古希腊唯物主义哲学家,原子论的奠基人之一。一说他出生在古希腊的米利都,又传他生在色雷斯(Thrace)南部沿海的古希腊殖民地阿布德拉(Abdera)。约逝于公元前 440 年。留基伯是率先提出原子论(万物由原子构成)的哲学家,也是德谟克利特的老师。他的学说受到四个思想家和哲学家的影响——泰勒斯、芝诺、恩培多克勒、阿那克萨哥拉。

2　德谟克利特把感性认识称作"暧昧的认识",把理性认识称为"真理的认识"。因为在他看来,原子本身之间没有什么性质的不同,人们感觉所感知的各种事物的颜色、味道都是习惯,是人们主观的想法。德谟克利特的原子唯物论思想是古希腊唯物主义发展的最重要成果。德谟克利特主张世界上一切事物都是相互联系的,都受因果必然性和客观规律的制约。他认为,原子在虚空中相互碰撞而形成的旋涡运动是一切事物形成的原因,他称之为必然性。在强调必然性时,他否定了偶然性,把自然界的一切作用都归结为必然性。

有三方面：形状，秩序，位置。他们认为万物都是因为这三种差异而各不相同的。比如 A 和 N 形状是不同的，AN 和 NA 顺序是不一样的，Z 和 N 的位置是不一样的。至于变动的问题——万物为什么会发生变动？又怎么变动？——这些思想家也和其他人一样，直接忽略了。

  关于这两种原因，早期的哲学家的研究，到这里就告一段落了。

两个学派的理论

比这些哲学家更早或者同时期的人中,一向以数学领先的,所谓的毕达哥拉斯学派[1]不仅推进了数学的研究,而且沉浸在了数学里面,他们就认为"数"是万物本原。在自然所有的原理之中,数理是第一位的,所有的事物从创造到存在,无论是归于火、土或者水,都不如归于数。数值的变化可以成为"道义",还可以是"魂魄",可以是"理性",也可以是"机会",同样的,万物都可以用数来解释。他们又看到了比例和音律的变动也是可以用数来计算的,这样,他们就联想到,自然万物好像都是由数来组成的,数也是世间第一原理,组成数的要素,也就是组成万物的要素,全宇宙也是如此,并应该是一种乐调。他们把万物的数和音律收集起来,把它们进行排列,使全宇宙的每个部分都有一个完整的秩序,如果哪里有不足,他们就加以补充,使之完满。比如数的完结被认为是10,那么宇宙的全部也应该是10,天体的全部也是10,但是可以看见的天体却只有九个,那么他们就相对应地造出第十个天体来凑足数字。[2]我们以前在别篇更加深入地讨论过这些问题。

我们现在重新看这些思想家的原因是想看看,他们所说的很多原理,和我们所说的到底有什么异同。这些思想家,就是很显著地认为数就是宇宙万物的本原,万物所有的变化也都是由于数的变化,数的要素就是奇与偶,奇数代表有限,而

---

1 毕达哥拉斯学派也叫作"南意大利学派",是一个研究政治、学术和宗教的学派,由古希腊哲学家毕达哥拉斯设立,于公元前6世纪末创立。公元前5世纪不得已而解散。学派中的人大部分是数学家、天文学家和音乐家。

2 "只有九个天体"的意思是太阳,月亮,金木水火土五星,地球,还有恒星天,另外一个为虚构的行星。这个行星是毕达哥拉斯学派假想出来与地球相对应的。

偶数则代表无限;"元一"就是来源于奇偶(可以是奇,也可以是偶),其他的数字都是出自"元一",就像前面所说的,全宇宙就是数字的一个系列。

这门学派中,还有一些说原理是十,分为两个系列:

有限 奇 一 右 男 静 直 明 善 正
无限 偶 众 左 女 动 曲 暗 恶 斜

阿尔克迈恩好像曾经也有这样的想法,无论是他从那些人那里得到启发,还是那些人从他这里得到启示,他们的学说都是很相似的,他说什么事都不是单行的,世道很多时候是两种情况,比如黑和白,甜和苦,善和恶,小和大。但他的说法和毕达哥拉斯学派又有些不一样,他的说法是很随意的,也许多,也许少,而毕达哥拉斯学派是有固定数量和内容的。

从这两个学派的说法来看,我们可以知道"对成"就是万事万物的原理,不过对成的内容,我们就应该向每个学派分别探讨。但是这些原理怎么才能和我们所说的那些原因相融,他们并没有说清楚,他们好像是要把这些要素归到物质里,因为按照他们所讲的,凭借这些要素作为内容就可以组合来创造本体。

从这些旧的说法中,我们就可以全面地了解古人所说的"自然是由很多元素组成的"这句话的涵义,但是也有另一些人把宇宙作为一个"实是",他们所说的有高低之分,各家学说与真实的自然现象的贴合度也不一样。我们在这儿去研究自然,肯定不能很详细地阐述他们的想法,他们所说的"实是"就是"一",但不是用"一"来创造"实是",这种说法与一些自然哲学家的观点有些不同,自然哲学家说的是把实是作为一个方面,把一当作物质来创造实是。自然哲学家认为万物有变,他们却说"宇宙不变"。巴门尼德所说的"一"好像只是定义而已;梅里苏则把一作为物质,所以巴氏认为一是有限的,而梅氏认为一是无限的。齐诺芬尼(据说他是巴氏的老师)本来是一元论的开创人,但是却并没有对此有明确的论述,他对于后两家所说的宗旨似乎也并没有深入了解,当说到全宇宙的时候,他就说"一于神"。我们现在抛开比较疏漏的齐诺芬尼与梅里苏两家不谈,只有巴门尼德在许多地方研究得不错。他说道"在是之外就没有不是了",存在就是存在的,就只有这一种形式,不会有不存在这种情况存在;但是我们的感官世界所感觉到的是非一的，与他所说"自然的定义就是一"有出入，这时他又提出了两种原因、两种原理，称之为热与冷，或是火和地，对于这两种东西，他把热归到"是"里面，把冷归到"非是"里面。

从这些所列出来的古哲那里，我们已经得到很多了。

这些人，一部分认为物质是世界的第一原理，比如水和火，还有很多类似的，都是实体的存在，这些人要不就是认为实体只有一种，要不就是认为实体不止一种。至于用意大家都相同。另一些人认为在物因之后还有动因，这部分人也是，要不就是认为只有一种动因，要不就是认为有几种动因。

一些人则于物因之外又举出了动因。这部分人或谓动因只一，或谓动因有二。正由于如此，一直发展到意大利学派以及此后学派为止，哲学家们对此类问题的探讨还是模糊的，只不过他们也涉及了两因——两因之一是变化的源头。这源头也许是一，也许是二。毕达哥拉斯学派也说到过有两理在世间这样的话，再加上他们独到的道理，这道理就是有限和无限不是火或者这类的元素的属性，"无限"和"元一"才是万物的本体，这也是"数"成为万物本体的依据。他们开始说明事物之间是怎么样的，并开始制定定义，但是将问题处理得太随便了。他们所下的定义，不仅定义本身比较肤浅，在思想上也比较草率。就好比他们对事物的定义中，把第一个项目就作为了事物的本体，这就好比是人们把"二"当作"倍"，仅仅是因为"二"是用来描述"倍"的第一个数目。但是"二"和"倍"是不同的，它们如果相同，那么一个事物就能变成多个事物了。——不过这样引申的结论，他们还真的是完成了。我们能够从这些先哲和其后来者身上学到的东西，就是这么多。

柏拉图哲学

在上述那些学术体系之后，产生了柏拉图[1]的哲学，他的学说虽然大体上跟随这些思想家，但是和意大利学派也有很多不同。在年轻的时候，他和克拉底鲁关系不错，也因此了解到赫拉克利特许多看法（所有可能感觉到的事物，都是在不断地变化之后，想要认识事物是不可能的），在他的晚年，还在继续坚持着这些看法，苏格拉底正急着处理伦理问题，他忽略了作为一个整体的自然世界，只是想在伦理这个问题中寻找到适用于所有事物的真理，他开始专心为事物制定定义。柏拉图接纳了他的观点，但是他主张把问题从这些可以用感觉探查到的事物上，转移到另一种实是上——因为可以感觉到的事物是不断变化的，没办法固定下来，也不可能给它下定义，那么所有的规则也不可能从这里出来。这样的另一种事物，柏拉图称为"意第亚"[2]，所有可以感觉到的事物都基本符合意式的说法，但是又比意式复杂很多，而且凡是从属于意式的事物，名字都相同。其中"参"这个字是新鲜的，毕达哥拉斯学派说中提到，事物的存在，"效"源于"数"，柏拉图更改这些名字并另起了名字，他说道，事物的存在，"参"来源于意式，至于怎么样来把意式弄通，达到"参"或"效"，这个问题他留给了后人。

---

1 柏拉图（英文：Plato，希腊文：Πλτων，约公元前427年—公元前347年），古希腊伟大的哲学家，也是全部西方哲学乃至整个西方文化最伟大的哲学家和思想家之一，他和老师苏格拉底、学生亚里士多德并称为古希腊三大哲学家。另有其创造或发展的概念包括：柏拉图思想、柏拉图主义、柏拉图式爱情、经济学图表等。

2 "意式"和"通式"，此两个词在柏拉图的书中是相通的，没什么明显不同。一般翻译为"理型"、"理念"，"理念"是比较通用的翻译，"理型"是最贴合原义的翻译，在本书中翻译成"理型"的一般"形式"，"理型"的个别"形式"，和因为不同而形成的不同的类别就是"品种"。

他说，在可以感觉的事物和通式¹之外，还有数理对象这种事物，这种事物是中间性的，它们不同于可感觉的事物，它们是长存不变的，它们也不像是通式的，每一个通式都是独立的，不一样的，它们常常有很多相似的地方。

柏拉图认为，既然其他一切事物都来源于通式，那么构成通式的要素也是构成别的事物的要素。"大和小"的形态是参于一的，数来源于是，所以数的物是由于"大和小"，形态是由于"一"。他同意毕达哥拉斯学派所说的理论，元一是本体，没有其他的所谓的实是，也同意他们所说的数是一切事物成为现实的原因，但他不把无限看作是一个单纯的原理，而是用"大和小"来构成无限，并用"未定之两"来称呼——关于这点，他是独特的。他认为数是可以独立出来的，可以不依靠感觉事物而存在，这一点也和毕达哥拉斯学派所说不一样，毕达哥拉斯学派认为事物就是数。他把一和数从事物中剥离开，引入到了通式中。这些分歧大部分是由于他对事物定义的研究造成的（早期的思想家不运用辩证法），他把除"一"之外的另一种原理称为"未定之两"，因为他相信，除了素数之外，所有的数都可以由"两"作为元素，随意创造。

但是实际看来，并不是这个样子的，他的理论也并不健全。他认为通式来创造事物，然后由物质来创造事物，但是我们所看到的并不是这样，桌子是由一种物质组成的，虽然创造桌子的只有一个人，但每张桌子都运用了不同的方法。再比如牡牝，牝可以受精一次，怀孕一次，但是牡却可以使很多牝受精怀孕，这些就可以和那些原理相比较。

柏拉图对于这些问题就是这样想的，对照上面的各小节，显然，他只用了两种原因：本因和物因。通式是其他一切事物的来源而成为事物的本因，元一是通式的来源而成为通式的本因，这就明白了，通式是可感觉的事物的本因，而元一是通式的本因。而它们所含的物因就是"大和小"还有"两"，柏拉图也像其他前辈那样，比如恩培多克勒与阿那克萨哥拉，把善因和恶因加在这两种原因上。

1　通式即组成事物的共用公式。

众多理论的探究

我们简要地回顾了先人所说的原理和实是,还有他们的思想,我们从中也获益很多,他们所提出的原理或原因,在我们的"物学"中都已经指出说明,他们的理论虽然都涉及一些,但是在内容上还是比较空泛的。有的人认为物质是基本原理,但是对这些物质又各有各的看法:有的人认为物质只有一种,有的人则认为有很多种;有的人认为物质是实体的,有的人认为物质不是实体的。各种说法的实例就比如:柏拉图所提出的"大和小",意大利学派提出的"无限",恩培多克勒提出的"四元素"(火、水、地、气),阿那克萨哥拉提出的所有事物是由"相似微分"组成的且无穷无尽。这样看来,这些学说都各有所长,还有一些人认为要以气为主,有人认为要以火为主,或者以水为主,还有人提出要以比火稠密、比气稀疏的物质为主(有的人认为基本元素就是这样)。这些学说也各有所长。

这些思想家只是把这一个原因掌握了,没有提到其他,而另一些人则涉及了动变是什么引发的。比如有人提出友和斗为基本原理,还有以理性或者情爱为基本原理的。

但是无论是对于本体实是还是怎是[1],他们都没有给出明确的说明。不过相信通式的人也作出了些暗示:他们认为可感觉事物的物质不是通式,而通式的物质也不是元一,变动的源头也不是通式,他们的看法是,如果把通式当作变动的来源,不当成静态的来源,那么通式就成为了其他所有事物的本质,而元一就成了通式的本质。

动作和变化,还有这些运动及变化的原因,他们虽然也推敲过其中的原因,

---

[1] 有关怎是和通式的含义上面已有所注明。

但是并没有认为这是自然中的一个原因。那些认为应该把理性和友爱当作基本原理的人，把这些归结到善类里面，他们认为变动的原因就在于此，但是他们并没有因此认识到事物的本质，事物是怎么生成的，又是怎么存在的。同理，那些认为元一或存在是基本原因，并归结到善里面的，他们也不是认为因为善，本体才出现，本体才存在，所以也不知道他们是不是把善认为是事物的另一个原因，他们只是说善是事物的一个属性，并没有说事物成为事实的本因就是善。

由此看来，这些思想家的想法并没有新的原因产生，那么我们所说的四种原因就是很正确的而且没有别的原因了。所有探讨事物的原因的想法，都应该去探求这四种原因，或者是在这四种原因中选取某种或某几种。下面让我们继续探究各家学说，看看他们的学说有什么优点和缺点，看看他们在探讨第一原理这件事上还有什么漏洞。

理论中的问题

这样看来,那些主张物质作为宇宙的唯一,而物质又只是指那类可以度量的实体的人,他们很明显是走错路了。虽然还有非实体的事物是存在着的,但是他们只是来探究实体事物的要素;在讲述一般实体事物的现象,以及他们为何而来,为何而灭时,他们也忽略了动因。而且他们不去谈论事物的本质,也不谈求其本因,这也是不对的;除了"地"(土)这种元素之外,草率地把单纯实体看作是本因,不去探查它们(火,水,土,气)之间是如何互相产生的,这也是不对的,因为事物无论是因为合并而产生,还是由于分离而产生,这种产生是来源于事物的先天还是后天性,这两种情况是有很大区别的。

由于最初的事物的产生应该是由于最基本元素物质的合并,实体中微小的颗粒才有这种性质。认为火是万物之源的人是最为符合这一论点的。而其他的学说所认为实体元素的性质也和这说法比较像。所有主张只有一种基本元素的人,没有人会认为"地"是唯一的基本元素,因为很明显的是粒子太大。而之外的三种元素都是有人主张的,有人认为水作为基本元素,有人认为火作为基本元素,还有人认为气应该作为基本元素。(为什么他们不像普通人那样,认为土地是基本元素呢?因为俗话说得好,生于土,死于土,希萧特就认为土是所有实体中最先生成的,这说法久而久之就成为最早也是最通俗的说法了。)按照这样的微分理论,那些说地,水,气还有某种元素(这种元素比水要稀疏,比气要稠密)为基本元素的人,他们的观点都不如那些认为火为基本元素的人的看法正确。但如果说生成在后的东西本性可能在前,组合物虽然在生成上晚,但在本性上却应该在前,那么我们上面所说的顺序应该相反才对——就应该是水比气要早,地比水要早。

认为原因只有一种元素的看法,所存在的问题就是这些。认为原因不止一种元素的人，比如恩培多克勒，他的看法是万物具有四种实体，这种看法也有一些不足的地方。有的问题和我们上面说到的一样，有的就是因为这种理论本身的特点产生的。

我们平时所见到的实体，相互产生，火并不永远是火，地也不永远是地（这我们曾在自然哲学论中讲到过）。那么关于变动的原因，还有这四种元素是否可以归结为一种或两种元素，类似于这样的问题，他回答得很模糊也不漂亮。他的说法是，热不能产生冷，冷也不能产生热，这样看来质的变化是无法产生的。如果是认为变化是可以生成的，那就必须要认定某些事物来补充这些"对成"，还有就是事实可以为水，也可以为火，在这点上恩培多克勒是不承认的。

至于阿那克萨哥拉，人们若说他曾经主张两种元素作为基本元素，这与他某些理论还是符合的，即使他没有明确说明，不过如果说有人能够证明他说过这样的话，那他就必须要承认。宇宙最开始的一切都是纷繁混乱的，这种说法实在是种谬论，因为如果是这样，那么万物在纷繁混乱之前就应该有单纯的形态，但是自然不会允许偶然的事物，在偶然的时间混杂进来，并且照这样看，所有的本质和属性都可以从本体中被分离出来（因为事物混合了其他的事物，那就应该可以分开）；可是人们要是承认他的理论，把他的想法都联系起来，又显得他的理论很清晰。如果所有的事物都不能被分开，那么现实中的本体也就真的没有什么根据来申说了。试着举个例子来说，应该是没有白色，没有黑色，没有灰色，没有其他的颜色，这就必须是纯净的；如果说有颜色，那就必须要在所有颜色中选择一种颜色。依照这种理论，可以类似地说，也必须是没有味道，没有其他的任何属性，因为事物不能有任何杂质，不能来度量，也不能是任何很明确的物种。如果不是这样的话，事物就要有颜色，就要有味道，就要有其他可以说明的特殊形态，但是由于所有事物都归到混杂里面了，这样看就不可能了。因为所说的特殊形态必须要是已经分离出来的属性，但是他又说，一切都是混杂的，唯独除了理性，理性是纯净的。从这样看，他说的理论是"一"（纯净的没有杂物的），还有"别"（"别"的性质就是某些形式不确定的"未定物"）。他自己并没有明确表达出这样的想法，但他所指的，后来的思想家好像比他自己更清楚地认识到了。

总而言之，这些思想家所讲的就是关于存在、毁灭还有变动的理论，他们所找寻的原因和原理也只是为了这些。但是如果我们把视野放宽，来看待所有的事物，包括肉眼可以看见的和看不见的，有目的地对这两类事物进行研究，我们就会知道，我们要用更多的时间来探寻，符合他们看法的是什么，而不符合我们现在探求的又是什么。

毕达哥拉斯学派和其他自然哲学家相比比较奇怪的一点在于他们对于原理和元素的想法，他们不是从"可以感觉到是事物"开始寻求原理的，他们所研究的数理对象都是一些没有运动的事物，当然除了一些天文事物以外。不过他们所研究和探寻的都是这物质宇宙所产生的诸多问题。他们把"诸天"的产生还有对于"诸天"各部分的活动及演变的观察记录下来，然后运用各种原因和原理来说明这些现象的时候，又发现他们说的和其他自然科学家说的也有相同的地方，即他们所说的"诸天"所涵盖的所有事物也并不特殊于这物质宇宙中的所有事物。但我们也说过，他们所说的原因和原理，是能够导向更高境界的实是，所以这些原因和原理，用在自然理论上，自然是不如用在更高境界中来得更合适。不过他们也并没有告诉我们，世界上如果只存在"有限和无限"还有"奇与偶"，那么变动怎么产生？没有变动，又如何生，如何灭，天体又如何按照现在的轨迹运行呢？

还有，如果人们承认空间中的度量[1]是靠这些要素构成的，或者说，就算不是假设，真的已经证明出来了，那我们还要问，为什么有的事物轻，有的事物重。从他们所依据的前提和理论来判断，他们认为可以感觉的事物和数理对象之间是可以相互转换的。我认为他们之所以不谈论火、地或者其他类似的实体，是因为他们觉得，在数理对象之外，可以感觉的事物是没有什么特殊的道理可言的。

还有，我们怎么才能把这些理念归纳在一起；为什么数和数的性质是所有事物的原因，还是从古至今所有天体的原因；为什么世界就必须照着他们所提出的数目进行组合，而不是其他的数目。在某个特殊的范围内，他们放置了"条教"、"机

---

1 空间量度可以翻译成几何量度。量度在几何中的地位和作用就好比数在算术中的地位和作用。

运"，在这稍微向上或向下还放置了"不义"、"分离"、"混合"还有"指证"，这些事物的每个部分都是一个数，不过这里的各个地方都事先放置好了一套诸实体，这套实体由数组成并且可以被度量。不过抽象概念中的众数与物质世界中的众数是相同的呢，还是不同的呢？柏拉图说它们是不相同的，不过他也认为数是可以来度量事物的，也可以成为事物的原因，分开讲就是这样的，事物本身的数是作为感知得来的称为感觉数，被作为原因的数就叫作理知数。现在让我们先离开毕达哥拉斯学派一段时间，他们给予我们的已经够多了。

意式和通式

那些主张意式为原因的人，他们为了达到掌握周围那些事物原因的目的，首先添加了与那些事物同样数量的形式，就像一个人要计算事物的数量，觉得数量少的时候不好数，就等到数量多了再数。由于通式的数量不少于事物，或者与事物的数量一样多，那么这些思想家在说明事物的时候，就从事物直接越到了通式。每一个事物都有一个"同名实是"的存在，而这个"同名实是"是脱离了本体独立存在的，所有的组列都是这样，都有一个"以一统多"（意式），而这些"多"是现在世上有的还是超越世间的，他们都是不管的。

还有，我们证明通式存在的每种方法都是不足以让人信服的，因为有的方法论据和结论之间并不是很匹配，比如有的论据不必得出这样的结论，而有的得出的通式用在了我们认为无通式的事物上。按照这个原则，所有的事物能够归属到多少门学术中，那就有多少的通式，按照这个"以一统多"的理论，就算是否定的，还会有它的通式存在；对于已经损坏毁灭的事物，也是有其通式的，这是依据虽然事物毁坏灭绝了，但是思想还在的原则，而且我们留下了这类事物的遗像。在那些比较精确比较缜密的理论中，有的人把那些不能够独立出来的事物弄到了"关系"的意式中，还有些是弄出了"第三人"这样的称谓。

一般而言，通式的许多论点，比起那些为了保障意式存有，自己却消失了的事物，我们其实更应该在意那些事物的存在：这是因为依据那些论点，应该是数（2）是第一位的，"两"是在它的后面的，就是所谓的相关数要比绝对数优先。除此之外，还有别的结论，人们随着对意式思想的研究越深，就免不了要与先前所知道的许多原理发生冲突。

还有，根据那些组成意式的许多假定，不仅要有本体的通式，通式也该被其他许多事物所有（即这些想法不应该只在那些本体上应用，其他地方也应该应用，不仅本体要有自己的学术，其他事物的学术也要有，当然非常多的相类似的疑难也将产生），但是依据通式的主张和例子的要求，如果说通式允许被"参与"，那就只是有本体的意式，因为它们被"参与"只是"参与"了不可称呼的本体，而属性没有被"参与"，举个例子来说，有个事物参与了"绝对之倍"也就等于是参加了"永恒"，但这个"永恒"是附带的，因为这个"倍"只是在属性上可以用永恒来称呼[1]。所以同时依然是本体，但这个同样的名词既是指感觉世界中的本体，也是指意式世界中的本体（如果不是这样的话，那个别事物之外的，用"以一统多"称呼的，意式世界中的本体，其真相如何呢）。意式如果和参与意式的某个事物形式一样，那么肯定有某些性质是它们所共有的。比如"二"可以毁灭，在可以毁坏的"诸二"中和在永恒的诸"二"中的属性是相同的。那为什么在绝对"二"和个别"二"中就不一样呢？但是，如果它们没有一样的形式，那么就仅仅是名称一样而已，就好像人们把加里亚称为"人"，也把木偶称为"人"一样，而没有注意两者之间的共同性质一样。

最后，我们可以来探讨一下这样的问题，就是通式对于世上可感觉到的事物（不论是永恒不灭的还是随时生随时灭的）到底产生了什么样的作用，因为通式不会让事物发生动变。它们对于我们认识事物也没有什么帮助，因为它们甚至都不算是事物的本体。它们就存在于事物里面，它们如果不存在于所参与的个别事物里，那么它们对这些事物的存在就没有任何帮助。如果它们真的存在于个别事物里面，那么就可以被认为是原因，比如"白"进入到白物的组成里面，使所有的白物有了"白"的性质，但是这种观点，先是由阿那克萨哥拉提出，欧多克索和其他人也都试用过，结果就是这种观点是很容易被攻破的，对于这种观点，可以很容易地找出无法解释的漏洞。

要说所有的事物"由"通式所演变而来，那么这个"由"就不可以是平时的

---

[1] 成倍的可感觉事物是没有永恒性的。绝对成倍是有永恒性的。事物参与到"倍"中自然可得到倍的本性和属性，但事物用到"倍"是做算术来用，并不是为了得到倍的本性和属性。

字的含义。说通式是个模型，其他的事物参与到里面，这就只是诗喻和虚文罢了。再来试着看看意式（理性），到底在创造什么？就算是没有意式作为根据，事物也会自然出现，也会自然形成，不管有没有苏格拉底这个人，像苏格拉底这样的人总是会出现的，就算是苏格拉底是未来世界的，那么世上总会有苏格拉底这样的人出现。同样的事物也可以有很多模型，这样就要有很多通式，比如"动物"、"两脚"还有"人"都是人的通式。通式不仅仅是可感觉事物出现的依据，也是它自身的依据，就像科属，原本是各个种类的科属，却也是科属所属的科属，这样看来，同一个事物，又是范本，又是抄本。

还有，本体和本体的意式分开，这也不太可能，因为，意式是事物的本体，就不可能脱离事物而独立存在。在"斐多"里面，这个问题是这样被描述的——通式是现在存在的事物和将来产生的事物的原因。虽然通式是存在的，除了一些事物是因为通式而变动，参与通式的事物是不会产生的；但是其他很多事物（比如说一个房子或者说一个戒指），它们并没有通式，但是它们也产生了。显然，上面所说的事物，它们产生的原因，就有可能是其他事物产生并存在的原因。

再说，如果说以数为通式，那它们又是如何成为原因的呢？就是因为其他系列的数代表了现在存在的事物吗？就像是人是一个数，苏格拉底是一个数，加里亚又是另一个数这样？如果是这样，那这一系列的数又是如何成为另外一系列数的原因的呢？就算是前一个系列是永存不变的，后一个系列不是，这样也不足以证明这样的观点。如果说可感觉到的事物（比如说音乐）是作为数的比例存在的，那么所有属于数比的事物就成了另一级事物了。如果说物质是许多可以肯定的事物，那么数显然就是一种比例，代表某些和某些之间的关系。举个例子，比如说加里亚是四元素（火，地，水，气）之间的一个比例，那么许多底层的物质也将含有他的意式；作为人来说，不管他是否是一个数，他都应该是一个数的比例，而并不是数字本身；不能因为这数比是来自于底层物质，就把数当作意式。

还有，所有的数可以成为一个数，但是所有的通式怎么可能成为一个通式，如果说一个数，比如说是一万，是由众多的单位（很多的一）组成的，而不是由众数组成的，那么这些单位又怎么解释呢？不论它们在种类上是相似的还是不同的，都会引出很多无法解释的后果（不管这些单位是在一个总体中，还是不在一个总体中，是相似还是不相似，可以随便组合），它们都没什么特点，又因为什么原因来说它们是相似还是不同呢？这并不是一个让人称赞的理论，而且和我们对单位的看法想法也不一样。

如此看来，它们就必须要有第二类的数（这些数被用在算数上），并且弄出来一个"间体"[1]（某些思想家所用的称呼）。这样新的问题又来了，这些事怎么存在的，又怎么发生的，或者可以这样问，现存的事物和理想数的中间为什么要有间体？

还有，要是说二中的两个单位，每一个都要来自于先天之二，这是不可能的。

那么为何许多单位组成一个数以后就要作为一个整体？

再有，除了上面所说的很多问题之外，单位还有很多种，柏拉图学派就应该像那些主张元素有四或有二的人那样，每种情况都说明并且分析一下；但是这些思想家，虽然将火和地称为元素，却没有说明它们到底有什么相同的物质——就像都有实体，只不过是分别用"元素"称呼罢了。实际上柏拉图学派所说的单位，也和火或者水一样，是纯和并且本质是相同的。如果是这样，那么数就不是本体了。很显然，如果有一个"绝对一"来作为第一原理，那么这个"一"就必须有双重含义，来适应不同的用处，如果不这样做，就不能成立（关于元素单位的说法）。

当我们要把实物变为抽象的原理时，我们就用"长和短"来描述线（"大和小"这样的品类之一），用"阔狭"来描述面，"深浅"来描述体。可是怎样才能使它们融合呢，就像面中有线，体中有面或线这样，因为"阔狭"和"深浅"的种类是不一样的。在这里也没有数含在里面，因为"多少"（数）和"长短"、"阔狭"、"深浅"（度量单位）都是不一样的，是不同类别的；而且很明显的，在低等级的类别中是没有高等级类别的。"深"也不属于"阔"的科属里，否则的话，体就将属于面了。

我们再来看，图中所含有的点将依据什么原理而变化？柏拉图曾否定这一级事物，并称之为几何寓言（又称为几何教条）。他把"不可分割线"作为线原理的名称——这个名称他经常提到。不过这个必须要有个限制，当论证线是怎么存在

1　间体（英文：mesosome）所有生物结构和功能的基本单位。

之后，也就说明了点的存在。

　　一般说来，虽然哲学把寻求可见事物的原因作为目的，但是我们曾经把这个要旨忽略了（这是由于关于变化的原因我们从来没有提到过），我们其实是在坚持描述本体的下一级存在，我们对于可见事物的本体的描述就是我们的幻想而已。我们认为可见事物本体的缘由是本体的次级存在，这根本就是空谈；我们先前就说过，"参与"其实就是假托罢了。

　　我们所常见的艺术的原因和通式也没什么关系，自然的整体和人类的理性对艺术产生作用，这种作用，我们把它看作是世界第一原理；但是近代思想家却把数学当作哲学，虽然他们说研究数学是为了其他事物。

　　让我们再来看，人们可以按照他们的理论进行推想，这些本体的底层物质，作为本体的范畴与差异者，也属于数，也就是说这些底层并不是物质只不过是类似于物质。我这里所指出的"大和小"，就像自然哲学家所提出的"密与疏"那样，都是作为底层的初级差别，因为这些都是"超越与缺损"的许多种类之中的一个。至于变动，如果说"大和小"变化的原因，那么通式也将随之变化；如果它们不作为变化的原因，那么变动如何产生的呢？自然所有的研究都会因此而消失。

　　事物都归统于一——这想想是很容易找到证据的，但实际上还没有被证明，因为所有的例子所引申出来的道理只证明存在"绝对之一"（本一），就算是我们认同所有的假设，也不能证明所有的事物都归于一。如果我们不认同通例（普遍）是一个科属，那么就不能引出"绝对之一"这样的结论，而且在有些事例上，这也是行不通的。

　　在数的后面，线、面、体是怎么产生并存在的，还有它们有什么样的意义，这些都没有能给予说明。因为这些不是通式（因为它们本身就不是数）也不是"间体"（数学对象才是间体），也不是可以毁灭、可以损坏的事物。这就显示出，这是一个与上面三类物体都不同的第四类物体。

　　事物的存在，蕴含着很多不同的命题和意义，如果不把这些复杂的事物分辨明确，就要寻求所有存在的要素，一般而言是不可能的。而且用这样模糊的方式来研究事物的组成还有要素的性质，是没有任何好处的。因为我们所能发现的要素只是本体的而已，实际看来是不一定被发现的。所以那些说要把现存事物的"底蕴"统一来研究，或者自言已经掌握了所有要素的人，都未必能做到。

我们怎么才能学习并知道所有事物的要素呢？很显然，我们不能先知道然后再学习。就像开始学习几何的人，就算他把其他事物的知识掌握得很熟练，可是对于所要修习的几何却没有得到任何知识；其他的情况也和这种情况类似。那么，如果像有些人提出的，世上有一门学术，它包括了所有的事物，那么修习这门学科的人，就应该是无所不知的了。可是不论是采用"实证法"还是"界说法"来学习一切，都要有一个依据，那就是要先了解前提（以知道一些或知道全部为前提）。界说（定义）的精要在于对于已知道的做深入研究，这样的做法对于用"归纳法"来学习也同样适用。如果说这只是存在于智慧之中，那很奇怪，我们不知道自己就有这样伟大的知识。

我们再来说说下一个话题，人怎么知道是什么构成了所有的事物，知道了以后用什么样的方法让别人也知道，这也是个问题。因为想法是可以不一样的，举个例子来说，比如对于有些字母有人说 I（za）是 σ、δ 和 α 这三个注音的拼合，还有人说这是一个新的间注，和我们所知道的注音没有一个相同。

这样看来，如果不具有相应的官感，我们怎么把各类不同感觉的事物辨识清楚呢？可是如果像复杂的声调一样，可由适当的通用字母（注音）组成，那么组成所有事物的要素都是为各个感官所共同感觉到的，那我们就应该可以看音乐或者听图画了。

综上所述，人们好像都群求那些在"物学"中指出来的原因，我们也没有再找到过其他原因了。但他们的研究并不清楚，有的像是说到了，有的则不然。这是由于古代哲学刚刚开始发展，所有的知识刚刚起步，都在初学阶段。就算是恩培多克勒这样的人，也只能说骨头的存在是因为骨头里面的比例，这个比例就是事物的怎是，就是这样的定义。相类似的，肌肉和其他组织也应该是元素的比例，否则就该都不是比例，按照他这样的理论，肉和骨头，还有其他不属于火、水、地、气的物质，它们想要存在，就只能是因为其间的比例。这些延展出来的意思，虽然他自己并未说明，但是我们说出来，他也肯定是同意的。

有关这些问题，我们已经把我们的想法展现出来了，但还是让我重复一下这些理论所引申的问题，这些对于我们今后的探索是有帮助的。

Part 2
哲学与真理

哲学是真理的知识

对于自然真理的探索，虽然说不容易，但也并不困难。现在的人，虽然都没能直接进入真理的殿堂，但是各有各的看法，集思广益，也可以得到结论，有一些很精妙的言论，虽然渺小，恍惚，但是从古到今，经过很多人的验证，积累的智慧也不少了。因为真理就像是谚语的大门，没人会走错，用这个来比喻学问，那学问就不显得困难了。不过当人们得到了一堆的知识，而人们所探索的那一部分知识却没有头绪，这显示出知识的探索不是容易的。

困难和问题起源于两类，或许现在的问题，其原因不在事例上而是在我们自己身上。就好像蝙蝠的眼睛对阳光很敏感，我们天赋智慧中所具有的理智，让我们对于事物也是很敏感的，实际上，宇宙一切事物，都是可以被清晰看到的。

我们从前人那里得到好处，不但应该感激那些和我们观点一致的人，对于那些观点虚浮的人，我们也要记住他们的好处。因为正是他们的只言片语给了人们思想的启发，这对于后世已经算是具有贡献了。就好像，如果没有提摩太，我们得到的抒情诗将没有多少，可是如果没有弗里尼，那也就不会有提摩太。真理也是这样，我们从一些思想家那里得到了一些理论，而这些理论的产生又要依靠更早的一些前辈。

哲学被称为真理的知识，这种说法没错。因为理论的知识为真理服务，实用知识是为了使用。研究实用知识的人，他们只是在思考当前的问题，还有一些与之相关的事物的问题，目的是为了让这种知识更实用，至于事物究竟是什么，这不是他们所关心的。现在我们所说的，讨论一个真理，必须要探讨它的原因，就像一个事物能够使另一个事物发生变化，从而两个事物拥有相似的属性，那么这个能够改变别的事物的事物比被改变的事物更为高尚（比如火最热，一切事物发热的原因就在于此）；这样看来，所有能够令其他事物产生真实的变化的事物，它本身就应该是最为真实的。永恒不变的事物，它们的原理常常就是最真实的原理（它们不仅是有的时候是真实的），它们不依赖于别的事物而存在，相反的，它们是别的事物存在的原因。所以每个事物的真理和事实都是相符合的。

事物的原因

很明显的，世界上肯定要有一个第一原理，事物不能有无数的原因，原因也不可能有无数的种类。因为某个事物不能由于追溯其物质来源（物因）而无休止，就像肌肉由土而来，土由气而生，气来源于火，如此反复无休无止；也不能追究其变动的来源（动因）无休止，比如人因为气而变动，气由于太阳而变动，太阳由于斗争而变动，如此这般无止无休。相似的极因也不能无止尽地进行——为了健康就来散步，为了快乐而保持健康，而快乐是为了其他的事物，其他又是为了其他，就这样的无止尽地下去。怎是（本因）的问题也是这样。因为在"间体"这个问题上，"间体"的前后必须要有两个名词，前名必须要是后名的原因。如果有人问三者之中本因是哪个，那么肯定是第一个，最后一个肯定是结果，间体只是后一名的原因（本因就应该来自最先一名）。间体不论是一还是多都没有关系，就算是无穷无尽也没关系。如果说间体的数量是无穷的或者种类是无尽的，一直延伸下去所有的都是间体，如果没有头，那就没有本因。

"由"上面的一个起点开始，也不可以向下面无尽地延伸，比如云和水源自于火，地又源自于水，不能像这样有一个原因就产生无穷多的结果。"由"还有第二个意思，这里的意思不是"在某某某之后"。比如我们说"在"伊斯米赛会之"后"，就是奥林匹克赛会。"由"的其中一种意思就像这样："由"儿童变为成人，就说儿童变为人了；另外一种意思就像这样：气"由"于水。我们所说的"人由儿童而来"，意思就是"一种事物变成了另一种事物，这一种事物就是另一种事物的开始"（这种创造和改变本来就在"现实"和"非现实"之间，因为学徒是在成为大师的过程之中，所以我们说大师的"由"来是学徒）；另外一方面，"气由自于水"这句话的意思是指一种事物的变化带来了另一种事物的产生。由此可见，前一种变化是不可逆的，成人不可能返老还童（这是由于本身的变化没有改变本身，只是改变了现实，并不是变化成了另一种事物。就好比天亮了，书就变成白色了，这是因为先有天亮了，才有书变白了，就像这类的，我们不能掉过来说，是因为书变白了，然后天亮了）；不过另一种变化就是可逆的了。这两种事情，都不能有无数的项目。前一类项目就是间体，必须要有终止的存在，而后一种就是互为变化。它们之间的变化，无论好坏都是相关联的。

还有，因为所有的变化，在向源头变化的时候肯定不是无尽的（肯定要有一个最开始的原因），第一原因就应该是永恒不变且不会毁灭的；后续的事物必须要从第一原因的毁灭中产生，那么这个第一原因就不会是永恒的。

再有，极因就是一个"终点"，这个终点并不是为了其他事物而存在，但是其他事物却把它作为目的。有了这个目的，过程就不会无休无止地进行；如果没有这个终点，那极因也就不存在了，不过这样的话，那些推崇无尽论的人就在不知不觉中把"善"性抹除了（但是任何人在没有变化之前，都是空白的）。世界上也就没有了理性。有理性的人总是先有一个目的，然后再去做事情的，这就是所谓的"定限"，"定限"也要用在终极上。

"怎是"也不能引申出另外一个更准确的定义。最初的定义比演变出来的定义更为准确。在这样的系列中，如果最开始的定义是错误的，那么之后的研究也是不准确的。还有人这样说，想要把所有的事物分解成不能再继续拆分解析的词项，这是做不到的。这样的说法其实是毁了学术。依照这样的说法，知识也是不可能得到的，如果说事物的涵义就是无穷无尽的，那么人们该怎么认识事物呢？这也并不像一条直线，可以分割成无数段，不过在实际上，对于一条直线而言，分割成无数段是不可想象的，所可以想象的也只是把一条线分割成有限定的线段而已，只不过这个限定是无限短罢了（人们如果去探寻一条被无限分割的线，那就没法来计算了）。如果只是凭借观察可变事物来探寻事物的无尽，这也是不可能的。如果说无穷无尽的事物存在，那么无穷无尽也不是真的无穷无尽。

如果说原因有无穷无尽的类别，那么知识也是不可能得到的，因为我们研究知识的前提就是，已经确定了一些种类的原因。如果说原因的数量是不断增加的，那么人们在有限的时间里就没法一一列举。

学科方法的区别

对于一群听众来说,学习学术的效果还是要看听众的习惯。人们都喜欢听自己熟悉的东西,不熟悉的就不习惯,就比较难理解,听着就好像是外国话。能够理解的,都是自己习惯的语言。我们可以用法律来见证习惯的力量,因为习惯慢慢积累下来成为的法律,里面大部分都是神话和很多幼稚的东西。对于有些人来说,他们就是喜欢听数学语言,有的人就喜欢听实例,有的人就喜欢听诗句。对讲演者的要求各不相同,有的人要求讲得精细一些,有的人就讨厌这样,因为他们本身就不精细,讲得精细了不符合他们的习惯,结果要不就是思想上跟不上,要不就是听着厌烦。但是精细就是有烦琐的性质的,所以说,在商业上和辩论上,都不重视精细。

所以人们要先知道并修习各种知识辩论的方法,因为各门知识还有相应的修习方法,都是需要下很多功夫的,不能在研究知识的时候还去教授修习的方法。话说回来,也不是所有的问题都需要很厉害的数学精密,需要精密的只有那些涉及超物质的问题。整个自然既然假定是具有物质的,那么自然科学就不用那么静默的方法来研究了。我们需要知道自然是什么,然后再研究自然科学研究什么(还要研究事物的原理是不是属于一门或多门学术)。

Part 3
原因研究之问题解答

关于原因的种种问题

我们对于所要研究的学术应该列举出最先需要研究的主题。这里面就包括各家哲学的理念，还有前人所没有涉及到的问题。凡是想要得到答案的人，就应该好好地问问题，以这些问题来作为研究的动力，从而找到答案。如果人们看不到"结"，就没办法解开"结"。但是问题的所在就是思想的困难，我们在思想上想不通，就如同被链子拴住了，没有放开的思想，就像被链子拴住的人，很难有所进展。因为想要做研究，就要先提出问题，所以我们应该先对问题进行估测；如果不这样做的话，那就像没有目的地但是却想去旅游的人那样，茫然不知所措。如果不先做估测，那么对于自己能不能在一定时间内找到答案，也没有一个很好的认知。问题的研究，对于经历过的人来说很清楚，但是对于刚入门的人来说就不清楚。就好像知道两个人辩论的内容，那就很容易得出自己的判断。

有一些问题，我们在导论中也有涉及：一、对于原因的研究，是属于一门学术，还是几门学术；二、一门学术，我们是只要研究它的第一原理就可以，还是也要研究人们认为是理论基础的其他理论（比如是否可以同时承认或否定一事物及类似事物的许多通则）；三、如果一门学术专门来研究本体，那么是一门学术来概括所有本体，还是需要一些学术共同来概括，如果是一些的话，那么这些学术之间的关系如何，是不是要给其中一门学术以智慧这个名字，其他的给予其他的名称；四、是否只有可以感觉到的事物才算是实际当中存在的，或者另有一个一同存在，这也是必须探讨的一个问题；而其他这些（不能被感觉到的本体）是只有一类，还是有很多类，就像是相信通式和数学对象的人所想的那样，在可以感觉到的本体和不可以感觉到的本体之间，还有本体，这些问题，还需要进一步研究；五、我们的研究是否只是研究本体及相关本体的主要属性，还有"相同"与"有别"，

"相似"和"不相似"、"对反","先于"(先天)与"后于"(后天)和其他,这些辩证家开始论证时使用并经常考察的通俗的词语,这些谁来负责给出详细的探究,而且在探究这些词语的主要属性的时候,不仅要考虑它们是什么,更要详细研究每一事物是否肯定有一个"对成";六、事物的原理与要素是不是就是科属或者是科属中的一部分,就是那些组成事物但是也可以分离出来的那部分,如果是科属,那么这是否就是每个事物所归属的最高科属,比如"动物"和"人",就是离品种越远统属越广这样类似的道理;七、我们也必须讨论研究在物质的外面,是否还有另一类事物,这类事物是一种还是数种,在综合实体之外,是否还有事物(我所说的综合实体就是那些物质本身和物质说明的事物在一起的事物),或者说在某种情况下,可以在综合实体之外产生另一类事物,而在有的情况下就不能,这些情况又是怎么样的;八、我们要问原理在定义上和在底层上,它的数和类别有没有定限;九、会毁灭损坏的事物和永恒长存的事物,它们的原理一样吗,都是永恒长存的,还是会损灭的事物的原理是损灭的;十、这个问题是最困难也是最令人迷惑的,那就是"元一"和"实是"有没有分别,就像毕达哥拉斯学派和柏拉图所提出的,确实就是现存事物的本体,或者说这些并不是事物的本体,恩培多克勒所提出的"友",一些人提出的"火"、"水"、"气"才是事物的根本;十一、我们要问第一原理对所有事物普遍适用,还是只适用于个别事物,还有第一原理是"潜能"还是"实现",还有所谓的"潜能"和"实现",是对于变动来说的,还是另有含义,这些问题也有许多不明白的地方;十二、"数"、"线"、"点"、"面"是不是有本体的含义,如果它们是本体,是否存在于可感觉事物之中,或者与可感觉事物是分离开的。对于上面所说的各个问题,不仅要得到真实的结论很困难,就连弄明白所有的疑难也很困难。

问题之解答

一、我们最开始提出的问题就是研究所有的原因是属于一门学术还是几门学术，如果说各种原理不能成对，那么怎么能用一门学术来概括呢？

再说有很多事物，它们是没有四因[1]的。一个变动的原理或者性善的原理怎么能用到不变的事物上呢？每一个事物，如果本身或者本身的性质就是善的，那它自己就是一个终极，就成为了其他事物产生和存在的原因。为了某个终极或者目标，就会有所动作，这样就能够看见它的变化，在不变或者本性是善的事物上，就不会有所变化，那么动变的原理也就用不上了。这类原因也不会被用在数学上，也没人会用"这个比较善，那个比较恶"这样的理由来解决数学问题，实际当中，也没有人在数学上涉及到这类问题。就因为这样，诡辩[2]派（代表人物亚里斯底浦）常常说数学的不好，他认为如果用艺术来做评判，就算是像木工和鞋匠这样卑微得不能再卑微的人物，都可以用"做得好"或者"做得坏"来评价，但是数学家就不知道宇宙内，什么是善，什么是恶。

不过，如果各种原因需要有几门学术来概括，一类原因归到一门学术中，那我们要问的是，哪一门学术是最早的，哪一门学术最高尚。同一事物就可以用很多原因来说明，比如一座房子，它的动因就是建筑师或者造房子的技术，极因是房子的实际作用，物因是土和石头，本因就是房子的定义。我们可以从以前对于这个问题的探索中得到判断，四因的学术都可以被称为智慧的学术。其中有关极

1　四因即本因，物因，动因和极因。

2　诡辩，含义是指容易看出来的错误或和公认的合理观念相悖的见解，这些见解所依据的推理和结论是似是而非的。诡辩所运用的证明的方法就叫作诡辩术。诡辩的思维实际上就是主观主义和形而上学。

因和有关善因的学术,应该是最高尚最权威的,那么就是说极因和本善是具有智慧性的,就像所有的事物以终极为目的,依据本善而变化,其他的学术就是陪衬,只能依附于它们,不能和他们相悖。但是如果按照先前关于本体的讨论可以看出,事物的怎是是最为可知的原理,它的四因应该才是最具智慧的。因为人们可以从多个角度来认知事物,那些看到某个事物某样某样的,比那些看不出来的人,认识更充分;那些可以看到事物某样某样的人,也不一样;那些看到事物怎是的人,对于事物的认识最全面;而那些凭着数量,质地,其他自然所加或事物本身所显示出的缘由来认识事物的人,对于事物的认识是不全面的。其他的事例也是这样,我们对于每一件事物的认识,就算是可以得到证明的事物,也必须先要认识它的怎是,然后才能认识它的存在。比如说怎么样把长方形变成正方形,回答是,在长方形的长边和短边各得到一个适当的数,把这个数当作正方形的边;其他的所有情况也与此相类似。当我们知道了变动的来源,也就是知道了动作和变化,还有每一个变动的发展,这和终极是不一样的,甚至和终极是相反的。这样看来,应该就得有几门学术来研究几类原因。

二、说到了实证的原理和原因,它们是属于一门学术还是属于几门学术,这个问题原来也是被争论的。我所说的实证就是那些被大家用来进行证明的通则,比如每一个事物必须是否定的,要不就是肯定的,还有事物要不就是存在的,要不就是不存在的,这是结论的前提。问题就来了,实证的学术还有本体的学术,是属于同一门学术,还是属于不同的学术?如果两者属于不同的学术,那我们应该追求哪一门学术呢?其实这些主题说归属于哪一门学术未必是合理的。为了要说明这些东西,又为什么非要说这些专属于几何或其他任何一门学术呢?若说不能属之于一切学术,而又可以属之于任何一门,那么对于这些主题在本体这个问题上,我们所认识的和其他学术的也就差不多了。还有一个问题就是怎么才能有一门研究第一原理的学术?我们虽然知道这些通则实际当中是什么(最起码在各个学术中正把他们作为熟悉的定理在运用)。但是如果真的要建立一门实证学术来研究这些,这就将证明有些低层级类(相较高层级而言,无确切定义)是可以证明的,有的通则是不能被证明的(因为所有的通则必须要先证明是不可能的)。实证的话，必须要有已经确定的前提作为起点，用某些主题来证明某些事物。所以，凡是由这类证明存在的一切事物都应该归属到可证明的这类里面，因为所有的实证都是凭借通则来证明的。

假设本体的学说和通则的学说有不一样的地方，那么这两门学说哪个为先，哪个为主？通则是所有事物里面最普遍的公理。如果说不应该由哲学家们来证明，那么又应该由谁来证明它的真假呢？

三、所有的本体是归属于一门学术还是属于几门学术呢？如果说需要归属到几门学术中，那么哪一类本体要归到哲学中呢？还有，要让一门学术统辖所有的事物，这个好像也是不可能的，因为，如果是这样的话，一门学术的实证就得处理所有的属性。而每一门学术的内容都是根据自身的某些公认通则而来，研究的也是某些事物的主要性质。如此说来，不同类别的事物和属性就有相对应的通则和学术。主题归属于一类知识，前提是一类，而不管这两类知识是否可以统一到一门学术里；属性也是这样，不管它是由各门学术分别研究，还是各门学术联合研究，它都是作为一类知识的。

四、接下来我们要说，我们是不是只能研究本体还有它们的属性？举个例子来说，如果说立体是一个本体，线和面也是这样，那么同一门学术所研究的是不是就应该是这些本体和它们所涉及的各级属性（有关数理的学术就是来证明这些属性的），还是说后者属于另一门学术呢？如果说是属于同一门学术，那么研究本体的学术也应该是实证学术，但问题是事物是不能用实证证明的；如果说是属于不同的学术，那么研究本体各个属性的学术，这是一门什么样的学术？这是一个很难解决的问题。

五、是否只有可以感觉到的事物才是存在的，还是说在这之外还有别的事物？只有一类本体，还是说本体有许多类，就好比有的人认为数理研究的通式和间体也是本体？通式是原因也是独立存在的本体，这一点我们在最初提出这个词汇的时候就说过了；有关通式的复杂问题中，最不能理解的就是说在物质世界之外，还有一些事物，它们也和可以感觉到的事物一样，但是它们是永恒存在的，而可以感觉到的事物则不是。

再者，在可以感觉到的事物和通式之外，有涉及两者的间体，我们又会有很多问题。显然，按照同样的道理，在"本体线"和"可以感觉的线"之外，还有"间体线"存在了，其他的事物亦是如此。这样来看，因为天文学是包含在数学中的，那么在可以感觉的天地之外还有另一个天地，在可以感觉到的日月（包括其他的天体）还有别的日月。只不过我们怎么会相信这些呢？假想这样的事物不变动不特殊是不合理的，但是如果想象它是活动的也不可能呀。光学和乐律所研究的事物比较像，因为一样的原因，这些都不能离开可以感觉的事物而独立研究。如果说在通式和个别事物的中间还有可以感觉的事物和间体存在，那么动物的本体和会灭亡的动物之间，很明显的还有另一种动物。那就可以提出这样的问题——我们必须在现存事物的某一类别中，寻找间体的学术？如果说几何学说的内容，相同点只在地形测量这一点上，后者测量的是可以看见的事物，前者测量的是不能看见的事物，那么在医药学的外面，还要有一门学术来研究"医药之本"和"个别医药知识"之间的间体；其他的各门学术也与此类似。这样的话，在可以见到的"健康事物"和"健康之本"中间，还有"健康"。同时，地形测量是计算可见的也是可灭坏的度量，那么当可灭坏的事物真的灭坏了，有关的学术也就没了，这个也是不可能的。

不过从另一方面来看，天文学既不是研究可见事物的，也不是研究我们所知道的天空的。所有的可以见到的线都不像几何学所说的线（可以见到的直线或者圆形，都不像几何学上所说的"直"和"圆"）。普罗塔哥拉[1]经常说"圆和直线只能在一个点上有接触，但是一个圆和一条直线不可能只有一点相接触"，他就用这个来否定测量家的言论。天体的运行和运行的轨迹也不是天文学上所说的那样，星星的性质与星辰学家所说的也有差异。现在有的人这样说，通式和可以见到的事物之间的间体，也是包含在可见事物之中的，并不独立出来。这种说法在许多

1　普罗塔哥拉（英文：Protagoras，约公元前490或480年—公元前420或410年），公元前5世纪希腊哲学家，智者派的主要代表人物。他出生在阿布德拉城，多次来到当时希腊奴隶主民主制的中心雅典，与民主派政治家伯里克利结为至友，曾为意大利南部的雅典殖民地图里城制定过法典。一生旅居各地，收徒传授修辞和论辩知识，是当时最受人尊敬的"智者"。

方面都是说不通的，举一些例子来说：只说间体包含在可见事物中，而通式独立出来，这是不合理的，通式和间体，从实际上讲，是同一种理论的两个部分。在同一处有两个立体，如果说那个变动的可见的立体中存在间体，按照那种说法，间体就是变动的了。人们要假定一个间体存在于可见事物中，到底是什么目的呢，就像之前所谈论的同类悖理就会跟着出现，天地以外还有天地，并且在同样的位置，还不会分离，这怎么可能呢。

六、要把这些理论正确地论述出来，这也是不容易的，事物的要素和原理，是用事物的科属[1]，还是用事物的原始组成，这样的问题也不容易说清楚。比如说，所有的语言都是由字母组成的，通常把字母作为语言的要素和原理，而不用"语言"这个科属的名字。在几何中，有一些命题不用证明就可以确认，而这些命题是其他命题证明的依据，我们就称这些作为依据的命题为几何的要素。还有，有的人说一种或几种元素组成了事物，这种说法的含义也是认为事物的组成部分是事物的原理，就比如恩培多克勒就认为当火、水或其他是组成事物的元素的时候，这些就不是现存事物的科属。另外，我们要是想研究任何事物的性质，我们就要研究它的各个组成部分，比如一张床，我们要想知道这张床的性质，就得知道这张床的各个部分还有它们的组成。从这些理论中可以判断出，科属并不是事物的原理。

不过如果说我们要依据定义来认识事物，那么科属既是定义本身，也是所有可界说事物的原理。事物命名的依据就是事物的品种，人们如果能认识事物的品种，就可以认识这个事物，不过想要认识品种就要先认识科属。至于那些把"一"或"是"，还有"大"和"小"当作事物要素的，就是想把原理当作科属。

原理却不能用两个不同的方式来说明。因为本体的公式只能有一个，用科属来下定义，和用组成部分来说明事物就有不同。

再说了，如果说把科属作为原理，那是选择最高的科属呢，还是选择最低的，这也是会引起分歧的。如果认为越是普遍的就越接近真理，那么就应该选择最高的科属来做真理，因为这些可以当作一切事物的范畴。那么，所有的事物分为多

---

1 科属，所包含种类的统称，代表着一个范围。

少基本科属，世上就有多少原理。所以，实是和元一就会是原理和本体，因为它们也是所有事物的最基本的范畴。但是"一"或者"是"都不可能作为事物的独立科属。因为所有的差异在科属中都是各成"一"并成为"是"。如果科属脱离各个品种独立出来，那就不应该含有它们中差异的范畴。再如果"一"或"是"是作为一个科属，那么其中所有的差异就不会成为"一"而是成为"是"了。那如果把原理作为科属呢，那么一和是就不是科属，就不能成为原理。再说间体，所有的间体，包括其中的差异一直到最后不能再被区分为止，在理论上应该都属于科属。但是在实际上，有些事被认为是科属，有些就不是。而且差异的原理性，丝毫不逊于科属，甚至有的还更接近于原理。如果说把差异作为原理，那原理的数量将无穷无尽，我们假定为原理的科属级别越高，差异就越多。

而如果认为元一更接近于原理，把"不可分割者"作为一，这里所说的不可分割者就是指每个事物在数量和种类上的不可分割而已，那么凡是不可分割的品种就应该先于科属，而科属又可以被分成许多种（"人"就不是个别人的科属），这样看来，最低品种的不可分割的事物，更接近元一。再者，凡是具有先天和后天区别的事物，那么必然与它先后的事物有关联（比如"二"如果是所有数字中的第一个"数"，那么在所有的品种数之外，不能再有一个科属数的存在；类似的，各种"图形"之外不能有科属"图形"的存在。这些事物的科属不是独立的，要依附于其品种而存在，其他事物的科属也是这样，如果说有独立的科属存在的话，那就是"数"和"图形"）。在各个个体之间，一的先后也是不确定的。然后如果一个事物比较好，一个事物比较次，那么好的那个常常是优先的。在这些事例上，也没有科属的存在。

上述分析好像是在说个别事物的品种才应该是原理而不是科属。但是也不好说品种在什么情况下作为原理。原理和原因必须能够和所说明的事物一同存在，而且还能够脱离而独立存在。但是除了统辖所有的普遍原理之外，我们能假设什么样的原理才能够和不可分割事物一同存在呢？如果这样的理由是充分的，那还不如认为普遍原理是合理的，这样看来，最高科属还应该是原理。

七、与这些有关的，还有一个问题等着我们去研究，而且是最不容易解决但是又最应该去研究的一个问题：一方面说，脱离个别事物，就没什么事物能够存在了，但是个别事物的数量又是无限的，那么又怎么能从无数的个别事物中获得认识呢？实际上，都是因为一些事物中的共性，我们才能够认识一切事物。

如果说有必要让某些事物脱离个体，那么科属——无论是最高的还是最低的——就应该脱离个体而存在，但是我们刚刚说过，这是不可能的。当我们说把范畴当作物质的事物时，假如坚定地认为综合实体以外有另一些抽象事物存在，那么在一系列个体以外，就必须要不就是这个系列中每个个体都存在另一个事物，要不就是一部分有，一部分没有，要不就是全没有。如果说各个个体以外全都没有另一个事物存在，那么世上就没有理知对象了，所有的事物都是感觉对象而已了，所谓的知识只是感觉，除此之外就没有知识的存在了。[1] 还有，永恒不变的事物就不可能有，因为所有的事物都在变化而且最后的归宿就是毁灭。问题又出现了，如果说没有了永恒不变的事物，创造也就没有了，因为一个事物的产生必要依据另一事物，在这种创造的进行中，必须要有一个最初的，不是创造而来的事物，所有的事物不能都是产生于虚无，所以创造和变动的发展也必须要有一个最初。每一次的变化都要有目的，没有无休无止的变化。如果达不到某种目的，或者创造出某个事物，那么这个创造就不会生成，一个变动达到的瞬间就是一个事物完成的时候。"怎是"是存在的，这样说也是合理的，因为"物质"是不经过变动创造便存在的，本体（怎是）来源于物质。如果说"物质"和"怎是"都不存在的话，那么所有的事情也就都不会存在，当然这是不可能的。所以在综合实体以外，要有其他的事物，这些事物就是"形状或者通式"。

不过，假设我们认为综合实体以外有抽象事物的存在，那么哪些事物存在，哪些没有，这也不确定，因为显然，不可能所有的事物都有抽象事物的存在，我们不能说还有另一座房子在许多房子以外。

除此之外，所有的个体，就像人类中的各个人，是否只有一个怎是？这也是很难理解的，因为如果所有的事物怎是相同，那么它们就全都是一了。那么就应

---

[1] 这里所说的是普罗塔哥拉的教义。

该有很多的怎是吗？这也不是合理的。而且物质怎么来创造每个个体？综合实体（物质和通式）怎么来包涵两个要素呢？

八、有关第一原理，我们还可以提出这样一个问题。如果说所有的原理种类是一，数目不是，那么本一和本是也不是一。那么在所有种类的个体中，如果没有相似的地方，要怎么来认识？

然而如果说要有一个共通的要素，数量得是一；所有的原理也各自是一，与可见事物不同，不同的事物也有不同的原理（比如一个音节在种类上都是一样的，组成一个音节的字母的种类也是一样的，但是在不同的书中，音节和字母的数量就不一样了），如果说原理在数量上是一，种类不是一，那么在所有的要素以外，就没有别的原理了（因为在数量是一和我们所说的个体有相同的意义，而"普遍"是所有个体通用的范畴）。如果说原理像拼音字母一样，数量上有限制，那么世上的语言就只有 ABr 了，因为种类相同的字母和音节在数量上是不能有很多的。

九、古今哲学家常常忽视一个问题，这个问题的分量和其他的疑难问题是同样的，这个问题就是：会毁坏毁灭的事物的原理和不会毁坏毁灭的事物的原理一样吗？如果说是相同的，那么为何有的事物归属于灭坏里，有的就不是，这是为什么呢？希萧特学派还有所有的神学家，他们以他们的理论为自豪，但是未必能够解答我们的疑惑。他们依据诸神来推敲出第一原理，他们认为，在万物产生的时候，喝了神酒，吃了神肉的人，就会长生不死。他们所说的，在神学家之中已经被作为公理了，互相都非常了解，可是如果仅仅凭借他们所说的神话，来解释宇宙因果，我们也很难接受。如果说诸神兴高采烈地喝着神酒，吃着神肉，那么这酒肉就应该不是诸神的生存来源，如果说酒肉是诸神的生存来源，那么怎么可以说这样的神是永生的呢？对于神话学家的言论，我们没必要深入研究。不过对于那些依据实证来说话的人，我们就要仔细研究，然后提出这样的问题，事物由同样的元素组成，为什么有的会毁灭，有的就不会。这些思想家对于这个问题，没有给出确定的答案，而且按照他们的理论，也没有办法说明事物的常理。所有事物的原因和原理肯定不全是一样的。虽然大家都认为说得最周全的是恩培多克勒，但是他也有这样的漏洞。他说因为"斗"导致万物毁灭，不过"斗"除了"一"

不能产生，其他的事物好像都能生成；除了主神以外，其他的事物都来源于"斗"。我们也可以来看看他说的话：

"所有的过去、现在还有将来的事物都从这里开始。

从这里有了男女，花草树木，

鸟兽虫鱼，

还有长生的神。"

从字里行间来看，道理说得很清楚。按照他所说的，如果说事物中没有"斗"，那么事物就是一致的。"斗"就在事物的周围，见证事物的集结。再来说，因为神不曾知道所有的要素，他本身也没有"斗"。所以看着最有福气的神，其实是不怎么聪明的。还有知识是对同类事物的感觉。他说道：

"由于我们含有土，随意可以看见土，因为有水，所以看见水，

看见气是由于清明的气，看见火是由于火，

看见爱是因为爱，看见'斗'是因为阴暗的斗。"

这就算是我们的起点，按照他所说的，事物分裂从而毁灭的原因就是斗争，而斗争也是事物生存的原因。那么，生存的原因就不仅仅只有友爱。因为把事物归结于元一，那么就会毁灭其他所有的事物。还有，恩培多克勒没有提到变动本身的原因，他只是说事物的所有原因都来自自然。

我们现在的问题是，如果事物被一个原理统辖，那么为什么有的会灭坏，有的就不会。这样看来就要有两个原理分别来说明，我们暂且说到这里。

不过如果说原理真的有两种，那么又有了新的问题，那就是，原理是不是同事物一样，灭坏的都灭坏，无论事物和原理，不灭坏的也是同理。假设它们都是可灭坏的，它们这些事物的组成还要依靠各个元素，由于所有事物的灭坏就是物体本身解体消散，从而归于组成它们的各个元素，那么在可灭坏的原理之前肯定还有其他的原理，但是这也是不可能的。这样的追溯是否有尽头呢？还有，如果没有可灭坏的原理，那么可灭坏的事物如何存在呢？如果说原理永存，那么为什么有的事物依据一个原理就灭坏，有的事物依据另一个原理就不灭坏？这些也许说得还不是很全面，但是这些说得对还是不对，还得下很大力气来证明。实际上，

没有人坚持认为有两种原理分别对应可灭坏事物和不可灭坏事物，人们都是认为同样的原理可以用在所有事物身上，

他们把我们上面所说的问题都不当回事，全都忽略了。

十、最难解决但是又最需要研究的真理，还是："是和一"是不是就是事物的本体，是否各极其本，一就是一，"是"就是"是"，没有别的含义，还是说"一和是"还有别的相依的性质。有些认为是前者，有些认为是后者。柏拉图和毕达哥拉斯学派认为"一和是"没有别的含义，这就是它们本身的属性，就只是"一和是"而已。但是自然哲学家赞同另一种观点，比如恩培多克勒，他好像是想让人们更容易认识一，就问了一是什么。他回答说，一就是友（爱），所有的事物都是因为友（爱）才成为一。不过有的人说组成所有事物的"一和是"是火，还有的说是气。还有人说有很多种元素，这些人的观点也大抵相同，就是说"一和是"恰恰符合他们所说的那些理论相。

（甲）如果我们不把"元一和实是"作为本体，那么其他的事物普遍将会没有一个是本体，因为两者都是所有普遍当中最普遍的。如果没有"本一"和"本是"，那么在其他任何时候，无论什么事物都不可能脱离个体。再有，如果"一"不是本体，那么很明显的，"数"也不是有独立性质的事物了。因为"单位"就是某个种类的"一"，而"数"是许多单位。

（乙）如果承认本一和本是的存在，那么它们的本体就肯定是元一和实是。因为普遍地说明事物是归于是还是归于一的，就是元一和实是。假设有了一个"本是"和"本一"之后，又要提出其他的好多事物，这又是一大困难。归于数的事物是不会超过归于一的。按照巴门尼德的理论，所有的事物都归于一，一就是所有事物的实是，所以有不同的实是（也就是和一不同）的事物是不会存在的。

上面的两种理论都有漏洞和错误。就算是说元一不是一个本体，确实是有所谓的"本一"，数都不是一个本体。假设元一不是本体，这样所得出的结论，我们都已经说过了，如果说是本体，那么产生的困难和问题和有关实是的理论相同。在"本一"以外，"另一"是怎么来的。这就肯定是一个"非一"了；但是所有的事物只可以是"一"或者"多"的，"多"又由"一"积累而成。这就不是"非一"了。

而且按照芝诺的理论，本一如果是不可分的，那么就要成为无是了。他认为所有增加却不增大，减少却不减小的事物，都不是实是，这样看来，他所说的实是，肯定是有度量的。如果有度量，那就将是物体，实是具有物体的性质，就应该具有各个方向的度量（长短、阔狭、深浅）；其他的数学对象，比如说一个面或者一条线，就可以在某一个或两个方向的度量上有增减，在其他方向的度量上就不能有增减，一个点或者一个单位则是没有方向度量的。但是它的理论也有漏洞，那就是不可分的事物合并的时候，有可能不增加量度而增加数量。而且不可拆分的事物及类似事物的存在，就是在否定他的理论，一个量度怎么能由一个或者许多个不可分的事物来组成？这就像说一条线是由点组成一样。

　　即使得出这样的假定，按照有些人的说法，数来源于"本一"和"另一个不是一的事物"，那么我们还要提出这样的疑问：如果说"非一"就是"不等"，和"本一"一样，都作为数和量度的原理，那么"本一和非一"的产物，为何有时是数有的时候是量度呢。不明白的一点就是，为什么"一"或"这个原理"可以得出量度，而"数和这个原理"也可以得出量度。

　　十一、我们不能仅仅指出了第一原理就满足，还要研究原理的"普遍性和特殊性"。如果它们是普遍的，就不应该是本体，因为凡事共通的范畴只能说"如此"，不能说明"这个"，但本体是"这个"。如果用共通范畴来说明"这个"，说明某一个个体，那么苏格拉底把几种动物（他自己，人，动物）都各作为个体，就各自成为一个"这个"了。如果把"普遍"作为原理，那么结果就应该是这样。

　　十二、有一个问题与此密切相关，就是元素的存在状态是潜在还是其他？如果是以其他状态存在，那么世界上还有事物要先于第一原理（诸元素）。如果把元素作为原因，那么潜能要比实现早，而且每个潜在的事物不用都成为现实事物。但是，如果把元素当作潜在 [1]，那么现存的各个事物，就有可能都变不成现实事物。有变成现实事物可能的，现在可能还没有，但是以后也许就有了，没有可能的，那你就不用指望了。

---

[1] 潜在即没有实现的但是存在的。

十三、与此相关的一个问题就是"数"和"体、面、点"是不是本体中的一类。如果不是，那么我们对于本体是什么，实是又是什么就产生迷惑了。演变，运动，关系，趋向，比例好像都不能够说明任何事物的本体，因为这些都是主词的说明，但都不是"这个"（成为实是的事物）。最适宜说明事物的本体的就是水、地、火、气了，所有的事物都是由这四种元素组成的，冷热还有一些类似的东西都是由它们变化得来的，而不是它们的本体。只有那些在如此变化着的，长存而实在的事物才是本体。不过，从另一方面来看，体和面相比较，面和线相比较，线和点和单位相比较，前者确实更不像是本体，因为体要由面组成，没有面就没有体，而没有体的时候，面却依然存在，其他的比较也是这样。所以大部分的哲学家，尤其是早期的很多先哲，就认为事物的实体就应该是本体和实是，其他的都是实体的变化，因此，实是的基本原理就应该是物体的基本原理。而到了现在，一般来说也是比较聪明的哲学家，就提出了应该把数作为基本原理。我们已经说过，如果这些都不是本体，那么世上将不会有本体也不会有实是，那么这些本体的属性就不应该是实是。

但是，如果认为线点比体更像本体的话，我们就不能把它们归属到任何实体之中（他们不能在可见体中存在），那么就没有可以寻找到本体的地方了。接下来说，阔狭、深浅、长短，都是由体分解而来。此外，没有形状包含在立体里，就好比在石头中找不到赫尔梅（艺神）象，正立方体之中不会含有半立方体，所以在体的里面也不含有面。如果说面含在体里，那么半立方体也就在正立方体里了。线、点、单位也是这样。因此，一方面来说，最高的本体是立体，另一方面来说（点、线、面、单位）这些虽然优于立体却不能作为本体的实例，这真令人不解，究竟什么才是实是，什么才是事物的本体。

除了上面所讲的各节之外，产生和灭坏的问题，也让我们面对着诸多问题。比如本体是开始没有，后来存在的，还是开始有，后来没有了，所谓经历了生灭的变化过程，就是这样的一个变化。但是点、线、面一时有，一时无，也并不能够说明它经历了这样的一个生灭过程。因为在各体相融合时，它们的界面是二合一，而被分开时则是一分二。这样的话，在融合的时候，一个界面将消失不见，而当分开时，先前消失的界面又出现了（不能说不可分割的点再被分割）。如果界面生成或消失了，那么这种变化的来源是什么？时间的一瞬间也适用于这种说法，不能说时间是在经历一个生灭过程，但是时间却似乎总是在变化的，这就显示出时间不是一个本体。显然，点、线、面也是这样，由于它们的定限或者差异都和时间相同，就可以用相同的理论来说明。

十四、最后可以提出这样一个问题，我们为什么非要在可感觉事物和间体之间，再寻找到另一级事物（通式）呢。数理对象虽然在有些方面和可感觉事物不同，同级事物数量虽然比较多，不过对于这两类事物来说却都一样。所以它们的基本原理的数量不能有定限（就好比世上全部语言的字母，虽然种类有限，但是数量无限，除非是指定了某一个音节，或一个句子，那么所需要的字母的数量才有定数，间体也是这样，同类别的间体是无穷无尽的）。如果说在可感觉事物和数理对象以外，并没有像我们所说的那样的通式存在，那么数量是一，种类也是一的本体就不会存在，那么事物的基本原理的种类有限，数量就无限了；如果是这样，那就必须要有通式的存在。持有这样看法的人，往往都是能够了解主体思想，但是不能了解得非常透彻，他们总是在说通式之所以能够成为本体，就是因为每个通式都是本体，没有哪一个通式是依据属性来确立的。

但是，如果我们假设通式存在，而且也假定原理的数量是一，种类不是一，那么我们就又得解除那些必须得出的，不可能的结论。

如果说原理的性质是"个别的"不是"普遍"的，那么我们将不能知道它们，因为对任何事物的认识都依靠它的普遍性。这样看来，如果说存在这些原理的知识，为了来给它们做普遍的说明，就肯定要有其他的原理要先于个别原理。

Part 4
哲学相关问题的解析

"实是"的研究是门学术

有这样一门学术,它研究为什么把"实是"当作实是,还有实是是依据其本身所具有的性质而来。这就和任何所说的专门学术都不一样,那些专门学术中,没有一门是专门来研究这个问题的。他们都是把实是分出一段来,然后来研究分出来的这一部分的性质,比如数学,就是在这么做。我们现在是在寻觅最高原因的基本原理,显然,这些基本原理都是从事物的本性而来。如果说那些探寻现存事物的许多要素的人们也就是在探寻基本原理,那么这些要素就不能成为属性,而必须是成为实是。那么我们就得认清,第一原因也必依据"实是为何是实是"而来。

本体概述

一个事物被称为"是",其中的含义很多,但是有一个中心点,所有的"正是"都会涉及,这个中心点是一个确定的事物。所有属于健康的事物,就会涉及到健康,但是涉及到健康事物,有的人说是保持健康的事物,有的人说是产生健康的事物,有的人说是作为健康的代表的事物,还有的人说是具有健康的潜能[1]的事物。所有归属于医疗的事物,都涉及到医学,有的是因为具有医疗知识而被称为医疗事物,有的是因为天然可以用在医疗上,还有的是在医疗方面有用。我们还可以检验出其他类似的应用名词。这样,一个事物的许多含义都涉及到一个原理(起点),有的事物之所以被称为"是",就是因为它们是本体,而它们中有的由于是本体的演变,有的由于是完成本体的过程,有的是本体的灭坏、缺失或者本质,有的是本体的创造或创生,有的是与本体有关联的事物,有的则是对这些事物的否定,还有的是对本体自身的否定(就因为如此,我们才说"非是"也要"是"一个"非是")。所以,可以有一门学术统辖所有与医学有关的事物,相同的道理,其他的事物也可以专门有相对应的学术。不但事物的名称可以归于一门学术,事物所涉及的性质也可以归于一门学术,性质相通的事物,名字也可以相通。那么就明白了,研究事物为什么会是这样的学术,也应该是一门学术,学术总在探寻事物的基本组成,事物的名词也是来源于这些基本性质,所以说这既然是本体的学术,那么哲学家就应该去研究本体的原理和原因。

每一级事物都源自于一种感觉,然后建立一门学术来研究,比如说语法,它就是来研究所有语言的。所以,研究所有实是的所有品种,研究实是在科属上称

---

[1] 具有这种能力但是没有表现出来即为潜在。

谓实是的原理和原因，这样的做法就应该是一门综合性的学术，而专门学术则是研究各个实是的各个品种。

作为原理来说，如果"实是"和"元一"属性相通，即使不使用同样的公式来说明，它们在实际中也是相同而且合在一起的事物（就算是假设它们的公式不同，在实际上也没用，还会互相加强它们的说明），比如"一人"和"人"是同一个事物，"现存的（正是）人"和"人"也相同，那么"一现存的人"和"一人"就没什么分别了（因为在所有的原来的事物上加一，在生灭变动上并不影响原事物），那么就可以说"现存的人"在实际当中并没有添加任何事物，所以所加上的"一"和"现存的人"是相同的，"元一"和"实是"并没有差别，所以说，每个事物的本体如果不是偶然成为一，就可以相似地认为"是"来源于本性，如果是这样（假设以上的假设都是正确的），那么元一和实是的数量就相同。研究这些内容的，在科属上都属于同一门学术，举例来说，研究"相同"、"相似"的内容，还有其他类似的，都是这样。还有几乎所有的"对成"的来源，也可以是这些意义。这些我们在其他部分中研究过了，就不再仔细说了。

还有，哲学分支的数量和本体类别的数量也是相同的，所以在这门学术里，肯定有第一定义和其延伸出的各种含义。实是和元一直接归属于各个科属，所以各个学术也应该归于相应的各个科属。"哲学家"这个词在学习上和用处上和"数学家"是类似的，数学又分为许多部分，有主要的，有次要的，还有在数学范围里循序递进而产生的其他级别。

现在，因为每一门学术都是应该去研究"对反"，而"众多"和"元一"是相反的，所以研究元一的"否定"和"缺失"，也应该是属于同一门学术，我们就把它们放到一起来研究（我们要么说没有某个事物，要么说在某种特殊事物中，没有某个事物，前者是专指某一事物被否定，否定了元一，就是说元一不存在，说缺失的话，理论只是来源于缺失的部分罢了）。看到了这些事实，我们这门学术所研究的范围，就应该含有上面所说的"对成"的很多观点，而"有别"、"不似"、"不等"这三项，还有从三项或从"众多和元一"中衍生出来的其他各项也应该被包括在内。"对反"是这些观念中的一个，是因为对反是差异中的一种，而差异是"有别"中的一类。因为被称为一的事物，含有很多的意义，这些词项也会有很多意义，但是所有的词项，仍然有一门学术来研究。名词属于不同的学术，不仅是因为含有的意义不一样，还因为它的含义不是一，而其他的所有的意义也不能归结于一个中心意义，所以就不能归到一门学术中来。一切事物都应该把基本含义当作依据，比如我们命名为一的事物，肯定是因为基本的一，我们对于"相同"、"有别"及"对成"等也是这样，所以，在认清楚每一个事物的各个范畴以后，我们就必须确定一个基本含义，而其他的都是与此相关联的。比如有的事物的名字来源于持有，有的则依据制造来命名，还有的名字来源于其他途径（但是名字所指的内容必须要符合事物的基本含义）。

所以，这就很明显了，同一门学术就应该说明本体，也应该说明所列举的这些观念，所以哲学家的事业就应该可以考察所有的事物。如果说哲学家不管这些，那么谁来研究这些问题。比如：苏格拉底与坐着的苏格拉底是否是同一个事物？每个事物是否都有一个对成？什么是对成，有多少个含义？还有很多类似的问题。这些观念，和那些认为元一和实是就是数或者线的观念，以及那些认为元一和实是是类似于火的演变的事物的观念是不一样的。这些观念的内容是思考元一成为元一，实是成为实是的主要原因，所以这门学术就应该研究这些观念的主要思想和它们的性质。研究这些问题并不算脱离哲学的范围，只是有些对于本体缺少正确认识的人，犯了这样的错误，就是忘记了本体是要早于这些事物本身的。数成为数，是因为某些特殊属性，比如"奇和偶"、"可以计量"、"相等"、"超过和缺损"，这些要不就是直接来源于数，要不就是和数有相互关系。类似的，实体，不动体和动体，有重量的和没有重量的，都各自有特殊的属性。在实是当中也具有上面所说的特殊属性的，哲学家也要研究其存在的真理。可以来举个例子：辩证家、诡辩派还有哲学家，都穿着同样的衣服，智慧也都相似，辩证家把所有的事物都归属于他们所说的辩证法[1]中，"实是"也是他们一个共同的话题，所以辩证法

---

1 辩证法（英文：dialectics）是有关对立统一、斗争和运动、普遍联系和变化发展的哲学学说，出自于希腊语"dialego"，指一种逻辑证明的方式。辩证法是可以归纳不同意见的一种论证方法。在两个或更多对同一个主题抱有不同观点的人之间的对话，他们希望凭借这样的有充分理由的辩论来认识事物真理。

就把原属哲学的这些主题都包括在内了。诡辩术和辩证法所谈论的事物虽然和哲学所研究的事物类似，但是哲学和辩证法在才调上有不同，和诡辩术在学术生活的目的上有不同。哲学是追求真理的，辩证法用于批判，而诡辩术虽然和哲学很像，但毕竟不是一样。

而且，在对成序列中，"缺失"是两行之一，所有的对成都可以简化成"实是和非是"还有"一和众"[1]，比如静属于一，动属于多。实是和本体因为对成而组合起来，几乎所有的思想家都认同这一点，因为至少他们都曾经把自己提出的对成作为第一原理——有的认为是奇和偶，有的认为是冷和热，有的认为是有限和无限，有的认为是友和斗。所有的这些还有其他的对成，都可以明显地简化为"一和众"。其他思想家所提出的理论，也都可以归为科属，然后归总到一起。思考过这些，就可以很明显地看出，研究实是为何会成为实是的学术，就应该是一门学术。因为所有的事物要不就是对成，要不就是由对成所组成，而实际当中所有对成的起点就是"一和众"。无论这些命题是否简单，它们都要归于一门学术。或许它们在实际上有多个含义，可是就算"一"有多种含义，这些多种含义也肯定与一个基本含义有关联（所有的对成的含义也与此相似），就算实是或元一不作为一个普遍通例，在各个事例上也并不相同，还各与个别事物相结合（实际上"一"有的时候是公共的参考标准，有的时候是——相互连续的串联），但是最终还得有一个起点来相通。因此，一个几何学家虽然不去研究"对成"或"完全"，"元一"或"实是"以及"相同"或"有别"这类问题，但是他还是承认这些观点，依据这些来研究自己的理论。

所以很明显地，这门学术就是把研究实是为何是实是以及实是的多种性质当作任务，而这门学术除了应该研究本体和其属性外，也应该研究上面所说的和以下各项，比如"先于"、"后于"、"科属"、"品种"、"全体部分"及其他类似的各项。

---

1 这里所说的一和多并不单指数量而言。

矛盾律[1]的起源

我们必须要提出这样一个问题,对本体的研究和对数学中所谓公理(通则)的研究,是不是属于一门学术。明显的,对于通则的研究,就应该是一门属于哲学家的学术,因为这些真理对于所有的事物都适用,并不是专属于某个独立的科属。每一个科属都有属于自己的实是,而这些实是能成为实是的真理也准确无疑,所以它们被世人所公认,然后被使用。不过世人运用它们是为了满足自己不同的要求而已,因为所有可以为他们所研究的科属作证的通则,他们就很青睐。这些通则对于所有实是来说显然是没有问题的,那么对于所有事物来说,如果要问其实是的话,那么那些研究实是成为实是的人,自然也要研究这些通则。凡是专门进行研究的人(比如几何学家或算术家)都不会在意这些通则是真的还是假的。有些自然哲学家(物理学家)就是这样进行研究的,大家也能够理解他们的研究过程,他们以为只有他们在研究整个自然和实是。还有另一类思想家,似乎是在自然哲学家之上("实是"的一个特殊的科属就是"自然"),普遍真理和原始的本体是他们所研究的对象,所以,他们也应该去研究这些真理。物理学也是智慧的一种,但不是最高级的。还有一些人在研究一些应该去承认的真理,这些人往往都没有多少"分析能力"[2]他们应该先把这些通则弄清楚,然后再去进行研究,不应该在倾听别人讲述学术的时候才来问。

所以,很明显地可以看出,研究所有本体的哲学家也要去研究综合论法(三

---

1 矛盾律就是事物相对的规律,即正就不是反,不能正反同时存在。

2 "分析能力"(英文:avamauiv)可以翻译成"名学训练"。亚里士多德叫作"分析",后世叫作"名学"(英文:Logiea)。

段论法）。把一个科属研究得最透彻的人，才能够明了并把这一门的最真实的原理讲述出来，所以把现存事物（现是）研究得最透彻的人，也肯定能够把所有事物的最真实的原理讲述出来。只有哲学家能做到这样，因为最真实的原理是不能有错误的（因为常人对于不知道的事情，常常会犯错误）。这样的原理不能是空话，应该能够被所有人都理解。凡是被每个人都能理解的原理肯定不会只是个假设，那些原理就应该是在进行专门研究前所预知的原理。

现在，让我们来进一步说明这样的一个最真实的原理是什么。这个原理就是：同一个主题在同一情况下，只能有一种同样的属性。我们还必须得想到各种附加条件，来应付辩证家对于漏洞的质问。因为符合上面所说的原理，就是所有原理中最真实的。传说赫拉克利特曾经说过"同样的事物，可以是真的，也可以不是"，这是任何人都不会相信的。一个人说的话，当然可以不用在意，但是同一主题在同一时刻不能拥有相反的属性（必须要依照往常的管理附加条件），如果有一条规律是反驳另一条规律的（矛盾[1]），这种情况显然不可能出现。就好比一个人，在同一时间，对于同一事物，既相信又不信，如果有人出现这样的错误，他就是同时坚持了两种相反的意见。因此，所有追求逐个证明的人，总是止步于最后一条规律，终极规律也就成了所有其他原理的起点。

1　形式逻辑中指两个不相容概念或两个不能同时判定是真也不能同时判定是假的关系。

矛盾律的定义

我们曾经说起过"同一事物既可以是对的也可以是不对的"这个主题，不但有的人自己主张，还可以让世人来公论，道理就是这样。其他的人比如自然科学家，也常说这样的话。但我们现在认为，不论什么事物在同一时间，都不能既是对的又是不对的，而且这个说法是所有能够自明的原理中最无懈可击的。有的人还要要求证明这个原理，只能说这些人真的是缺乏教育。因为凡是缺乏教育的，都不能分辨哪些应该去证明，哪些没必要，所以他们也特别爱好辩论。一切事物都加以证明是不可能的（因为这样就要做无穷无尽的研究，最后还是有没有证明的事物）；假设有可以不用证明的原理存在，那么人们就应该举不出比现在这个更好的原理。

不过关于这个原理（同一事物既是对的又是不对的），只要对方说出一些道理，我们也不能用反证法来给他说明。如果对方什么都不说，那我们也没办法说什么。因为这样的人，比草木聪明不了多少。我现在来说明一下反证和实证，在实证当中，如果把某一个假设当作已经证明的根据，就说明这个是真理，如果另有人提出根据，那么这个根据也由他负责，我们做的不是来证明它，而是要证明它的反面。这里所有的辩论，其开端并不要求对方把事物的是或不是说清楚（因为这个就有可能被看作是真理），我们要求的，就是对方把事物的两方面说得让我们都明白就可以了。如果一个人想说话，就应该运用这样的标准。如果他说的东西，别说别人了，连自己都不明白，那么这样的人理解的能力也不足。要是有人肯定说的这些，那么我们就有了一些明确的事物，证明就可以进行下去。不过提出实证的人不负责，负责的却是听证明的人。因为他在接受一个理论的时候，还在解明另一个理论。所以，如果人们承认这个，也就是认定有些事物可以不经过证明，这些事物就是显而易见的，这就是真理（所以每个事物就不能同时既是对的，又是错的）。

现在看来，"是"或"不是"就应该各有一个相应的理论，这个看法是正确的，这样一来，每一个事物就不会是"是和不是"并存了。再有，假设"人"只有一个含义，我们称为"两足动物"，限定了一个含义之后，比如"人"的含义是"X"，而"A"是一个人，那么"X"就是"A"的"所以成为人"的含义。（如果说一个名词有好几个含义，只要它所含有的意义数量有限，那么道理就是一样的，因为对每一个定义还要提出一个特殊的名字。比如我们可以说"人"有好几个含义，那么每一个含义都要有一个类似于"两足动物"的定义，有多少的含义，就有多少的定义，数量就是有限的。可是如果说含义的数量是无限的，一个字可以有无穷多的含义，这也不可能。因为含义不确定和没有含义没有区别，如果一个字没有意义，人们就无法互相理解，这样一来，理知就没有了。我们只能去仔细研究一件事物，如果不是专注于一件事物，而是想着所有的事物，那就什么也得不到。凡是可能去思考的任何事物，这个事物就会有一个名称。）那么，就像上面所说的，让这个名称有个含义，来专指一个事物。如果"人"只有一个含义来说明它的主题，那么谁说"是一个人"和"不是一个人"没有差异，那么这就是不可能的。（这里应该分清楚，"只是表述一个含义"和"说明其主题"不是完全相同的，如果在这里弄混了，就会产生误解，比如"有文化的"、"白的"和"人"都是指的同一事物，但是含义并不相同。）

同一个事物既是对的又是不对的，除了同义的不同的词以外，就不可能了，同义的不同的词比如说我们称呼的"人"，别人称为"非人"，其实问题不在称呼上，而是在于这个事物它究竟是什么。假设"人"和"非人"在字义上没有区别，都是指向一个事物，称为"是人"或者"不是人"，这也没有什么分别，因为他们虽然词不一样，但是指的事物是一样的。比如我们身上穿的，有的人称为"衣"，有的人称为"服"，不管称呼如何，都是指的同一事物，定义都一样。假如"是一个人"和"是一个非人"是同义词，那么它们就得指向同一事物。但是已经说过了，这样的名称，就应该是指不同的事物。所以任何事物凡是用人来作为称呼的，必须要是一个"两足动物"，因为这就是人的定义。必须满足的含义就是一定要满足，不是两足动物就不能是人。所以同一时间，同一个事物，不能是又不是，这是不行的。

"不是一个人"也适用这个道理，"是一个非人"和"是一个人"是不同的，"是白的"和"是一个人"其含义也不一样。前者（非人和人）的含义是相反的，与后者相比，差异更明显，这一定是指不同的生物。如果有人说"白"和"人"是同一个事物，这点我们在前面已经说过，如果说同一个事物不同的称呼混为同一个含义，那么不仅相反的事物将混为一谈，所有的事物都将混为一谈。如果承认是这样那也不可能，只要对方一一回答我们的问题，那结论就显而易见了。

当我们问了一个简单的问题，如果在答案中有相反（矛盾）的事物，那他就不是在回答问题。如果一个人说一个事物，既是人又是白的又是其他等等，没有人会阻止他，但如果问了这样一个问题：这是一个人，这是对的还是错的？那回答的人就应该回答是对还是不对，表明是人还是不是人，不能说是白的或者是大的。事物的偶然属性无穷无尽，数不胜数，让他都举出来还不如不举。类似的，做过一千次"人"，然后做了一千次"非人"的同一事物，当我们问对方这是否是个人的时候，他不可能说这是人又不是人，因为如果是这样的话，他就得把这事物前后所有与是人和不是人相关的偶然属性都列举出来，他如果是这样回答的，那就是违反辩论[1]的规则。

一般说来，如果这样作答，实际上就是把本体和怎是都忽略了。因为他列举出来的东西都是出自偶然的属性，这样一来，所有是"人"或"动物"的主要属性都没有了。如果说有了能够成为人的主要性质，那么这个东西就绝对不是"非人"或"不是人"（这些都是在否定他成为人），因为事物的怎是（为什么能够成为这个事物）的含义只能为一点，这就是事物的本体。把事物的怎是说出来，然后再把怎是作为本体的名称，这样一来，其含义就已经是专指这个事物了，不能再随便指其他事物。不过，如果说"由此成为一个人"、"由此成为一个非人"或

1　辩论，指对人进行研究之后得出一个判断，然后再把这个判断进行认真地研究。彼此要把自己对问题或事物的观点说清楚，并给出理由，揭露对方的矛盾，以便最后得到正确的认识或共同的意见。

者"由此成为一个不是人的事物",这三种说法大体相同,那我们就只能去别处寻找怎是了。这样,对方一定会说,所有的事物都不能有定义,所有的属性都源自于偶然。但是本体和偶然属性是不同的,比如对于"人"来说,"白"这个属性是偶然的,因为白不是他的怎是,虽然表现是白的。如果所有的说明都来源于属性,把偶然当作主题的范畴,那么事物将没有基本成因,所以这样的范畴就会无限制地累加下去。这也是不可能的,因为在属性的范畴之中,只要有超过两种的属性名词,叠加就很麻烦。这是因为:(一)一个偶然并不来自于另一个偶然,两个偶然只有属于一个主题,才可以做连续的范畴。比如我们可以有两种描述一个人的说法,一种是那个"白的"是"有文化的",另一种是"那个有文化的是白的",有这两种说法,就是因为两者都是来描述人的;(二)如果说苏格拉底是"有文化的",那么这两个词就不都是另一个事物的属性。在这里很明显有两种在范畴上的用法["有文化的"也是苏格拉底的属性,和"白的"一样,这种范畴是不能无限制地向上说明的,比如"白苏格拉底"就不能再有其他的属性,因为找不到另一个字来说明两个字所说的事物。"有文化的"能够和苏格拉底结合,但是却不能与"白苏格拉底"结合;"白"的范畴也不能由另一个名字来担任,比如"有文化的"之类的都不行。因为两个都有各自的属性,没办法说哪个包含哪个,或者哪个胜过哪个,就算是由于相同的主题,两个联系到了一起,也并不是相互归属的,只是看着像而已。用"有文化的"当苏格拉底的"白"的属性,这种范畴与前一种不同,在这种范畴系列中,偶然是偶然的偶然,但是不能说所有的范畴都属于偶然。在这之中,肯定有某些范畴是表明本体的。如果是这样,那就证明了事物的范畴不能同时是相反(矛盾)的]。

还有,假设对于同一个主题来说,在同一时间里所有相反的说明都是正确的,那么所有的事物都会混为一谈。假设可以随意肯定或否定任何事物,同一事物将会是一艘楼船、一堵墙或一个人,接受普罗塔哥拉思想的人都要同意这个理论。如果人们觉得楼船不是人,那么人就很明确的不是楼船;如果说相反的说明都是对的,那么人也是楼船。我们这样认为的话,就进入了阿那克萨哥拉所谓万物混合的教义,这样的话,单纯的实体将不会存在。他们好像是在说一些"无定物"，当他们思考"实是"的时候，却在说"非是"，"无定物"是只存在于幻想之中，在现实中并未实现的事物。但是他们必须允许肯定或否定任何主题的任何范畴。如果说每个主题本身都可以否定，而其他的范畴上那些不允许否定，这就是说不通的。比如是"一个人"却说他不是，你认为这样说没错，那么你说他是什么都是没错的。相似的，正面的肯定和反面的否定都可以作为他的范畴，如果肯定的说法不是他的范畴，那么与主题本身的否定相比较，主题范畴的否定就更可以随便当作范畴了。这样的话，你就可以把"不是一个人"作为"人"的否定，"不是一艘楼船"当然也可以作为"楼船"的否定，这个否定既然可以随便说，那肯定的话就更可以随便说了。

于是，这就逼得那些坚持这个观点的人不得不做出这样的结论，对一个事物不肯定也不否定。假如一事物"既是人又不是人"，两者都是真实的，那么这事物就可以"既不是人也不是非人"。两个正面和两个反面相对应。正反两词合成的前一个命题确实和后一个命题相对应，前后两个命题却又恰恰相反。

那么就会有如下两种情况：（甲）这个理论的内容都是正确的，一个事物可以既是白的又不是白的，既存在又不存在，其他的正与反的说法也都可以。（乙）这理论只有部分是对的，其他的都不对。如果是乙的情况，那么就只有一方面是对的，另一方面是错的。但是如果是甲的那种情况，也有两种情况：第一种情况是正面是对的，反面就是对的，反面是对的，正面就是对的；第二种情况是正面是对的，反面也是对的，但是反面是对的，正面就不一定了。在第二种情况中，一个反面已经确定了，"'无是'既然是可知的且没有争议的，那么反面的正是将更为可知"，这个理论就是不可争议的。但是，在第一种情况中，如果所有的否定都是对的，那么是不是可以把"对又不对"这两个范畴分开，让他来给出确切的答复呢（比如不说这个事物既是白的又不是白的，而是说这个事物是白的，这个事物也不是白的）。（一）如果说那两个范畴不能分开，那么我们的对手，很明显是想用模糊的未定物来搪塞过去，这些未定物没有一样是现实存在的，但是非现实的事物，怎么可能和他一样，能够说话，能够走路？按照这个理论，就像上面所说的一样，所有的事物都会混成一谈，人、神、楼船还有它们相反的事物都会成为同一个事物。

相反既然可以作为每个事物的范畴，那么任何事物都将没有差别，因为如果有差别的话，那么这些差别就是某些真实且特殊的性质。（二）假如把那两个范畴分开来说，除了上面所说的会混为一谈外，还有这样的结论，所有的事物都可以是对（真）的，也可以是错（假）的，而对方则是站在了错的一方，而且自己也承认了。我们这样对他质问，根本就是徒劳，因为说了很多和没说是一样的。他既不承认是，也不承认不是，总是说是又不是，而且他还把自己的理论推翻，说也许是也许不是，因为除了最后一句话，别的话中还有一些可以研究的"有定事物"。

如果制定一个这样的理论：当正面是真实的，反面就是虚假的；而反面是真实的，正面就是虚假的。这样的话，要同时肯定又否定同一事物就是不可能的。不过他们就会说，问题就出现在这里。

还有，一个人对一个事物产生判断，或者说如是，或者说不如是，另一个人做出的判断是既如是又不如是，那么谁的对，谁的错呢？如果前一个人是对的，那么他们如何寻找具有这类性质的现存事物呢？如果说前一个人是不对的，那么和后一个人比起来，他的看法是更正确的，所以，即使他不对，他也不算是错的。认为一切都一样，真假不分的人，实际上也说不出什么让人明了的事物；因为他既说是又说不是，对所有事情都不做判断，模模糊糊，好像有道理，又好像没道理，这样的人和草木没什么区别。

这样看来，就应该很明白了，所有坚持这样的理论（正反同时存在）的人和其他与之有关的人，他们都没有真正坚持他们的看法。为什么当一个人想去一个地方的时候，就不会再留在家里，而是向着目的地前进呢？为何在他走路的时候，不是走向深渊或是悬崖？我们看到他走每一步都会思考，就是因为他不想走到深渊或悬崖里，就是"是好的也是不好的"或者说"没有可以的也没有不可以的"。很明显，他在想怎么走会更好，而怎么走就不好了。如果大家认同这样的判断，那么他也肯定有自己的判断，认定一个事物是"人"，另一事物是"非人"，某一事物是甜的，另一事物就是不甜的。因为他不将一切事物等量齐观，所以他走到水边，肯定是因为口渴，走到别人前面是因为要有事问。如果说一个事物既是人又不是人，那么他就要对所有事物等量齐观了。但是，就像上面所说的，所有人的行为都是争取好的（靠近某些事物），避免坏的（避免某些事物）。似乎所有的人，虽然不能把所有的事物认识明白，但是对某些事物总会给出自己的判断，来判明这些事物是好是坏。如果说这些都不算是知识，只能算是猜测或是意见，那么他们也算是对真理有追求的人。就好比一个病人，他对于健康的渴望比正常人要强烈得多，对真理来说，只是猜测的人没有掌握所有的知识，是比不上真的掌握知识的人。

然后，所有的事物都可以"是和不是"，在事物的性质上，也是有差异的，有的会多一些，有的会少一些，我们绝不能说二和三一样，都是偶数，一个把四看作五，和一个把五看作八的人，都有错误，但是错误的程度也是不一样的。如果说他们的错误程度不一样，那么程度小的就会更接近真实。如果说一个事物的性质比另一个事物多，那么这个事物就更接近于真理，我们不妨把所有麻烦的教义都抛开，不让这些给我们常有的判断造成障碍。

对感觉观察来认识事物的理论的辩驳

普罗塔哥拉的教义[1]也是起源于同一意见,从而发展起来的,要是正确,那么正反都是正确的;如果错误,那么正反都是错误的。可以从两方面来看,一方面,如果认可所有的现象和意见都是对的,那么所有的说法就是又对又不对的。因为很多的人是有相互冲突的看法的,人们常会认为和他的意见不一样就是错的,所以同一事物就得又是又不是。另一方面,有人觉得所说的看法是对的,有人就认为不对,这样的矛盾只存在于个人之间,同一事物就可以又是又不是,那么他们所说的真实就是这样的,那么所有事物就没有不是了。很显然,这个教义也来源于这个思想方式。

对手不同,采取的辩驳方式也是不同的,有的人需要用道理说服,有的人就得强迫。因为有的人想把自己的思路理顺,就愿意接受别的思想,所以只要对他困惑的地方进行引导,逐步带他走向光明,他就会自己想明白,这样他也就不愚昧了。但是对于那些用语言和名词,目的就是辩论的人,我们没法帮他,只能否定他。

有些人有这样的意见是因为他对于有的地方确实会感到疑惑,这些疑惑大多

---

[1] 普罗塔哥拉接受了赫拉克利特关于万物流变的思想,认为变动不居的感觉现象是真实的,万物是在不断地运动变化的。但是他从这种素朴的感觉论走向了相对主义和怀疑论。断言每个人的感觉都是可靠的,人们对一切事物都根据各自的感觉做出不同的判断,无所谓真假是非之分。因此他提出一个著名的命题:"人是万物的尺度",认为事物的存在是相对于人的感觉而言的,人的感觉怎样,事物就是怎样。由此又断定"知识就是感觉",主张只要借助感觉即可获得知识。他根据这种观点,对传统宗教神学提出了怀疑:"至于神,我既不知道他们是否存在,也不知道他们像什么东西。"普罗塔哥拉把感觉看成是真理的标准,含有主观唯心主义成分。不过他的本意并不是要否认事物的客观存在,与后来典型的主观唯心主义有区别。他看到了不同人的感觉有对立与差异,触及到主观和客观的关系问题,表现了人类认识的深入。他强调人在现实中的地位,在当时有破除传统神学观念的启蒙作用。他把人作为重要的哲学研究对象,这是古希腊自然哲学时期向后一阶段过渡的重要标志。

是观察可感觉事物所致。（一）他们认为那些相反和相对的结论都是对的，因为他们见到有从同一事物中出现的相对事物。假设事物的否定不是由事物变化而来，那么如果有所变化，肯定是事物的对成中原来就有的事物，就像阿那克萨哥拉所言"所有的事物都是含在所有事物当中的"；德谟克利特也认为是这样，因为他说空和实是相等并存的，而且到处都有，其中一个是对的，另一个是不对的。对于把这些当作信念的人，我们可以认为，他们说的在某种意义上来说就是对的，在某种意义上来说就不对。成为实是可以有两种意思，一种是原来没有，现在有了；一种为不是实是的来源，同一事物可以为实是，也可以不是实是，不过它们的道是有差异的。因为同一事物都有这样的潜力，这个潜力可以同时含有一个对成的两端，但是在成为现实的时候，就不可以这样了。而且我们还得让他们相信，有另一级本体存在于所有事物中，对于这类本体，变动和生灭都不相属。

（二）相类似的，有的人坚持这些意见是源于可感觉事物现象的真实性。因为他们认识到坚持信念的人的数量并不决定真理，同一个事物，有的人就认为是甜的，有些人就认为是苦的。由此来看，如果世人都有病，或者世人都癫狂，其中有几个是清醒或健康的，那么世人就会觉得这几个人不正常，而不会觉得自己不正常。

再有，他们言说人类的感觉得到的印象和动物的是不同的。哪个是真，哪个是假，其实并不能分辨出来。这组中人和动物的印象并不一定比另一组强，但是他们所得的印象都是来源于某个事物。所以，德谟克利特说道，也许是没有真理的，也许我们还没有弄明白什么是真理。

这些思想家一直都把感觉假定为知识，身体的不同造成了感觉的不同，所有在我们的感觉中出现的事物也肯定是真的。这样来看，恩培多克勒和德谟克利特，还有几乎所有其他的思想家，都被这一类意见俘虏了。恩培多克勒曾经说：

"因为人身体的改变，人的思想也跟着变化，

人的智慧每天都增长是由于滋养。

在别篇里面，他还说：

他们的身体发生了什么样的变化，

他们的思想就会发生什么样的变化。

巴门尼德也说过同样的话：

人体由许多关节巧妙地组合起来。

思心也是这样组成的；

每个人的思想都是因为这些关节的肢体发生。

思想竟然如此的繁复。"

阿那克萨哥拉送给他朋友的一句箴言也和此有关："事物就像所想象的那样。"而且他们还说荷马[1]也有过这样的说法，因为他曾经描述赫克笃在失去知觉以后，躺着胡思乱想。按照这个说法，一个因为受伤，导致思维能力丧失的身体还可以有思想，只能是他受伤之后身体的思想和之前已经不一样了。所以很明显的，如果这两种都算是思想，而且两种思想都是来自于同一实物，那么这个实物就可以说既是又不是了。在这个方向上开展讨论最困难。假设那些见到了这样的例子的人有可能认为这就是真理，而且认为他们所喜爱和追求的就是这样的真理，假设那些持有这样意见的人来传说这样的真理，刚刚开始研究哲学的人不会自然而然地失望吗？因为这样来探寻真理和追逐天上的小鸟没有什么区别。

思想家们之所以要坚持这样的意见，就是因为在探寻实是是什么的时候，他们把感觉当作了实是，可是有很多的没有确定的性质存在于感觉世界中（那些未定物存在的意义，上面已经阐述过了）；所以他们虽然说得很好，但是说的并不真实，与其如爱比卡尔谟那样批评齐诺芬尼，不如做这样的批评。因为事物处在变动中的时候，是不能做出真实的描述的，他们看到自然界全都处在变动之中，就说"既然每时每刻，任何角落都在变动，那么就没有任何事物可以得到确认"。上面所说的理论就是由此而来，那个闻名已久的赫拉克利特学派学者克拉底鲁所坚持的学说，就算是其中最极端的代表，他认为事物既然变动不止，瞬间而过，我

---

[1] 荷马（Ὅμηρος，英文：Homer），古希腊盲诗人。公元前873年生。约公元前9世纪至公元前8世纪。相传记述公元前12世纪至公元前11世纪特洛伊战争及有关海上冒险故事的古希腊长篇叙事代表作史诗《伊利亚特》和《奥德赛》，即是他根据民间流传的短歌综合编写而成。据此，他生活的年代，当在公元前10世纪至公元前9世纪到8世纪之间。他的杰作《荷马史诗》，在很长时间里影响了西方的宗教、文化和伦理观。

们刚说出口，事物就已经变化了，与之前不同了，所以他最后说凡是有所指向的说法，只能用手指来指示其踪迹而已。他曾经议论过赫拉克利特所说的"人是不可能渡过同一条河流两次的"[1]这句话，他说："在他看来，人们就算是渡过一次也不一定成功。"

可是，我们对于这样的辩论，会给出这样的回答，他们关于变动的想法是有些道理的，不过总是有缺点的，虽然事物处于变动中的时候并非实物，但是事物消失，先前就得有能够消失的，事物变成现在的样子，那么以前就得有这个样子的事物存在。一般来说，一个事物灭坏，就会变化为现存的某个事物。一样事物的产生，之前肯定有这样的事物存在，以后也肯定会有事物变为这样，这样的过程不会无穷无尽的。暂且不去在乎这些问题，我们就坚持一点，同一事物，所变化的不是数量和性质。就算事物在数量上不是恒等的，但我们总是依据它的形式来认识每一个事物。而且我们对于坚持那些意见的人，给出这样的批评，也算合理，他们只是察觉到了可感觉事物中极小的一部分，就要把自己的意见在全宇宙推行，因为处于生灭不息的过程中的，只有我们周围的可感觉世界，但是这个世界也只是宇宙中一个极小的部分而已，应该在意那一个大部分，从而放弃这一小部分，不应该凭借着一个小的部分，去评判那个大部分，这样说才比较好。

亚里士多德认为天空和星辰（星辰就是神或者神的住所）是永存的，不会变化，也不会毁坏。我们这里认为"宇宙"或"世界"为永恒不变的，迁流为"世"，就是过去、现在和将来；方位是"界"，就是东西南北和上下。还有说法是"宇"是上下四方，"宙"是时间变迁。两个词意义相同，都是抽象的名字。

于是，我们就把我们早就知道的结论告诉他们，我们必须向他们证明，让他们知道：在宇宙中肯定存在有全无变动性质的事物。实际上，那些坚持事物同时既是又不是的人，如果要按此有所延伸，那么与其说一切都在变动，不如说一切的终结就是安定。因为所有的主题都有相对应的属性，天地万物，都是这样，殊

---

[1] 这句话的意思就是河流的水是流动的，前一次和后一次的水是不一样的，所以人们渡过的河也是不一样的。

已无所需于动变了。

有关真实的性质，我们必须承认，呈现出的每一个物象，都不一定是真实的。就算是感觉对了，至少感觉对象和感觉是相互符合的，那么印象也不一定和感觉相符合。当然，这应该是公正的，我们表示诧异的是对方提出的那些问题，人们所看到的位于远处的事物的尺寸和颜色，与事物在近处的时候一样吗？病人和健康人看到的一样吗？强壮的人对于事物重量的感觉与衰弱的人的感觉一样吗？入睡的人看到的事物的虚实和醒着的人看到的一样吗？显然，他们都没有觉得这些都是问题。至少没人会想象自己在雅典，正要去参加奥第雄的晚会，当他自己身处里比亚的时候。还有，关于未来的事物，就像柏拉图所言，一个病人的病是不是会好，一个医生的看法和一个普通人的看法，分量是不一样的。还有，当我们面对陌生对象和熟悉对象的时候（或者比较亲近的对象和感官相呼应的对象之间），各感官的感觉不是同等可靠的。对于颜色，只有视觉可靠，味觉就不行；对于味道，那就是味觉可靠，视觉就不行了。每个感官都不会在同一时间说同一事物既是又不是。即使不在同时，同一感官有的时候前后也是不一样的，表示出来的感觉也不一样，这种不同不是事物的性质的不同，只是同一性质不同的感觉罢了。举个例子来说，同样的酒，没变质之前和变质以后，我们对酒的感觉就不一样了，前面就是好酒，后面就不是好酒了，但是至少当酒为美酒时，这种美确实是存在的，这酒好是不会变的，喝酒的人对那一时刻的酒美也是感觉得不错的，那一刻的酒是美的，其性质肯定是"如是而又如是"。可是那些看法（错觉）破坏了这个必然，他们忽略了所有事物的怎是，也导致世上没有了必然的事物。因为说是必然，就不能又是这样，又是那样，所以任何事物如果是必然的，就不会既是又不是了。

一般说来，如果只有可感觉的事物存在，那么如果没有活物，也就没有这个世界了，因为没有活物，也就没有感官。现在不仅是说感觉不存在，连可感觉性也是不存在的，这样说是没有问题的，因为只有在感觉者身上才会产生这两种感应。但是如果说感觉发生的来源，底层也应该没有，那就不可能了。因为感觉不可能只有本身，还必须有某些存在是先于感觉的，主动的总是要比被动的早，感觉问题也可以用这两个相关的名词。

不是所有事物都能被证明

有的人是很坚信这些理论的，有的人只是知道而已，还有一些人对于这些理论的看法介于二者之间，在这些人中有人提出了这样的疑问：人是不是健康，由谁来判定；类似的问题的答案，又由谁来判定。但是这类的问题就像去探究我们是醒着还是睡着了一样。所有的这样的问题都是属于一个性质的。这些人要帮每个问题都找到一个理由。因为他们要找到一个源头，其他的证明都来自这个源头，而他们又想用证明来找到这个源头，从他们用的方法来看，他们自己也没有自信说自己能否找到。但是他们的情况就像我们以前说过的，实证本身就不是另一个实证的起点，他们却在给无法找出理由的事物找理由。

要领会这些主要内容并不难。但是那些追求辩论，而且必须要胜利的人，总是在寻找那些不可能的事物。他们坚持大家的理论是可以相反的（自相矛盾），但是这种说法本身就是矛盾的。但是如果事物并不是都在"关系"的范围内，有一些事物可以独立存在，那就说明每种感觉所表现出来的现象并不全都是真实的。只有那些见到过这个事物的现象的人，才能明白这些现象，所以，如果谁认为现象都是真实的，那么他就会把所有的事物都归于到"关系"中。那么按照他们的理论，还要在辩论中胜出，他们就必须要时时提醒自己，不要说呈现的现象中有真实，要说向他所呈现的现象中有真理，在那个时候，在那个感官上，在那种情况中所呈现的现象。他们所提出的任何命题，如果不这样去说，那么他们很快就会发现，他们自己在否定自己的言论。因为很可能，同一样事物，看起来是蜜，吃起来却不是了。还有因为我们有两只眼睛，如果两只眼睛的视力不一样，那么看到的事物就会有两个样子。对于那些持我们以前说过的理由的人们，他们把现象当作真实，也认为所有事物没必要辨明真假，因为事物呈现在每个人前面，每个人感觉到的现象是不一样的，就算是同一个人，不同的时间，感觉也不一样，甚至会前后相反（当我们用两个手指夹着某一事物的时候，我们的感觉告诉我们的是二，视觉告诉我们的是一），对于这些人，我们会说没错，但是这些现象不发生在同一感官上，而且发生的时间也不一样，情况也不一样，如果这些条件都有，那么这个现象就是真实的。但是那些只为了辩论的人又该说了，按照你说的，这个也只有当事人所感受到的现象是真实的，这个现象对于所有人而言就未必是真实的。就像上面所说的，他肯定把所有的现象都看作是"关系"，把所有的意见和感觉放在其次，这样一来，在所有的已存在或将生成的事物中，没有一个可以脱离某些人的意想的样子而独立存在，但是事物的存在或生成，并不一定非要依靠人们的意想。

还有，事物成为一，应该就要和一这个事物或者其他能够决定的事物有关系；比如一个事物分为了相等的两半，这就是"等"，和"倍"没有关系。这样来看，如果对事物进行思考的人和这个事物一样，那么人就不是思考的人了，就会和那个事物融合，成为被思考的事物。如果每一个事物必须要和思考的人有关系，那么这个思想的人就要不停地和无限的事物相关。

这些就足以说明三个情况：（一）所有信条中最不能被怀疑的就是"对于相反的描述，必有一真有一假"。（二）如果认为两个都是真的，会有什么样的后果出现。（三）人们为什么会误认相反的两方都是真实的。"相反"不会在同一时间，同一事物上两面都是真实的，"相对"也是如此。"相对"的一端是另一端的对成，也是另一端的缺失，而且缺失的肯定是主要的性质。缺失就是对于一个已经确定的科属，把它应该有的范畴取消掉。这样，如果同时肯定和否定是不可能的，那么相对的两端也不可能同时属于一个主题（除了主题的两端都是变称关系，或者主题的一端是原称，一端是变称这两种情况）。

间体在相反描述中的定限

另一方面，在相反的描述中间，间体也不能有，对于一个主题来说，我们必须要肯定或否定一个范畴。首先，如果我们可以把"真和假"弄明白，就可以清楚了，所有把不是当作是，把是当作不是的，就是假的，把真实的当真，把假的当假，这就是真的。那么人们判定任何事物是还是不是，就要说这个事物是真的还是假的，如果说这个事物"既不是真的，也不是不真"，那么这个事物就在真假之间。还有，相反之间的间体就会和灰色（黑白之间的颜色）或"非人非马"（人和马之间的事物）相类似。（甲）如果间体是类似于后者，那么它是不可以向两端变化的（因为变化，都是从坏变成好，或者从好变成坏），但是间体都是要向两端变化的，或者是两端向间体变化。那么相反（矛盾）的就没有办法互相变化了。（乙）如果是像前者，那么这个间体确实存在，也可以变为白色，但是不是由非白而来，而是从人没有见到的灰色中变来的。这样，理知也就得把每一个理知或思想的对象加以肯定或否定，这从定义上看就可以看明白了。定义总是说什么样是真的，什么样是假的。事物以肯定或否定之一式为联结则成真实，以另一式为联结便成虚假。

如果人不仅仅为了辩论而探索，那么就必须有一个间体在所有的相反之间，只有这样，他才能说毕竟世上有了这样的事物，既不是真实的，又不是虚假的，然后就可以创造出"中性"事物，这个事物就处在那些"是和不是"的事物中间，在生成灭坏之间，也创造出一类变化的间体。

再有，有些事物是这样的，只要否定它的一个属性，就等于是把相对的另一端肯定了，有人竟然说在这类事物中也有间体的存在。比如，据称有这样的数，它在数的范围内，但既不是奇数也不是非奇数。从定义上来看，这就是不可能的。

还有，这样的过程就会无休无止地进行，造成的后果就是实是的数量会猛增，不仅会增加总数一半的数量，甚至还会更多。那么有人就有可能会这么做，不承认正反两端的对比就是间体，然后再创立新的间体。

有的人得到这些观念与他们得到其他错误的道理没什么分别。如果他们不能把一个错误的理论或词汇否定，那么他们就接受，认为那些是真实的。有的人就会因此表现这些想法，有的人因为坚持而去举出理由来证实每个事物，也表现出这样的想法。对付这些人，就应该建立一个起点，而这个起点就是"定义"。定义被人们看重的地方，就在于它必然说明了某些东西。把解释的事物划出界限，就需要由名词所组成的公式来完成，赫拉克利特的理论[1]认为所有的事物都是既是又不是的，似乎是可以把所有的事物都变成真实的。而阿那克萨哥拉在相反的两端设立间体，又好像把所有的事物变为了虚假。因为事物都混到一起了，谁也不能说明哪一件事物是真实的。

通过这些分析，就应该明白了，有些人所说的那些片面的理论是不对的。理论的一方面说所有的事物都不是真实的（因为他们说世上没有这样的规律，让人们把所有的叙述都变成"正方形的对角线可以用边来计算"这样），另一方面的理论则是说所有的事物都是真实的。这些观点其实和赫拉克利特的观念是一样的，他说"一切都是真的，一切都是虚假的"，这句话的两个分句，应该是分开来说的，一个分句一条，分句所说的既然是不可能的，合在一起也肯定是不可能的。两个相反的存在，很明显不能同时为真，另一方面，一切叙述都是假的也不可能，虽然按照我们以前说的道理，这样似乎也是有可能的。不过，为了不涉及这些理论，我们要求是，按照前面所说的，不说某事物"是或不是"，就把某事物有什么含义弄清楚，这样，我们就要有一个定义来作为判断的依据，比如要说明真假，就要先规定，真什么样，假什么样。所要认定是真的事物如果和否定是假的事物一样，那么所有的叙述都是假的就不可能；因为按照这样的说法，两个相反的事物里面肯定有一个是真的。还有，假设要肯定或否定每个事物，那就不可能都是错的，

---

1 赫拉克利特的理论以毕达哥拉斯的学说为基础。他借用毕达哥拉斯"和谐"的概念，认为在对立与冲突的背后有某种程度的和谐，而协调本身并不是引人注目的。他认为冲突使世界充满生气。

这两个相反的情况，只有一个是错的。所有这样的观点，常常是自相矛盾的，自己否定自己的理论。因为他说所有的都是真实的，那么他就已经推翻了自己下面的说法（因为相对于他的叙述就是把这个真是否定掉），因此他自己的说法就是不对的。他说所有的都是虚假的，延伸的结论也是相类似的，那么就让他自己也成了说谎的人。如果说前一句（一切皆真）中说只有一种情况（那就是一切都是假的）是不真实的，而后一句中说除了自己之外都是虚假的，这样，他们就只能为真实和虚假做出没有限止的假设，这样才可以。如果要给他们的真实理论标注来源，我们把这个来源称为真实的境界，那么将会无休无止地进行这个过程。

  还有，有的人认为"所有的都是静止的"，这明显就是错误的，还有的人认为"所有的都是变动的"，也是不对的。如果所有的都是静止的，那么同一个说法就会永远是真的，这个说法也会永远是虚的，但是这很显然是会变化的，因为说这个话的人自己就是在变化的，开始他不是存在这世界上的，以后他也会在世上消失。如果说所有的都是变化的，世上的所有的事物都是虚的，那么所有的事物也就都是假的。但是我们原来就说过，这也是不可能的。而且所说的变化一定要有原始事物，然后从这个原始事物变成了另一个事物。再有，如果说"所有的事物有的时候静止，有的时候变化，不会有事物是永远静止或永远变化的"，这种说法也是不正确的，在宇宙中，应该会有一个原动者，自己是静止的，所有其他的事物因它而产生变化。

Part 5
本体论的重要词语

"原"的含义

"原"的含义:(一)原始,事物生成的来源,就好比一条线或一条路,无论怎么看,都得有一个起点。(二)原始,事物的开始,比如我们学习,不需要从第一章开始看,可以从最容易入手的那一节开始看。(三)原本,存在于事物内部的基本部分,比如船有船脊,房屋有地基,有些动物有心,有的动物有脑子,另外有的动物有类似心或者脑子那种性质的部分。(四)原由,不是存在于事物内部的部分,而是事物生成的来源以及所变动的来源,比如有了父母才有小孩,由于拌嘴,导致打架。(五)原意,事物动变的原因,变动的事物因为他的想法而发生别的变化,比如城市中的政府,独一的政体,君王制,暴君都叫作"原"。技艺也是这样,非常明显的就是大匠师要比设计者精明。(六)原理,指明事物最初的含义的来源,比如实证的起点是假设。(因为"原因"和"原始"的含义相通,所以"原"有六种含义,"因"也应该有六义。)这样,"原"就有事物的来源,最初说明的来源,组成的来源,这些含义,有的是存在于事物内部的,有的存在于事物外部,所以"原"是一个事物的本性,也是一个事物的元素,也是思想和意旨,也是怎是和极因[1],因为善和美就是很多事物认识及变动来源的本原。

---

1 是指事物或现象的最终的原因。

"因"的含义及种类

"因"的含义:(一)创造事物的原材料,比如用青铜来制作铜像,用白银制作杯子碟子,还有其他类似的各种物料。(二)事物的通式或者模型,就是事物的基本定义,还有包涵在事物内部的各级通式与定义的各个部分。(三)变化或停止变化,这些动作产生的最初原因,比如某个举动的原因是别人的建议,子女的原因是父母,一般而言,创造出来的事物的原因就是造物者,事物变化的原因是导致变化的事物。(四)事物为了这个目的所以成为了事物。比如散步是为了健康。"人为什么去散步?"我们回答"因为这会使人健康"。我们觉得这么说,就算解答了为何要去散步这个问题。凡是为了达到目的,从而使用各种方法和工具,导致其他事物进程加快的,都可以这样说,比如为了获得健康,就会用消瘦法、清泻法,药还有一些医疗工具。虽然方式方法不一样,但是其目的都是健康。

这些就是所说的原因的所有含义。原因有几种惯常的说法,同一个事物,可以有许多原因,也可以由许多属性不同的个别原因。比如说青铜和雕塑的技艺都是铜像的原因,它们的目的都是造出铜像,不过这两者是不一样的,一个是物因,一个是变动的来源。不过事物之间也是可以互为原因的,比如说体操是健康的原因,健康也是体操的原因。它们之中,一个是极因,一个是动因。而且同一事物还可以是成为两个互为正反的事物的原因。有了这个事物,就会有另一个事物,没有这个,就出现了与刚才那个事物相反的事物,比如我们觉得船遇到了危险,就是因为船上没有舵手,那么船上有了舵手,船就应该是安全的。这样看,舵手在不在船上,就是船的动因。

现在所讲到的那些原因,可以很明显地归于四类。字母是音节的原因,原料是产品的原因,火和土还有其他的元素是物体的原因,部分是整体的原因,假设是结论的原因,这些原因都是来源于各种事物。这些原因中,有的是底层的原因(物因),

比如部分，怎是（本因），全体，综合，通式。一般的制造者，比如种子，医生，建议人，这些都是所有变动的来源。最后一类原因是所有事物追求的终极和本善。因此，所有的事物不仅有自己的目的，还为了达到自己的至善（极因）而努力。至于我们所说的是本善还是表面的善，这两者没有多大的差别，这些就是原因的四种类别。

虽然归总起来类别不是很多，但是个别种类的数量还是很庞大的。"因"的含义说起来比较复杂，就算是在一个类别中，有的说是"先于"，有的就说是"后于"，比如体育老师和医生都是健康的原因；又比如2∶1的比例和数都是八度音程的原因；还有一些普遍原因，里面包括许多个别事例，这个普遍原因就是各个个别事例的通因。还有的是在某一个属性或者某一级属性上讨论原因，比如一个说法是雕塑家造出了铜像，另一个说法是帕里克力图造出了铜像，因为雕塑家就是帕里克力图；由此推论，所有普遍词，只要是包括各级属性的，都可以连带成为原因，比如人就是动物的一种，因为帕里克力图是人，人是动物的一种，那么也可以说动物造出了这个铜像。属性的原因里面，有的从属关系比较远，有的比较近（比如造出铜像的原因说成那位"白的"或"那个有文化的"，而不是说"帕里克力图"或"人"）。除了这些类别以外，不管是本性的原因还是属性的原因，都可以分为能作用和在作用两种。比如说建筑师造出了房子，瓦匠正在造房子。有原因从而产生结果，这也有各式各样的说法：比如某一个事物可以说是这个雕像的原因，也可以说是另一个雕像的原因，或者说一般雕像的原因都是这个事物。还可以说这个雕像由这块青铜而来，或者说由青铜而来，要不就说由一般的材料而来，属性的因果也和这个类似。而且属性和本性还可以合到一起说，我们既可以不说"帕里克力图"，也可以不说"雕塑家"，而是说"雕塑家帕里克力图"。

但是所有的这些都可以分为六级，每级分为两列：(甲)一列的原因是，个别的，科属的，属性的原因，或者是科属中包括了属性原因，这些可以合到一起，也可以单说。(乙)另一列的原因是，正在作用或能作用的原因。从作用的角度来把原因分类，这样就可以看到某些单个的人或者事物，与那些他们起作用的人或事物，应该同时存在或者不是同时存在的。比如一个医生和一个病人，建筑师和建筑物，两者就是同时存在的，而能作用的原因就不一定了，房子并不和建筑师一起死亡或者毁灭。

"元素"的含义及组成

元素（要素）[1]的含义有：(一) 1. 存在于事物内部的基本组成，就事物类别而言，就是不能再继续分类的。比如字母（音注）是语言的元素，语言是由字母组成的，语言分解为字母之后，就不能再被拆分了。事物被分解之后，如果还要再被拆分，那么拆分出来的部分的类别还是不变的，就像水一样，拆分出来的还是水。至于一个音节被拆分出来之后就不是音节了，就变成了不同的字母。2. 相似的，人们所说的物体的元素，就是指那些不能再被继续拆分的事物。这样的事物，无论是多少种，大家都把它称作是元素。3. 所说的几何证明的要素（元素）和一般证明的要素（元素），性质都差不多。凡是那些用在实证当中的基本条例，都叫作实证要素。用一个中间项，把前后两项联系起来，然后进行证明的，就叫作"综合论法"，也是这样的性质。

近代化学中的元素[2]则是狭义的引用，说的和本章六义中的第四义一样。

(二) 1. 那些单一且微小的物质，人们也用元素来称呼它们，这样的做法，在好多方面是很有用的。这样，所有微小单纯的事物或不可再分割的事物就称为一种元素。2. 因此元素在事实上就成了普遍事物。这些元素因为单纯（一），就在万物的复杂（众）中存在，每一个事物要么包含所有的元素，要么包含一些种类的元素。因此有人就认为事物的第一定义是"单位"和"点"。3. 所以，我们所说的科属（族类）既是普遍的又是不可分割的（关于这些，不可以再有其他说明或者解释），有的人说，科属就是元素。科属与品种相比较，确实更加普遍，因为所有的品种上，肯定会有科属的性质。而品种表现在科属上，就有差别了。存在于每个事物内部的基本组成就是元素的通义。

---

1 这里所说的要素和前面所注相似。
2 亚氏广义引用 σGHιJEιHF 一字。

本性的含义

本性[1]（自然）的含义有:（一）如果把"ψKσιI"这字的"K"的发音读长，就应该是生物的创造。（二）一个生物的内在部分，其生长的来源就在于此，生长进行的源头也在此。（三）每一个自然事物，都是因为本性而来源于自然，然后开始最初活动。生长就是某些事物和某些事物相接触，或者有机结合在一起（或者是有机吸附，像胚胎），因此来获得增益的过程。有机结合与接触是不一样的。有机结合是事物的各个部分不仅接触，还要在数量上和延展上一起生长（性质不需要一样）；至于接触，就是两个事物碰在一起而已。（四）本性的含义还指那些所有自然物的组成都要依赖的原始材料，这些材料都是还没有成形的，不能依靠自己的潜能来进行变动，比如青铜是创造雕像的本性，同时也是青铜器的本性，木器的本性是木，其他的以此类推。这些物料在被做成产品之后，依然保存着它们的原始物质。因此，人们也把那些构成万物的自然元素称为本性，有的人认为火是这种本性，有的人认为是地，有的人认为是气，有的人认为是水，还有的人认为是其他类似的事物，不过有的人认为是其中几种，有的人认为就是这四种。（五）"本性"的含义是自然事物的本质，有的人认为万物的最初的组合就是本性，就像恩培多克勒所说：

"现存的事物没有所说的本性，

就是四种元素时聚时散，

本性就是人们给这些混合物取的名字。"

因此来源于自然的事物，要么是现在就已经存在的，要么是即将出现的，除

---

[1] 这里所说的本性是指哲学中的本性，并不仅指人本身的性格。

了已经知道它们的通式还有形状之外，我们就说它们还欠缺本性。只有事物具备了这两者，才可以说是有了本性，比如动物和它的各部分，这样看来，那些原始物质只是本性的一部分，本性还需要怎是或通式，这是创造事物过程的最终目的。那些原始物质也可以有两种含义，一种是指与个别事物有关系的原始物质，一种是指一般的原始物质。比如就像青铜器，青铜就是原始物质，但是广义而言，也许应该说水才是原始物质，因为所有可熔化的物质(青铜包括在内)都属于水。(六)本性的含义在这方面做引申，那么每个怎是都可以被称为本性，某一个级类的怎是中都包括每个事物的怎是(事物凭此成为事物)。

　　从上面所说的来看，已经很明确，严格解释本性，就是事物本来就有的怎是，而这类事物是具有变动渊源的，这也是本性的基本含义。物质被称为本性（自然）就是因为它是变动的来源，生长过程被称为本性，是因为它是变动发展的来源。从这个意义上讲，无论是存在于事物内部，还是已经在事物中显现出来，本性都是自然万物变动的渊源。

"必须"（必然）的含义

我们说"必须"（必然）的含义有：（一）1.一个事物生存的必要条件，比如动物都要呼吸，都需要吃东西。因为如果没有这些，就不能生存。2.存善去恶的必要条件。比如我们得病了就要治病，就要吃药，人们如果想赚钱，就得出海。（二）在强迫行动和强迫力量中，那些阻碍或抑制自然脉动和要求的，我们也称之为必须。这样的必须是痛苦的，欧维诺说道："所有的必需品往往是讨厌的。"而必须的一种形式就是强迫，索福克里说："我做了这样的事都是被强迫的。"这样的必须是与自然要求和人类理性相悖的，但是又无可奈何。（三）我们说，只能这样，没有别的办法，这就是必须，这是其他所有含义的来源，一个事物只是因为某些强迫的力量，没办法按照自己的脉搏来活动，那么就只能接受然后去做它必须做的事。因为有了必然，事物就只能这样。"生"和"善"和这个相像，某些条件就是"生"和"善"的必要条件，而这类的原因就是一种必须。（四）再说，还有一种必须是实证，因为证明非常充分，结论就必须是这样，这个必须的原因就是最基本的条件，有了这些条件的约束，综合论法就只能这样发展。

有些事物的必须是别的事物，而另一些事物是别的事物的必须，自己不需要必须。无论是本义还是狭义，必须（必然）都得是单纯的事物，这样的事物只有一个存在状态。不可以说它又在这个状态存在，又在那个状态存在，要是这样，实际就不止一个存在状态了。所以，凡是永恒不变的事物，就是单纯的，没有什么可以强迫，也不用压抑自己的本性。

"一"的含义

"一"[1](元一)的含义是:(一)因为属性而成为一。(二)因为本性(由己)而成为一。(一)属性为一:就像哥里斯可、文明的、文明的哥里斯可,这三种说法说的都是同一个事物,又比如文明的人和正直的人,文明的哥里斯可和正直的哥里斯可。所有的这些属性都是一,文明和正直的属性都是属于同一个本体,哥里斯可的属性中包含着文明。相类比,"文明的哥里斯可"和"哥里斯可"也都是一,因为哥里斯可的属性就是短语中的"文明的"这个词,那么"文明的哥里斯可"和"正直的哥里斯可"也应该是一,因为由同一主题的属性出现在这两条短语中。对一个科属进行说明或任何普通名词的属性,都和此相类似,比如"人"和"文明人"相合一,因为不仅一般人的属性可以是文明,某个人(比如哥里斯可)的属性也可以是。但是这两种属性虽然都在人的种类中,但是两者也有所不同,人类的文明,合一之后包括的是科属的本体,哥里斯可的文明,合一之后反映的是个体的状态或秉赋。因为属性,事物成为一,情况就是这样。

(二)事物因为本性,从而成为一。1.有些为了可以发展下去,所以用一来称呼,比如把棒子捆在一起,把木片粘在一起,一条线,就算是弯曲了,因为可以延伸,所以依然被称作一,还有身体上的各个部分,也称为一体。能够自然发展延续的事物,和那些需要依靠技术发展延续的事物相比,更加具有一的性质。能够发展延续下来的事物只可以有一个运动,不能有其他的运动。这个运动应该是从时间上说的,是不能够被分割的运动。能够自然发展延续的事物,不需要接触,就可以成为一,将木片放在一起,使之相互接触,这就不算是一,我们不能认为这些

---

[1] 这里所说的一并不是数字一而是指元一,也就是一体。

木片已经融合，便称之为一木，一物或一个延续体。事物如果是因为发展或延续而被称为一，那么无论事物如何变化，它都是一，比如胫和腿，与股相比较就更应该为一。直线与曲线相比较，直线更应该为一。曲线中的折角我们有的时候说它是一，有的时候就不说它是一，因为它包括的各个部分可以同时变化，也可以单独变化。直线肯定是同时的，折线就不一定了，有一段可以静，一段可以动。

2. 从另一个角度来说，事物之所以被称为一，就是因为它们有相同的底层[1]，这些底层在感官上来说是相同的种类，而且是不可区分的。我们所说的底层，就是事物最终状态下的最里面或最外面。从一个角度来说，酒是一，水也是一，它们都不能再被拆分了；从另一个角度看，酒和油都是液体，两者就可以结合到一起，从而成为一；从这个思路推广来看，就可以把所有可以溶解的物质都包括进来，因为它们有相同的底层，都是水或者气。

3. 对于有些事物来说，它们之间的区别是相反的差异，但是如果它们从属于同一科属，那仍把它们称作一，因为它们在同一科属中，底层是一样的，比如马、狗、人，都属于动物，也就可以称为一，归于一类，这与上面所说的物质底层归于一类的道理相类似。有的时候，为了达到统一，就要看它更上一级的科属（假设它们就是科属中最低级的），比如等角三角形和等边三角形，都是三角形，按照图形来看，它们就是同一的，但是按照角度来看，就不一样了。

4. 有两件事物，如果它们的定义来源于怎是，而且相同，那么这两件事物也可以被称为一。这样的话，无论事物的数量如何变化，只要定义不变，就还是一，比如所有符合图式定义的平面图，都应该被称为一。一般来说，本体在时间，空间，定义上不可区分的事物，尤其是实物，都应该说是一。不容区分的事物，只要不被区分，那就是一。比如两个事物，如果被看作是人的话，就不能被区分，那就是人的一类，被看作是动物，道理和看作是人一样。

现在我们可以明确指出，有些事物被称为一，是因为和其他被称为一的事物类别相同，或者依附于这个事物。有一些就是因为本义才被称为一，比如本体作

---

[1] 这里所说的底层就是事物最本质的东西。

为一，就是其中的一个类别。这个一可以由延续而来，也可以由形式而来，还可以由定义而来，凡是从这三种形式上看不是一的，就不可以用一来计算，必须用多来计算。任何事物因为数量而得到延续的，只要不是一个整体，型式一致，我们就不能称为一。比如各种小块的皮子凑到一起，这肯定不能说是一只鞋，只有这些小块的皮子缝制成鞋，有了鞋的样式，才可以被称为一。因此，在所有的线条中，只有圆是最真实的一，就是因为它是整体和完全。

（三）一可以作为数的起点。我们认识每一级事物，都要从第一计量开始，因此各级可以认知的事物的开端就是一。但是在各级事物中，一（单位）的存在也不相同。有的是四分音符，有的是原音字母，有的是辅音字母，有的是重量单位，还有的是运动单位。但是各个一在数量上都是不可区分的。现在把没有位置，只在数量上不可区分的一称为一单位；而有位置，在任何方向上不可区分的一称为一点；一个方向和数量上能够区分的称为一线；两个方向和数量的称为一面；三个的称为一体。就算是颠倒次序，体也可以这样解释，面，线，点，单位也是这样。

还有，有的事物是因为数而成为一，有的是因为品种而成为一，有的是因为科属而成为一，有的是因为比例而成为一。因为数而成为一的，一从物质而来；因为品种[1]而成为一的，一从定义而来；因为科属而成为一的，一从范围（科属是一样的事物用相同的范畴说明）而来；因为比例而成为一的，是和第三第四个事物相比较的。后者的合一常常把前者的一也合到一起，比如：来源于数而成为一的，也必来源于品种，来源于品种而成为一的，未必来源于数；来源于品种而成为一的，也必来源于科属，但是来源于科属而成为一的，未必来源于品种；来源于科属而成为一的，也必来源于比例，但是来源于比例而成为一的，未必来源于科属。

很明显，多的含义是相对于一而来的；我们把事物称为多，有的是因为它们不延续，有的因为他们内层或外层的物质是可以被区分的，还有些是因为它们本体的定义可以用不同的说法来说。

---

[1] 品种即种类，与前面所注一样，由于个体之间的不同导致的种类不一样，这个种类就是品种。

关于"是"的理解

事物被称为"是"（实是）有两种理解，第一种"是"来源于属性，第二种"是"来源于本性（绝对）。

（一）"是"来源于属性的，就像我们所说的"这个正直的作者是文明的"、"这人是文明的"还有"这文明的是人"，我们说"这文明人在造房子"，是因为造房子的人"是"文明的，或者说文明人就"是"造房子的人；这里所说的，一个事物"是"另一个事物，其含义就是说明，一个事物恰是另一个事物的属性。我们刚才说到的各个例子就是这样：我们说"人是文明的"、"这文明的是人"、"那个白的人是文明的"或"这文明的人是白的"，最后两种说法中所体现出的两种属性都是属于同一事物的，第一种说法中，"是"是白的人，而把文明当作属性的"是"；"这文明的是人"这种说法中，是把"文明"当作了人的一个属性（同样的道理，"不白"作为"是"和"白"成为"是"相类似）。这样，当另一个事物可以在属性上替代一个事物，要么是因为它们原来就是属于同一事物的，所以同成其所是，要么就是因为"是"的来源正是其属性，要不就是因为具有一属性的主词本身把此作为范畴，这样成为的"是"。

（二）主要的"是"的分类和范畴[1]的分类（范围）有点相同，范畴的种类的数量和"是"应该一样。范畴是把主题是什么说清楚，有些是把主题的性质说清楚，有的是把数量说清楚，有的把关系说清楚，有的把主动和被动说清楚，有的把何时何地说清楚，这些说明中至少有一种应该是实是的含义。有的说法是这人正在恢复健康，有的说法是这人恢复健康，还有的说法是这人正在走路，或者正在削

---

1 这里所说的范畴就是一些主题的定义。

东西，或者有"这人走路或削东西"这样的说法，（"正是"和"是"）这些说法中间有什么区别，这里暂时不详谈，余下的也这样做。

（三）还有，"是"和"正是"都用来说明一个记载是真实的，"非是"正是相反的说明，这和是非格相像，比如苏格拉底"是"文明的，就说明这是真的，苏格拉底"是"不白的，这也是真的，如果说一个正方形的对角线"不是"可以用它的边来计算的，那么就说明说"是"的人就是假的。

（四）"当是"和"实是"是来说明我们所说的事物的潜在的"是"，或者那些完全实现的"是"。我们见到了潜在的事物和已经实现的事物，我们认识了能实现的事物，也认识了正在实现的事物，对于可安定的事物和已经安定了的事物，我们都把它算到安定里。我们也可以这样说本体，我们说赫尔梅（艺神）存在于大理石中，或者说在全线中存在半线，成熟的稻谷中也包含没有成熟的颗粒，至于事物什么时候潜在，什么时候不是潜在，我们在别的地方做论述。

本体的含义

我们所说的本体有：（一）单纯的物体，比如土、火、水，还有些事物是由这些单纯物体组成的，比如动物，鬼神，还有它们的各个部分都包含在内。都有的这些都被称为本体，因为它们不是别的主题的范畴，而它们是别的事物的范畴。（二）本体是那些内在的事物，虽然不说明主题，但是事物成为实是的原因就是它们，比如动物成为实是的原因就是魂。（三）本体是事物中存在的部分，事物要成为独立的个体，就要依靠这些部分，把这些部分作为范围、限制或标记，如果这些部分不在了，那事物本身也就不存在了，比如有的人说，失去了面，就没有体的存在，没有了线，也就不会有面。那些人认为数也有类似的本性，因为他们说，没有了数，就不会有万物，所有的事物都把数当作范限。（四）本体还是怎是，怎是的公式就是定义。这样来看，本体可以有两种含义：第一种，属于最底层的，而且不需要别的事物来说明的事物；第二种，可以分离从而独立的已经存在的"这个"。第二种含义还说明各个可以独立的形状或形式。

"同"、"别"、"异"的含义及用法

"同"的含义有：从属性[1]的角度来看，比如"白"和"文明的"，它们的相同点是都作为某物的属性。"人"和"文明的"相同，是因为后者的属性是前者；"文明的"和"人"相同，是因为"人"的属性是"文明"。"实是"的同体复合应该和各个单体是相同的，各个单体的实是应该互相是相同的，并且要和实是的复合也相同，"这人"、"这文明的"和"这文明的人"相同；"这个"和那些也相同。所以，这些说法都是不具有普遍性的。如果你说"所有的人全都文明"，这就是不现实的（因为普遍性是来源于事物的本性[2]，而属性是偶然属于事物的）。这些说法只适用于个别事物上，使用的情况也仅限于个别情况。"苏格拉底"和"文明的苏格拉底"可以被认为是相同的，但是苏格拉底仅作为其本人的主词，不能用于其他人，所以我们可以说每个人，但不能说每个苏格拉底。

除了上面所说的涵义之外，"同"的另一个含义是：从本性上看，"同"含义的数量应该是和"一"相同的，物质可以因为类别而成为一，可以因为数量而成为一，可以因为怎是而成为一，事物因为这些而成为一的，也可以成为"同"。所以多于一的事物合一之后就成为了"同"，一个事物被当作多于一的事物，然后合一，合一之后也是"同"，有的时候我们说，一个事物和它本身是一样的，因为我们之前把它当成了两个事物。

有的事物还被称为"别"，就是它们的种类、物质或者怎是的定义数量超过了一，一般而言，"别"的各项含义是与"同"相反的。

---

1 属性是指事物的性质和事物的关系，都叫作属性。
2 本性是指事物本身与生俱来的性质。

"异"可以用在:(一)事物虽然是有分别的,但是在某些方面还有相同的地方,比如科属,品种,比拟,这三种有相同的地方,但是不全部相同。(二)那些科属不一样,从而导致事物相对反,并且对所有在本体上有差别的事物都适用。

被称为"似"的事物是在各个方面都有一样的属性,有些事物,性质是一样的,相同的属性也比不同的属性多,这样的事物也被称为"似"。我们说两个事物相"似",那么这两个事物,在大多数的属性上,或者比较重要的能变属性(每一对成属性的头或尾)上是两相共通的。"不似"的含义恰恰与"相似"是相反的。

"相反"的含义及用法

"相反"（对反）用在相反（矛盾），对成，相关，缺失，持有，生成和消解等从开始到演变的两端，凡是所有事物的性质，两极可以相溶于同一事物且不会同时出现的，无论是它们自身，还是它们的组成，就被称为相反。一个事物不可能又是灰的又是白的，因此灰和白的原色就是相反的。

"相对"（对成）用在：（一）科属不同的属性，一个主题不能同时包括这些属性。（二）在科属里面区别最大的两个事物。（三）包含在同一个涵盖很广的事物中的区别最大的属性。（四）包含在同一个职能中最不像的事物。（五）在事物之间，无论是从科属上看，品种上看，还是从自身来看，差异最大的也可以应用这个词。除了上面说的几类之外，凡是具有上面所说的各类的对成的，容受那些对成，产生那些对成，可能容受和产生那些对成，在容受和产生那些对成中，接受或拒绝那些对成还是拥有或剥夺那些对成，无论是哪种情况，都可以被称为相对。因为"一"和"是"的含义是很多的，其他的很多名词都是源自于此，因此"同"、"别"、"相对"等词也是这样有很多含义，它们在各自的范围里也会有各自不同的含义。

"品种不一样"用于属于同一科属但是彼此没有从属关系的事物，或是在同一科属里彼此不一样的事物，或者事物有一些相对性含在自身的本体里面，还有事物含有能够使它们变成独立事物的相对性（包括的相对性有两类，一类是所有的，一类是所说的基本上的）。各自定义来自于其品种的属于同一科属（门类）的事物（比如人和马的定义是不一样的，但是都是动物），还有那些本体大同小异的，属于同一科属的事物，都可以称为"品种有别"。"品种相同"的每个含义和"有别"的各个含义正好相反。

"先于"和"后于"

"先于"和"后于"[1]用在:(一)事物距离某些起始点比较近（假设每级事物都有属于自己的开始，即准始），这个起点要么是来源于自然，把绝对事物[2]作为标准，要么是把某个事物、某个地点或者某个人作为标准。比如某个事物比起某物来在空间位置上为先，就是说第一个事物距离某处较近，这个某处，可以是来源于自然体系确定的地点（比如位置处于中间或最后），也可以是把某个偶然事物作为标准，说某个事物是"后于"，意思就是说这个事物离那个标准事物比较远。还有的事物用"先于"或者"后于"，是在时间上说的，有的是距离现在时间较长，就叫作过去的事件，比如特罗亚战争要"先于"波斯战争，那是因为特罗亚战争距离现在年代更久远；有的是因为距离现在的时间比较近，就叫作将来事件，比如尼米亚赛会要早于比色亚赛会，那是我们把现在作为起点来看，凡是距离起点比较近的，就是"先于"。还有事物，因为距离原动的事物比较近，从变动的角度来说就是"先于"，比如小孩要"先于"成人。原动者的变化则是从自己开始的，而且是绝对的。还有事物是因为它的权能超越，所以就在权能的角度上说"先于"，意思就是说权能比较大的就是"先于"。这样的话，所有的"后于"都要听从"先于"的指示。"先于"（先天）让动了，"后于"（后天）才可以动。在这种情况下，"先于"的指示就是起点。还有的事物，是在排序上来说"先于"的，就是按照某种规律，以某个特定事物为参照，然后来安排各个事物，比如在合唱中，第二个唱歌的人要先于第三个唱歌的人，在竖琴中倒数第二根弦的位置要先于末弦。因为在合唱

---

1 这里所说的先于和后于不仅仅是时间上的，还包括别的范围。
2 绝对事物就是永存不变的事物。

中，第一个唱歌的人是领导，作为标准，而在竖琴中，以中弦为标准。

除了上面所说的情况外，"先于"还可以用在：（二）在认识之前的，也绝对地被当作"先于"；在定义上"先于"并不意味着在感觉上也是。在定义上来讲，把普遍作为"先于"，从感觉上来看，则把个别当作"先于"。因为定义是一个整体，不能脱离各个部分而独立存在，而有了文明人然后才能体现"文明性"。（三）一个事物"先于"另一个事物的，前者的属性也"先于"后者，比如直"先于"平，就是因为直是线的属性，平是面的属性，而线先于面，所以直先于平。有的事物被称为"先于"或者"后于"就是这个情况。

还有一种情况：（四）事物的先后之分是因为本性和本体，有的事物可以不依靠别的事物而独立存在，有些事物就要依靠别的事物而存在，这个差异，柏拉图曾经说过。如果我们把实是的各个含义考虑进来，首先，主题就是"先于"，本体应该是"先于"，其次，有的事物成为"先于"是因为潜在性，有的则是因为完全实现，比如按照潜能看，那么没有完成的线就要"先于"完成的线，部分要"先于"整体，物质要"先于"实体；但是按照现实来看，那么上面所说的"先于"就要变为"后于"了，因为只有整体解散了，作为组成部分的那些事物才能独立存在。因此有的时候就是按照第四种情况来判定事物是"先于"还是"后于"。从事物产生的角度说，有的事物不用依靠别的事物而独立存在，整体不由部分组成（来构造），有些事物，在解消说的角度看，也是这样，部分无需等待整体消散就可以独立存在。其他的情况也与此相类似。

潜能的含义

潜能（能、潜在）的含义有：（一）变动的来源，被变动的事物是不具有这种能力的，而在另一事物中有，或者存在于变动的事物，但这种事物不能在被变动的状态中。比如建筑技术是一种能力，不会在某一座房子中存在，治病也是一种能力，病人身上就可以找到，这是因为在人生病的时候，身体可以自动治疗，这时候，他既是病人，又是医生。一般来讲，"能"是让别的事物变动的来源（或者把自己当作其他事物然后让自己变化）。（二）"能"也可以说是一个事物改变另一个事物的来源（被自己改变就像被别的事物改变一样）。这样，因为一位病人忍受某些痛苦，那么我们就说他的忍耐力很强。虽然说法是这个，但是情况有的时候是不一样的，有的时候这个人忍受一些痛苦，我们就这么说，有的时候是这个人的忍耐力会对他的病有帮助，我们才这么说，而且仅仅是指对他的病有帮助这一点。（三）把一个工作做好的能力（或者做的时候得心应手）可以称为"能"，有的人能走路，但是走不好，会说话，但是说得不利索，对于这些人，我们就会说，他"不能"走路或"不能"说话。（四）从被改变的角度来看，也是这样。（五）事物如果由于自身的某些属性，而成为绝对不受动，不变化，也不容易损毁的，也被称为"能"，有的事物被弄破，弄碎，毁灭，就是因为它们不具有某种"能"，或者没有某种事物。如果事物可以不受这些负面的影响，或者说影响很小，这就可以说明它具有一种"能"，因此它也可以说是达到了某个好的境界，在被变动的时候也可以有自己的想法。

"能"有这些不同的含义，"能者"自然也会有不同的含义：（一）就是能够让其他事物或者自己开始一个动变，如果是自己的话，必须要把自己当作另一个事物来看待（能够让运动中的事物安静下来，这也算是能者）。（二）对于一个事物来说，另一个事物具有能被它改变的"能"（被改变的"能"）。（三）事物能够变化成为另一个事物，如果事物有这种"能"，也被称为"能者"，无论是变成好的，还是变成坏的（就算是最后变化为灭亡，我们也把这种能力称为"能"，如果没有这种"能"，那它自己就没有办法灭亡，从实际来看，它必须具有某一个趋向，或者原因，或者原理，它才可以忍受灭亡，有的时候也可以这么想，它要么是得到了什么，要么是失去了什么，所以才会趋向于灭亡，"剥夺"可以解释为获得了某个"缺失"，失去了什么就等于是获得了某个剥夺，这样一来，事物就可以在两个方面都有"能"了，包括正面的有某物，反面的有某物的剥夺，如果不从反面来看到缺失，把缺失当作反面的有，那么"能者"就得有两个不同含义）。（四）被称为"能者"的事物，是因为没有其他事物（或者把自己作为其他事物）可以把它毁灭，无论毁灭的能力还是原理，都包括在内，都没有。（五）"能者"的含义还有，偶然出现的，可能有可能没有，可遇而不可求的某种"能"。在非生物里，也可以碰上这样的情况，比如一个竖琴音质不错，我们就说这个竖琴可以说话，音质不好，我们就说它不能说话。

能的缺失是"无能"，就是把上面所说的"能"的各种含义消除掉，这个"能"可以覆盖的范围也很广，可以指普通的"能"，也可以指在某些方面具有的"能"，也可以指和某个时期有关系的"能"。从这些意义我们就可以明白，孩子，成人，阴阳人，当他们都没有孩子的时候，是谁没有生殖能力了。而且上面所说的各类"能"就应该有一个"无能"相对应，包括让变动出现的"能"和把变动做好的"能"。

因为"无能"是这样的，有的事物就被称为了"不可能"，还有的事物是在其他的含义上被称为"不可能"。"可能和不可能"这两个词的用法如下：一个事物，它的相反的事物一定是真的，那个这个事物肯定是"不可能"的，比如"一个正方形可以用边来计量对角线"这个命题，就应该被称为"不可能"，因为这个叙述本身就是假的，相反的论题就肯定是真的。如果非要说是可以计量的，那就是大错特错了。"可能"的情况恰恰和"不可能"是相反的，"可能"的相反事物或者命题不一定是假的。就像上面所说的，"可能的"有三种情况，一个是肯定不是假的，一个是真的，一个是可能是真的。

在几何里面,"能"(方)的含义是不同的,这里所说的"能"或者"可能",是没有力的含义的。

"能"有一个基本类型是力能,就是我们所说的让别的事物变动的来源(或者把自己当作别的事物一样,然后让自己变动)。有的事物被称为"能者",有的是因为别的事物有对它的某种"能",有的就是因为没有,有的是以特殊的方式获得"能"。事物被称为"无能",情况基本差不多。所以"能"(潜能)的基本含义为:让别的事物变动的来源(或者把自己当作别的事物一样,然后让自己变动)。

量的含义

量（量元）的含义是，只要事物可以被分为二或者更多的组成部分，已经被分出来的每个部分，在本性上都是一个个体。属于可以用数计量的量，是一个众（多少），属于计量的，就是一个度（大小）。为众的是那些可以分为非延续部分的事物，那些延续的，就是度。有关于大小，在一个向度空间上延续的就是长，两个方向的是阔，三个方向的是深。这些有限定了就成为数了，比如有定限的长就是线，阔是面，深是立体。

还有，有的事物被称为量是因为自身本性，有的是因为属性；比如线就是因为本性被称为量，文明是因为属性被称为量。因为本性所以被称为量的事物，有的是来源于本体，比如线 [有的本体的量元就含在定义中（每一段线的定义和整条线的定义是相同的）]；有的是来源于本体的某些秉赋和状态，比如多少，长短，宽窄，深浅，轻重还有其他。"大和小"与"较大和较小"，无论是它们本身还是互相之间，都具有的是量性的特质，但是这些词也可以用在其他事物身上。因为属性而被称为量，比如"文明"和"白"，因为事物本身是文明的或者是白的，还具有量的性质，所以白和文明也有了量性；有些是在具有运动和时间的属性的事物身上获得量的性质，因为运动和时间这类的事物，它们本身就应该是一类量元，凡是事物具有运动和时间的属性，就应该是延续并且可区分的。这里所说的不是那些被动变化的事物，而是那些作为运动地方的空间，因为空间本身就是量元，所以运动也是量元，因为空间也是量元，自然地时间就成为量元了。

"质"的含义

"质"（素质）的含义有：（一）是本体之间的不同，比如人因为有两只脚，所以是具有素质的动物，马有四只脚，所以它也是。圆因为没有角，所以它是有特质的图形，这些明显的不同就是"质"。这是"质"的一种含义。（二）第二种含义是用在不动变事物上，这些不动变事物是归于数理的，列数都是具有某些素质的，比如具有多个向度的组合数，像二次数[1]的抄本就是平面（两个向度），三次数的抄本是立体（三个向度），一般来说数的本体，不仅包括固有的量性，还有各自专属的素质。而本体是事物永远不变的那个部分，比如六，可以是二的倍数，也可以是三的倍数，这些都不是六的本体，六是六，而不再变成别的不是六的事物，那才是六的本体。（三）能动变的本体的所有秉赋（比如冷和热，黑和白，重和轻还有其他类似的），一旦有什么变化，而物体也随之变化，那么这些秉赋也被称为素质。（四）在品德[2]里面能够被称为素质的，一般来说就只有善和恶。

这样来看，"质"的含义就有两类，其中的一类就应该是本义。"质"的第一种含义就是本体之间的不同，列数含有的素质就有这类的不同，这些不同是关于事物的怎是的，但是这些仅限于不动变的事物，或者是不说变动的事物。第二种含义就是事物的质变和动变的不同，只是这种变化是包含在变动中的。品德的素质，善和恶就属于这类。质变是说明了这些变动之间的不同，有的活动的不错，有的就不行，有的就可以达到善的品德，有的朝相反的方面活动，那就只能成恶了。把善恶作为素质的事物，以生物最为明显，在生物中，有思想的生物更明显。

---

1 这里所说的二次数或三次数就是两个数或三个数的组合，类似于坐标。
2 这里所说的品德可以理解为道德或者好坏。

"关系"的各种情况

事物之间的"关系"（相关），有三种情况：（一）就像两倍和一半，三倍和三分之一，一般来说，就是用倍数或分数来相互包容的那些事物，还有互为超越或被超越的那些事物。（二）就好比能互相热或受热的那些事物，存在剪和被剪关系的事物，一般而言，就是所说的主动和被动。（三）就像已经计量和可以计量的事物，已经认识和能够认识的事物，已经感觉到和能够感觉到的事物。

（一）第一种情况，是根据"数和数"和"数和一"的关系来说的，这种关系包括已经确定的和没有确定的，比如"倍和一"就是已经确定的数量关系，"大到许多倍"，这样的说法虽然也是数量关系，但是它和一的关系却是不确定的。"这是某个事物的一半大小"，这种说法也是确定数量关系，如果说这是某个事物的几分之一，那就是不确定的数量关系，就像是许多倍和一之间的关系一样，都不确定。那些互为超过和被超过的事物，在数量关系上也是不确定的，因为数是可以计算的，不能用数来解释不能计算的事物，但是互为超越和被超越的事物，只是数量上增加了或减少了些，这些都是不确定的，因为从与另一事物相等的事物开始数，或多或少，都可以说是超过或者被超过。所有的这些联系，都可以用数来解释，同时又由数来决定。这些从另一个角度来思考，就是"相等"、"相似"和"相同"。因为只要是数都是把一当作参照的，因此本体为一的都是一样的，素质是一的就是相似的，数量是一的就是相等的。一[1]就是数的开始，也是数的标准，所有的这些联系，虽然思考的角度不一样，但是其中肯定会有数的存在。

（二）所有活动的事物都应该有相对应的主动和被动，也应该有这些潜能和已

---

1 这里所说的一就是数字，没有别的含义。

经实现的潜能，比如能热和能被热的关系，因为有了"能"，而热和被热是相关的，剪切和被剪切也是相关的，所有这些关系都是由于它们正在把这些事情变成现实。但是数的关系，只是因为某个特殊意义才会实现，这点在别的地方已经说过了。从变动的意义上来说，数不能被实现。能的关系，有的是对于一段时间来说的，比如曾经做过的事物和已经被做出来的事物之间的关系，还有将会做出来的事物和将会被做出来的事物之间的关系。一个爸爸，被叫作这个孩子的爸爸，这就是过去的主动和被动的关系。还有一些相关的词，其含义是指"能"的剥夺，就是指"无能"，比如"不能见"。

　　所有含有"数"和"能"的关系词，都是由于它们的本体含有别的事物的关系，而不是别的事物和它们的怎是有关系。（三）不过我们把可以计量，可以认识或可以想到的事物称为"相关"，就是因为别的事物和它们的怎是有关系。我们说能够想到一个事物，意思是通过一个想法想到了那个事物，而这个思想，和那个因为思想而成为被思想的原物是可以没有关系的，如果是这样，那我们就要把一个事物拆成两部分来考虑了。思想是想到了某些事物，举一反三，就可以认为，视觉就是看到了某些事物，这个见到的事物并不是那个因为你看到了而成为被看到的那个事物（虽然这么说也不错）。事实上，这也只是颜色或与颜色相类似的事物的关系（由视觉所引起）。如果按照另一个角度来看，那么同一个事物就有两种说法了，视觉是看见那个被看见的事物（颜色）。

　　那些因为本性而被称为"相关"的事物，有的时候就是上面所说的那些含义，有的时候就是因为它们所属的科属是一个关系词，所以它们也是相关的，比如学术就是一个关系词，所以所有包含在学术内的，都是关系词，所以医学也是个关系词。还有些事物被称为相关是因为它们所具有的品质，比如相等性就是相关的，因为"等"就说明了两个事物之间的关系，相似性也是这样的，因为"似"说明了两个事物之间的关系。还有一些事物被称为"相关"是因为属性，比如一个人和某个事物相关，只是因为他很凑巧的是某个事物的一倍，倍是个关系词，所以它们之间有关系，又因为那个事物是白的，那么白也成为了关系词。

"完全"的含义

"完全"的含义有这几种：(一)在这之外，没有任何属于它的部分，就算是零件也没有，比如"全期"对于每个事物来说，就是指这一段时间，再没有别的时间是包含在这个时期里面的。(二)一个事物太好了，其他的事物都没有办法超越它，比如有一个医生或一个笛师，我们称他们是"完全的"，就是由于他们的技术高超，没有办法被超越。当然"完全"也可以去说坏的事情，表示坏到极致了，比如我们说一个"完全的"流氓或一个"完全的"小偷；有的时候我们也说他们是"好"的，比如一个"好"的流氓，一个"好"的小偷。优秀到一定程度就是"完全"，每个事物，每个属性，只要它们没有任何自然缺陷，那它们就是"完全的"。(三)事物被称为"完全"，是因为事物已经达到了善的极致，善的终点就是"完全"。如果把这些含义用到坏的方面，说一个事物被"完全"弄坏了或者"完全"毁灭了，那意思就是说这个事物已经被毁坏到极致了，什么都不剩了。所以我们就用死这个词来代替终，在用词上就这么说了，死和终都意味着事物就结束了。最终的目的也就是个终点。事物由于本性而被称为"完全"，就是这些含义了，有些是因为它们没有缺陷，无法被超越，已经达到善的极致，有的是因为它们品级优秀，什么都有，不需要别的来补充。还有的是因为依附于上面所说的含义，或者是其中有这样的含义，或者是涉及，或者是依附，或者是相类似，所以也被称为"完全"。

"限"的含义

"限"(定限)的含义:(一)每个事物的最终,这一点包含了事物的所有,绝不会有什么部分在这点之外。[1](二)事物的外形,所说的事物是要占有空间度量的。(三)每个事物的终极[事物活动的方向就是极,不是活动开始的地方,但有的时候是可以同时包含两者的,(把起始点当作初限,把终点当作末限)]。(四)每个事物的本体和怎是也是"限"。这么说是由于这是认识的定限,而认识的定限也就是事物的定限。现在可以很明显地看出,"限"不仅具有"始"的各项含义,而且还有其他的含义,"始"可以作为"限"的一头,但并不是每个"限"都是"始"。

---

1 第一种含义可以理解为一个范围,这个范围是包含一切的,后面所说的也是范围,只不过范围的角度不一样,大小也不一样。

"由彼"的含义

"由彼"[1]（由何）的含义有这么几种：(一) 每个事物的通式和本体都是"由彼"，比如说"人善良是由彼"，这"彼"就是"善"性。(二) 事物可以依据"由彼"来找到所在的近层，比如可以在表面上找到颜色。这样来看，事物的通式就是"由彼"的基本含义，物质和联系密切的底层是其次级含义。一般情况下，"由彼"含义的数量是和"原因"一样多的。(三) 我们常常说到他因为什么目的而来，或者说他来的目的为何？(四) 我们还会说他"由何"而正确地走来或他"由何"而错误地走来？再说走对或者走错的"原因"是什么？(五) "由彼"也可以用在位置上，比如说一个人"由彼"站立（一个人站住是"因为"某个立场）或一个人"由彼"行走（一个人"顺着"那个走），所有这些说的话，都是用来指明位置和地点。

由此看来"由己"也应该有相似的几种含义。属于"由己"的事物有下面几类：(一) 每一个事物的怎是，比如现在加里亚"由己"而成为了加里亚，那么以前也应该是这样的。(二) 在"什么"的里面，都会有"由己"的存在，比如加里亚肯定是因为"由己"才会成为动物的，因为在他自己的定义里面就有动物的含义，所以加里亚就是一个动物。(三) 事物的属性无论是直接来源于自己还是间接来源于自己，都可以称为"由己"，比如"由于自己的性质"是白的，所以表面的颜色就是白色的，一个人之所以活着是因为"由己"，因为灵魂是人类的一部分，而生命直接寄托的就是灵魂。(四) 有些事物无法找到别的原因存在，只能找到自己的，这样的也被称为"由己"。一个人成为人是有多个原因的，比如因为

---

[1] 这里所说的彼可以理解为指示代词，由就是原因，这是一个组合词。

是两脚动物,但是人成为人的最终原因就是"由己"。(五)一个事物独有一切质性的可以称为"由己",从自性中分离出来的可以当作专属的质性的也可以称为"由己"。

"安排"的含义

"安排"的含义是指把由部分组成的事物按照地位，能力，类别分别加以安置。每个部分都应该有相对应的部位，"第亚色茜"这个字本来的意思就是让事物都得到所需要的。

"有"的含义

"有"（持有过程）的含义有几点：（一）是所有物和拥有者之间的一种活动，比如动作或变动。就像制作和被制作之间，就需要有一个转化过程。在一件衣服和所有衣服之间也应该有一个"希克雪斯"（持有过程）。不过从实际来看，这样的"有"很明显是不存在的，因为如果这样的"有"存在，那么"有"将会无穷无尽地累加。（二）安排就是"有"或者"固有"（习惯或者惯常）的含义，从安排的角度来看，有的安排得恰当，有的就不行，有的是在内部做安排，有的是把外物当作参考然后再做安排。比如健康是一个持久的状态，也是这样的一个安排。（三）如果只有一部分是这样安排的，那我们也说这是一个"希克雪斯"（常态），因为部分的好处，整体中也肯定是"固有"的。

"禀赋"的含义

"禀赋"[1]（感受）的含义有几点:（一）是一些素质，一个事物可以因为这些素质而被改变，比如黑和白，甜和苦，重和轻，还有其他类似的素质。（二）把上面说的这些改变实现，或者说已经实现了上面所说的那些改变。（三）专门用"禀赋"来指有害的改变和活动，那些刻骨铭心的损伤更是要用此来专指。（四）伤心的往事和不堪回首的经验之中，最惨的就被称为"巴淑斯"。

1　禀赋可以理解为天生的属性。

"缺失"的含义

我们所说的"缺失"（剥夺）¹的含义有：（一）一个事物应该有的属性却没有（天生就没有或者后天失去的），比如说一株植物"缺失"了眼睛。（二）一个事物没有本身或同属（科属）应该具有的性质，比如一个人瞎了和一只鼹鼠瞎了就不一样，虽然都是看不见，从鼹鼠的角度看，是因为动物都能看见，它却看不见，而从盲人的角度来看，则是他本身应该能看见，但是他却瞎了。（三）一个事物在应该有的时间内没有应该有的性质，比如瞎眼是一个"缺失"，可是人的一生中不可能是全瞎眼的，只是说在这个时间他应该能看见，但是他却看不见，所以才说他失明了。相类似的，有因为介体致盲的，有因为机能致盲的，有因为对象致盲的，有因为环境致盲的，对于这些情况，只有他原本能看见但是却看不见的时候，才可以称为"失"明。（四）暴力夺取别的事物称为"剥夺"（缺失）。

在实际当中，有多少个词语可以加上"不"（或"无"）字，"缺失"就应该有多少种，比如说一个事物"不等"就等于是说这个事物没有了相等性，但是相等性是应该有的；再比如说"无脚"，就是因为事物没有脚或者脚发育得不完全。"缺失"可以用于属性不全的，虽然有，但是并不好的事物，比如"无核"；也可以用在虽然有这个属性，但是这个属性并不顺适，比如说一个事物缺少可切性，可以说它切不动，也可以说是很难切。"缺失"还可以用在没有这个事物的事物身上，比如我们说盲人，应该是失明看不见的人，而不是没有眼睛的人。这样来说，每个人并不是非"善"即"恶"，要么是"有意义的"，要么是"无意义的"，也可以有中间的状态，不极端。

---

1 也可以理解为失去，没有了。

"持有"的含义

"有"[1]("持有")是有很多种含义的:(一)按照自己的喜好或者愿望来处理一个事物。这样,疾病就要有个身体来依附,暴君要有个城池作为前提,人要有衣服穿。(二)能够接受一个事物并且能够一直保存下去,就可以称为"有",比如雕像是青铜形状的反应,身体有疾病的反应。(三)食物能够装下并保存一段时间的,比如我们说瓶子里面有水,城池里面有人,船上有水手,全体里面有部分,都是这样的。(四)阻止另一个事物按照另一事物自己的想法活动的也称为"持有",比如柱子有屋顶的重量,诗人中的亚特拉斯"持"(有)上天所说的,要不然天就塌了,有些自然哲学家也是这样说的。把"持有"的含义推广开来,那么所有把事物结合到一起,也不会因为各自的想法导致分散的也可以说是"持有"那个所结合到一起的事物。

"存在于某个事物中"的含义与"持有"的含义是很相像的。

---

1 与前面所说的有含义是不一样。

"所从来"的含义

"所从来"的意思有:(一)某些事物是其来源,比如物质就是其来源,也可以分为两类,一类是属于最高科属的,一类是属于最低科属的。所有可熔化的事物都是来源于水,这就是第一类的例子,雕像是青铜打造的,就是第二类的例子。(二)第一动因是其来源,比如为何要打架?因为吵架了,那么吵架就是打架的来源。(三)物和形的综合体是其来源,比如部分来源于整体,诗句来源于"伊里埃",石头来源于房子(所有这些例子,整体都是物和形的结合体,因为终极就是形,能达到终极的事物才是完全的)。(四)来源于部分的通式。比如从"两脚"动物中出来了人,从音注中产生了音节,这些和青铜铸造了雕像的含义是不一样的。因为综合实体是来源于可感觉事物的,而通式则来源于通式材料。有的事物来源于别的事物,就是这个样子。(五)还有一些事物,可以从其中的一部分产生出另一些事物,比如父母是小孩儿的来源,大地是植物的来源,只不过都是从母体的一部分而来的。(六)从时间的角度来讲,在一个事物以后的这些也被称为"所从来",比如白天之后是黑夜,晴天才会有风暴,因为有了一个事物接着才会有另一个事物。关于这类情况,有的就是上面所说的两种情况,有的就是时间先后而已,比如"从"春分开始开船,意思就是在春分之后就开船。

"部分"的含义

"部分"的意思是:(一)1.可以区分开的一量元,比如三里面含有二,从一量元里面取出的作为量[1]的那个部分,这个部分就叫作一量元的一个"部分"。2.这些被称为"部分"也只是在第一意义上而言的,所以,二为三的一个"部分",必须把三作为一个整体来看才可以这么说,否则就不能这么说。(二)把事物在形式上做出区分,而这些区分出来的就是整体的一"部分",因此科属(种族)的一"部分"就是品种(宗姓)。(三)一个整体可以分成几个要素,但是许多要素要合一而成为整体,那这个整体就必须要包含通式。比如对于铜球或者铜形成的立方体来说,它们通式的形成,都需要靠这些物质,铜,圆弧还有正方体,这些要素就可以被称为这些整体的一个部分。(四)要在定义中把一个事物说明完整,也是需要很多要素的,而这些要素也可以称为事物的一部分。因此,品种的一个部分就是科属,但是在另一个含义中,品种却是科属的一部分。

1　有关量的含义请看前面正文中所描述的。

"全"的含义

"全"（全体）的含义有：（一）一个天然的整体，所有应该有的部分都不缺少，很完整。（二）在一个整体中包含了所有必须包含在内的事物。在这个整体中的各个部分可以是一[1]，也可以不是一，但最后都成为了一个整一。1. 把类作为"全"，在同一个种类中的各个事物，都是独立存在的，但是合到一起，作为一个整体也是可以的，也是真实的，比如人、马、神，本身都是各自独立存在的生物，所以也就可以用生物这个普遍名词来作为它们的统称。2. 由不同的部分来合成一个整体，那么这个整体虽然是延续的，但是有外限，在"部分"中有的事物是潜在而没有实现的（当然已经实现的事物来做整体中的一部分肯定是可以的）。这些事物中，那些天生就是"全"的，与那些人造出来"全"的相比，更为高级一些，这个情况，我们在上面解释"一"的时候已经说到了，"全体性"其实就是"统一性"的另一个称呼而已。而且，在所有的量元里面，也分为开始，中间，最后，在各个段落中都一样的量元，被称为"共"。在各个段落中有不一样的地方的量元被称为"全"，两种情况兼有的既称为"共"又称为"全"。这些事物的本性不会随着所在部分位置的变化而变化，有变化也只是形状变了而已，比如蜡或者涂料。因为它们会出现上面所说的两种情况，所以它们既是"共"又是"全"，水和所有的液体还有数都是用"共"来计的，没有人会说"全水"或者"全数"（除非是想把"全"字的含义推广开来），事物聚集到一起成为整一的情况被称为"共"；分开之后作为个体集中到一起的情况被称为"总"。"这些单位全部的数量"就是"共计"。

---

1 有关于一前面正文已经有所叙述。

"剪裁"的含义和使用

无论谁，无论在什么情况下，都不能说具有量性的事物在"剪裁"[1]，因为这个词是用在可以被区分的事物上的，而且这个事物还必须是一个"全"（整体）。还有一点，就算是被拿掉一个，我们也不说是"剪裁"（因为减去的部分和剩下的部分总是不相等的），平时所说的"数"就不说"剪裁"，所有被"剪裁"后剩下的部分中必须要有怎是（要素），就像一个杯子，被"剪裁"了，还是个杯子，但是数就大不一样了。而且，就算一个整体中包含着不同的部分，那也不能说这些部分都可以被"剪裁"，从某个意义上来说，数的组成部分可以说是相同的，也可以说是不同的（比如三，可以说是由三个一组成的，也可以说是由一个一和一个二组成的）。凡是事物中的部分之间没有位置关系的，都不能被"剪裁"，比如水。凡是可以被"剪裁"的，那么整体中所包含的要素肯定要有位置关系，而且必须是可延续的，不同的音节组成了一段乐谱，音节都是有固定位置的，那么这段乐谱就不能被"剪裁"，此外，要"剪裁"一个事物，也不是说里面所包含的事物都可以减掉，除去的部分不能包含决定的因素，还要考虑其他部分的位置关系，比如一个杯子，弄了一个窟窿，这就不叫"剪裁"，只有把手或者其他突出的部分被除去，才说是"剪裁"，一个人被"剪裁"（截肢）不是说他的内脏器官被除去，而是他的手或者脚被除掉，而且除掉的这部分不会再生。因此，脱发就不算是"剪裁"。

---

[1] 剪裁可以理解为把一个事物分割成几部分，而这种分割也是有条件的。

"科属"的用法

"科属"[1](种族)用在:(一)事物的繁衍生息,类型一样并且可以延续,比如说"族类长存"的意思就是"生命维持"连续不断。(二)这个词还可以用在生物的祖先身上。因此从"种族"的角度来看,希伦的子孙就叫作希腊人,伊雄的后代就叫作伊雄人,这个词大部分用在父系身上,就是生殖过程的男方身上,很少时候会用在母系身上,当然也有用母系的名字当作族姓的,比如说我们是"妣拉"的后代。(三)科属的含义之一就是把平面当作所有平面图形的总类型,立体就是所有立体图形的总类型,虽然每个平面图形和立体图形都不一样,但是类型上是一样的,都有了同样的总类型,这就是不同图形中相同的一点。(四)有关事物是什么的定义,有基本要素包含在其中,那么这些基本要素就是"属","属"的内容的差别就是品种的差别。

这样看来,"属"就可以用在:(一)同类事物的繁衍生息。(二)在同类事物的变动中作为开始的事物。(三)所有因为灵异有别,质地不一样而产生的底层称为物质,所以我们也把"属"当作物质。

那些称为"于属有别"[2]的事物,有这么几类:(一)与本身紧密相关的底层不一样,一个事物的底层不能解释为另一个事物的底层,且两个底层不能解释为同一个事物,比如通式和物质就是这样。(二)归属于实是的事物,但是这些事物处于实是的不同领域之中。事物成为事物,其原因很多,有的是因为怎是,有的是因为素质,还有的是因为以前说过的其他的范畴中的含义。这些事物不能相互解释,也不能相互替换,也不能解释为同一个事物(所以在范围上有不一样的地方就是"于属有别")。

---

1 这里所说的科属与前面所讲的是不同的。
2 于属有别可以理解为不同的科属,也可以理解为属性不一样。

"假"的含义和使用

"假"的含义有:(一)把某样东西当作一个事物,就是假的,因为这些东西不能拼接在一起,或者根本就没有拼接在一起,比如"正方形的对角线能够用它的边来计算"或"你是坐着的"。前面的一句无论什么时候都是假的,而后面一句就不一定,如果后面一句也是假的,那么这两句话就应该都是不存在的。有的事物虽然是存在的,但是所展现出来的形态却是不存在的,或是很像是存在的,但其实是不存在的,比如一个梦或者一张草稿图,这些虽然也是事物,但是它们没有实体,无法探寻,都是虚拟的存在,那么我们也把它们称为假的。所以无论是实际不存在,还是所表现的事物不存在,都是假的。

(二)一个假的记载(一句假话)是因为记载的是并不存在的事物,事物既然是假的,那么关于它的记载也肯定是假的。凡是你写下来的,并不是你想表达的,这就是假记载。比如,一个"三角形",你却写成了圆形,这就是假的。从某个意义来说,一个事物相对应只有一个记载,那就是本体的记载,但是从另一个意义来说,一个事物可以有很多的记载,因为事物加上了各种属性也还是事物本身,本体没变,比如"苏格拉底"和"文明的苏格拉底"就是一个人(一个假的记载,除了有别的说明这种情况外,就不是任何事物的记载了),因此安蒂瑞尼[1]就觉得一个主题就只能有一个范畴,除了记录本身以外,事物就不可以有别的解释,这样说的话,他想得太单纯了,按照他的意思,世界上将不会有矛盾出现,也不会再有错误。但是我们来描述每个事物,不光是依据事物本身,还依靠另一些事物。那么有的时候就会全成了假话,有的时候就成了真的。比如八可以依靠二的定义,

---

1 安蒂瑞尼(英文:Antistbenes,约公元前 400 年—公元前 366),雅典人,世称犬儒宗。

当作二的倍数来加以解释。这些事物被称为假的，就是这样来的。

（三）一个假人（说谎的人）就是指有的人，他喜欢而且去做假的记载，就是为了作假而去做，没有其他的理由，他擅长利用这样的假的记载让人们有一些假的看法，就像一些假的事物让人有假的想法一样。因此"希比亚"篇里面有文字说是同一个人"既是假的又是真的"就是假的，是骗人的。文章中写道，如果谁对别人说谎，骗别人（也就是说有知识，聪慧而且能骗别人的人），这个人就是假人。那么延伸一下来看，自己愿意去作恶的人就比非自愿的人要好，因为自愿去学习走路的人总要比被强迫学习的人要学得好。这是使用归纳法得出的一个错误的结果。在这里，柏拉图把步行这个词的意思换成了学走步的意思（当然自愿学习的要比强迫学习的要学得好），但是这些不能用于道德行径，那些自愿堕落的人，不应该是更好的，应该是更次的。

"属性"的含义

"属性"[1]（偶然）的含义是：(一)可以判定某些事物是依附于某些事物，但是这些依附的事物并不是被依附的事物所必需的，也不经常出现，比如有个人去挖土是为了种树，但是却挖到了金子，那么挖到金子对于这个人来说就是一个属性（偶然），因为挖到金子和种树没什么关系，种树也不是为了挖金子，而且种树的人也不是常常挖到金子。一个文明人，他或许是白的，但并不是必要的，也并不常常出现，所以我们就把它称为属性。所有的属性都是要依附于一个主题的，但是这种关系出现的情况不一样，与时间，地点，主题都有关系，有些只在这个时间，这个地点，依附于这个主题，成为这个主题的属性，但并不是这个主题，这个时间，这个地点都出现后才会成为属性。因此，一个属性的出现都是偶然的，并没有明确的原因。如果有人是因为遭遇风暴或者海盗而进入了爱琴海，这并不是他计划好的路线，那么这次的航行就是个"偶然"。这个偶然就是遇到了，并不是这个人事先计划好的，而是由于别的原因，风暴是他来到这里的缘由，地点是爱琴海，但是这个地点并非是他想去的地方。

属性还有另一个含义：(二)凡是来源于事物但不是事物的怎是的，都叫作属性，所有的三角形内角之和都是等于两个直角相加的值，这个就是依附于三角形的一个属性。这类的属性是永远存在的，还有一类属性并不是永久存在的。这些我们会在别的地方讲到。

---

1 此处所说的属性也并不仅是属性本身，附加了别的含义。

Part 6
哲学范围和学术分类

神学应该是第一学术

我们所探寻的是现存事物的许多的原理和原因，还有事物成为事物的原理和原因。就像健康和身体好就是不同的原因，数学对象也有基本的原理和原因，还有相关的要素，一般而言，用理知来做研究的学术，或多或少都会研究一些原理和原因。这些学术都会专门去研究一些特定的实是或科属，但是他们所探索的并不是这些实是的全部内容，也不是为何实是成为实是，也不是一类事物的怎是。他们把事物的本体当作起点，有的把怎是当作假设，有的把怎是当作不需要去证明的公理，或多或少都会涉及，然后他们再去证明自己所研究的门类中的各个事物的主要属性。这样来研究，很明显不会去给本体或怎是做个实证研究，只是在某个方面涉及到而已。类似的，各个学术都忽略了一个疑问，就是，他们研究的这个学科到底存在还是不存在。这个问题和说明事物的怎是和事物的实是是一个级别的问题。

物理学[1]既不是实用学术，也不是制造的学术，因为物理学专门研究的这类事物，其本体的动和静都来源于本体。其他的学术也是这样的。制作事物，原理来自于制作的人，这个原理就是理知，技术或者某个能力。做成事物，这个原理就应该来自于做事，这个原理实际上就是把事物完成的想法或者是想法的表达。如果说所有的思想就是为了实用，制造或者理论是其中之一的话，那么物学就应该是一门理论，一门学术，但是里面研究的事物，都是容受动变[2]的事物，它们的本体已经被规定，是要依附于物质之上的，不能脱离物质而独立存在。现在我们需

---

1 按照亚里士多德所讲，物理学是物学的一部分，但是物学所包含的范围更广。
2 这个词可以理解为容易接受变动但并不确定。

要探究的是事物的怎是和定义，如果没有定义，那么研究也就没有意思。应该把在被界说[1]的事物里面的怎是说明白，可以把"凹鼻"和"凹"当作例子。两个事物的分别就在于"凹鼻"必须要和鼻的物质结合到一起，而"凹"是可以脱离可感觉事物独立存在的。假设所有的自然事物的本性都和"凹鼻"很像，比如鼻子，眼睛，脸，肌肉，骨头这些器官还有普通的动物；叶子，根，枝干还有普通的植物（因为这些在大多数时间都含有物质，而且要变动之后才能具有完整的意义）。那么很明显，我们就必须要去探求自然里面的事物，并且弄明白它们的怎是，而自然学家也应该去探索关于灵魂[2]（把灵魂当作自然对象）的知识，灵魂在某个意义上说，它是离不开物质的。

　　因为这些想法，现在就应该明白，物学就是一门学术，一门理论。数理也有理论含在其中，但是它所研究的对象，能不能在不变动的情况下脱离物质，现在还不清楚。但是有的数学定理的出现，就是以研究对象不变化就可以脱离物质而存在为前提的。如果世界上真的有一些不用变化就可以脱离物质而存在的事物，那么有关这些事物的理论就应该归于一门学术中，但是这门学术不是物学，也不是数学，而是比两者还要早的一门学术。因为物学探究的事物是独立的，却是变化的，而数学探究的事物不是变化的，但需要依附于物质之中，不能脱离物质而独立存在，而这个第一学术探究的则是既可以变化又可以独立出来的事物。所有的原因都应该是永恒不变的，这门学术所探求的原因，就像是我们在想象中神的作用一样。那么，有关理论的学术就应该有三门，数学，物学还有我们所说的神学[3]，因为很显然如果真的有神存在，那么肯定是在这些事物之中的。最高级的学术就应该去研究最高级的科属。理论学术要比其他的学术更高级，所以人们去研究，去探索，而这门学术要比理论学术更高级，人们就更应该去研究，去探索。人们又有了新的问题，这个第一学术，是在研究包括所有事物的普遍性原理还是

1　界说可以理解为说明。
2　灵魂可以理解为生物体的意识，是一种抽象的东西。
3　可以理解为哲学。

只研究实是这一个科属。这个问题，就算数理的各门学术也不全都一样，几何和天文学就是探究某些个别的事物，而这些专门学术则是广泛地使用数理学来做研究。我们说，假设在自然造就的事物以外，没有其他的本体，那么自然科学（物学）就应该是第一学术，但是如果在世界上哪怕只有一个不变动的本体，那么神学就应该更优于物学，从而成为第一学术，因为这里所探讨的都是最普遍存在的事物，从这一点来说，这门学术就应该是具有普遍意义的。那么这门学术应该去研究的内容就包括实是为何会成为实是，实是的怎是以及实是的诸多属性等内容。

偶然属性的内容

实是这个名词在前面的文章中曾经说过有这么几个含义，第一，是属性巧合得到的是，第二是真是（不是作为假），第三各个范畴（比如怎是，质，量，地，时，还有实是包含的其他所有相近的含义），第四，还有潜在的是和已经实现的是。在这些含义中，有点我们要说到，就是偶然的属性是不可以作为科学来进行研究的。而且实际上也没有这样的学术（无论是实用的学术，制作的学术还是理论的学术）去研究这些东西。从一个角度上来说，造出了一个房子，但是在造一个房子的时候，并没有去造那些随之而来的属性，这些属性太多了。已经造出来的房子，有的人很满意，有的人就不满意，还有的人觉得住着还可以，反正，这些都和实是没有什么关系。这些东西都不是建筑技术的目的。相似的道理，几何学家也不去探究图形的偶然属性，在得到三角形的内角和与两个直角相等的公理之后，就不再去研究其他关于三角形的偶然不同了。属性，从实际来说，就是一个名词而已，这是在自然中的碰撞。在这个命题中，柏拉图说的不错，他说诡辩就是针对"无事物"来做研究的。由于诡辩派研究的事物总是与事物的属性相关，比如"文明的"和"读书的"是相同还是不同，"文明的哥里斯可"和"哥里斯可"是不是一样？还有不常有的事物，现在有了，那是不是就算是有了，由此得到了悖论，比如假设说文明人自然会成为读书人，而读书人自然而然会成为文明人，还有所有与此相类似的结论，属性很明显更贴近"无是"。从下面所探讨的内容来看，这也非常明显，所有现在存在的事物，从产生出来到消失无踪，总会有一个过程，但是属性事物却不是这样。但是，我们还是要尽力去探寻偶然本性的来龙去脉，也许就可以弄明白为什么不会有相关属性的学术存在。

在现存的事物里面，有些事物是必然的，而且还保持着一个稳定的状态（不是强硬加上去的必须，我们确定了一个事物，是因为它除了这个事物就不是其他事物了），有的事物就不是必然的，也不是经常出现的，但是也随时可以得到从而看见它，这就是偶然属性的原因和原理。这些不是必然的，也不经常见的，就是偶然。比如在犬日（伏天）的时候起风了，降温了，我们就把这个称为偶然，如果是遇到了炎热的天气，就不觉得奇怪了，因为从古至今，犬日（伏天）大部分时候气温都是高的，很少有气温低的情况出现。人的脸色变白了就是偶然的（因为人的脸色不会经常白，也不会很多人都是白的），但是人作为动物就不是偶然的属性。建筑让人变得健康就是一个偶然现象，因为把人变得健康是医生的本分，不是建筑师的，就是恰巧，这个建筑师也是个医生。还有，一个厨师，为了让别人吃得开心，把所做的菜都装饰一下，但这个装饰不是厨师的正业，所以这也是一个偶然的现象（附件上的事情），从某个意义上说，这个偶然事件是厨师做的，但要是单纯从厨师的本义来说，这就不是他做的。对于其他事物来说，都是可以找到产生事物的原因的，但是对于偶然事物来说，是无法找到这种决定性能力或者制作技术的，因为产生或存有偶然属性的事物，那么这个事物的原因也是偶然的。并不是所有的事物都是必然的，都是经常存在或发生的，只是大部分的事物是这样的罢了，因此，一定会有偶然的存在。比如一个白人，并不常见，大部分也不是文明的，那么碰巧遇到了一个白人，还是文明的，这就算是偶然的属性（如果这么说是不对的，那么世上所有的都会是必然的）。因此，偶然属性的原因一定是出乎意料的事物。

现在还有一个问题，那就是不经常有且与大部分事物不同的事物，在实际上是不存在的。我们探讨的起始就应该是这个问题。很明确的一点，这种事物肯定是存在的。就是说，世上肯定会有偶然的事物存在。如果说世上的事物大部分都是偶然事物，那么还会不会有经常事物和永存事物呢？这些以后再进行叙述。但是所有的学术都只是在探究经常有的或大部分都是这样的事物，专门来探究偶然的学术还是没有。（因为除了经常见的或者大部分都是这样的事物，人们可以互相学习，其他的事物人们怎么来互相学习和传授呢，比如水和蜜放在一起喝对伤寒病是有好处的，大部分都是这样的。）那些偶然的事物，没办法在学术上进行解释的，比如在阴历初一的晚上，会遇到什么事情，我们能够说的，也只是大部分在那天晚上会出现的事情，或者是经常出现的事情，如果是问不会遇到什么事情，那就没法说了，偶然就是意想不到的事情。现在我们已经把偶然属性和偶然属性产生的原因说明白了，这也就说明了，所有的学术都是要加以研究的。

事情的必然和偶然的联系

很显然，就算是没有从生到死的过程，从生到死的原理和原因仍在。如果没有，那么所有的事物就都成了必然的了，因为所有的事物只要是步入了轮回的过程，那么是生是死就是必然事件。甲事情是不是会发生？如果有乙事情，甲事情就会发生，如果没有乙事情，甲事情也不会发生。而乙事情是不是会发生，还要依据丙事情。[1] 就这样一点点地从头开始推理，一点点地探寻，那么无论多久远的事情，都可以和现在发生联系。那么一个人死了，有可能是突然就死了，有可能是因为得病死的，如果他出门了，他会出门的，已经渴了，会渴的，如果遇到什么事情……这样一点点推算到现在的一个事情，也可以往前追寻到更远的事情，出门是因为渴了，渴了是因为喝酒了，酒可以喝也可以不喝，所以他有可能必然会死，也可能就不会死。相类似的做法，如果把事情往前考察，这样的记载也一样好使。总的来说，就是现在的事情是过去条件的反应。每一个以后会发生的事情，都必然会发生，活着的人一定会死，因为在他活着的时候，与活着互为对成的死亡的组成已经来到了他的身体中。但是他是因为得病死去还是突然就死了，这是不确定的，这还和他遇到的其他的事情有关系。现在就明白了，所有的推论有的时候就会碰到意外的事情。这样推论就得停下来，而事情一定发生的原因，就没办法探究得更深更远了，这个意外的事情就是偶然的基点。但是对于这样的意外事情，它的起始和原因，这样的推论将会以什么为终点，这个终点将属于什么，是物质（物因），是作用（极因）还是动能（动因），这些都需要详细考虑。

1　这个例子类似于推理中的几种类型，比如充要条件，必要条件，充分条件等。

从想法而来的事物离合的真假

我们已经把属性（偶然）成为是的性质说明得很充分了，现在就不再重复了。实是有各种类型，有的把真作为是，把假当作不是，判断是的"真假"应该依据"组合和分开"，应该依据各部分的对反搭配来判断复合词的真假，如果肯定一个主题和其范畴可以组合到一起，否定两者分开就不能合在一起，这些都是确定的。如果情形和这些是反着的，那就可以判定是假的（在这里有另一个问题，我们为什么会想到事物会分离开呢？这里所说的合，不是简单地凑在一起，而是合成一个整体）。这里所说的真假不在事物身上，并不像善就是真，恶就是假，都存在于事物本身之内，这些只是在想法之中的真假，但是单一的怎是，其是真还是假就不在想法之中了。这里所说的疑难，我们以后再思索。依据合在一起和从整体中分离来判定真假，只存在于想法之中，并不在事物身上，因为想法可以把主题的怎是或者某个素质（比如量），或者其他的范围加在主题身上，也可以在主题身上把这些剥离掉，按照这样的意思，真和假就是原来事物之外的另一种"是非"，那么属性的是和真假的是，也就没必要去争论了。前者本来是不确定的是，后者也只是想法的延伸，两者皆是实是的一个分支，并不可以独立地成为实是的一个种类。那么就让我们抛开这些，去专心地探索实是成为实是的原因和原理。（实是的那些含义在前面已经讨论过了。）

Part 7
本体问题的研究

本体含义的分析

在前面集中解释词汇的时候，我们已经说过了被称为"是"的事物的几种含义。"是"的一个意思是这个事物是"什么"，就是"这个"；另一个含义就是质，量或者其他的范畴中的一个。在"是"的各种含义中，"是"的主要含义很明显是"什么"，事物的本体是什么需要依靠"什么"来告诉我们。因为当我们说一个事物的素质[1]的时候，我们会说事物的素质或是善或是恶，不说是三肘[2]长，也不说是一个人。但是如果是问这个事实是"什么"，我们就不能说是"白"或"黑"，也不能说是"三肘长"，要说这个事物是"人"或者"神"才可以。另外的事物被称为"是"是由于它们是"基本的是"的数量，性质，变化或者其他范畴（只要是对这个事物有限定就可以）。那么人们又要问，如"行"、"坐"、"健康"还有其他类似的词语是不是也可以独立存在？这些都是不能够离开本体单独存在的。如果说真的有这样的词存在，从实际来看，存在的也只是那个要么坐着，要么行走，要么是健康的事物（人）。这些看起来会很实在，就是因为它们的底层含有一个明确的事物（要么是本体，要么是个体），并且把这个事物当作主题，其他的就是范畴。如果"这个"主题不存在，那么使用"好"、"坐着"这类的词语就没有意义。很显然，前者为"是"的范围要大，那么其他范围中的也就成为"是"了。那么去掉所有附加的含义，然后看见的简单的原始称呼，这才是本体的"原始实是"。

称为第一（原始）的事物有多种含义：（一）按照定义来说就是原始的。（二）按照知道的先后次序来说是原始的。（三）按照时间来讲是原始的。按照这三种情

---

[1] 这里所说的素质可以理解为性质或者属性。
[2] 肘，希腊古度量，自肱湾至中指尖为一"肘"。

况来讲，本体都是原始的。其他的范围都不可以单独地存在，那么按照时间来讲，本体就是原始的，本体的公式一定会存在于每个事物的公式之中，那么按照定义来讲，本体就是原始的。按照知道的先后顺序来说，本体都是我们充分了解其他事物的开始，比如，"什么"为人，什么为"火"，然后再问什么是量、质或处，要回答这些，我们一定要先了解这些怎是，然后才能进一步探讨它的质、量或处的范畴是什么。

因此，从以前到现在，大家经常遇到的问题，就是"什么是实是"，也就是"什么是本体"。对于这个问题，意见是不一致的，有的人认为本体就只有一，有的人就认为本体不止是一，有的人认为本体的数量有限，有的人认为本体的数量无穷多。所以我们就要去研究实是（含义属于本体的实是）的本性，而且这些研究是基础的，概括的。

本体是什么

最能看出来的，就是一般的人把实物当作本体，因此我们不仅把动物、植物还有它们的各个部分都称为本体，还把火、水、地这类的自然实物还有它们所组成的实物（一个整体或一部分）都称为本体，比如天空和天空中的各个部分，还有太阳、月亮和星星。但是，本体就只有这些吗，还是说还有别的？再有，在这些实物中，是只有一部分是本体，还是说都是本体，或者全都不是本体，还有别的事物可以作为本体？这些都是应该去思考的。有的人就觉得实物的外限（单位、点、线、面）是本体，而且这些与实物或者立体相比较更像是本体。

还有的人觉得本体就是可感觉事物，除此之外没有其他的本体，但是还有的人觉得永恒的本体的数量要比可感觉事物多，也更为现实。如柏拉图所说的两类本体，通式和数理对象，还有第三类的本体（可感觉实物）是和它们一同存在的。但是斯泮雪浦[1]做出了更多的类型本体，把元一作为起始，给不同类型的本体假设出了许多的原理，有数的原理，有空间度量的原理，还有有灵魂的原理，就是这样，他把本体的类型增加了。还有的人认为通式和数的本性是一样的，其他的事物都是从这里开始的（比如线和面还有类似的事物），一直发展成整个宇宙和可感觉事物。

关于这些说法，我们一定要去证明哪一个是真的，哪一个是假的，本体到底是什么，本体就只能是可感觉事物吗，可感觉事物是怎么样存在的，有没有本体可以脱离可感觉事物（如果有的话，那么这样的本体为什么会存在，是怎么存在的）。我们首先要把本体的性质说清楚。

---

[1] 斯泮雪浦：（英文：Spensippos），柏拉图的外甥，撇开了柏拉图善的理念，认为一高于存在并否认善是第一原则。他对以后的新柏拉图主义有很大的影响。

本体应用的对象

"本体"这个词,如果不增加它的含义,那么至少可以用在四个主要对象上:怎是、普遍、科属(以上三项常常被固定地认为是每个事物的本体),最后一个是底层。这里所提及的底层(主题)是这样的事物,其他事物都可以作为它的范畴,但它自己不能成为其他事物的范畴。既然是事物最开始的底层,就会被当作最真实的本体,这样的话,我们就得先把底层的本性弄清楚。有一个想法是把物质作为底层,另一个想法是把形状当作底层,第三个想法是融合了前两个说法。(举个例子来说,青铜是种物质,模型作为形状,两者合一就是雕像,就是一个完整的整体。)假设先认为形式要比物质优先,更符合实际,那么一样的原因,形式也会比两者的组合更优先。

现在我们已经把本体的性质都说了,展现出它的底层可以是主词,其他的就成为了范畴。但是问题依然存在,这个说明不全面,也不清晰。按照这样的说法,物质就会变成本体。但是如果不这样说,我们又找不到别的好的说法。把所有的都剥离开,最后留下的就只有物质。因为其他的都是实物的延伸(比如产品和潜能),长、阔、深这些是度量也不是本体,这些都只是本体的基本变化罢了。但是长、阔、深作为实体的度量,如果没有了,那也就不会有形状存在了。(度量既然不是本体,而形状的主要组成就是度量,所以说形状也不是本体。)按照现在的方式来探究这个问题,那么就只有物质是本体。在这里所讲的物质,其自身不是个别事物,也不是度量,更不归属到要把其他实是说清楚的范围中。这些范围都有自己的范畴,而且这些范畴也都各不相同。要把本体说明白,需要其他所有的事物,但是这里所说的是物质,因此最终的底层,其自身不是个别事物,也不是度量,也不是含有另外的正面特性的事物,更不是这些事物对立面,因为反面的特性只是偶然会出现并依附于物质。

因此，我们如果接纳这种想法，本体就应该是物质。但这没有任何可能性，因为作为本体来讲，最基本的是要有独立性和个别性。所说的本体，与其认为物质就是本体，不如认为本体是通式或者是通式和物质的组合。物质和通式的组合可以暂时不去考虑，因为通式的本性肯定要先于它。在这个说法上，物质显然也是"后于"的。那么我们就要去探究第三类本体（通式），因为它是知道得最少的。

有些被看作是本体的可感觉事物，我们还是要顾及的。

关于怎是的研究

我们学习的过程，就应该是这样的，先从容易懂的个别的感觉经验开始，然后再去研究在本性上不容易明白的通理。就好比我们做事情，应该先从个别的小善[1]开始做，然后去做那些把小善都归于其中的大善。我们去探究事物也应该这样，先从知道的事物开始，然后再去探究不知道的。但是有些人们可以知道而且是作为基本的道理，人们常常是不容易全知道的，而且这里面常常有不切实际的道理。但是我们必须在这些不是很明白的知识里面，找出知道一些的来作为开始，然后去探索在宇宙中不易察觉的高深的知识。

在开始的时候，我们就把确定本体的各个因素说清楚了，怎是就是其中的一项，我们现在就要去探究这个。让我们先来用语言说明一下。每个事物的怎是都是属于"由己"的。即变成"你"是"由于什么"？这个你变成自己的原因，就是你自己的怎是。但是这样来说怎是，说得不完全准确，比如成为"面"的原因和成为"白"的原因就是不一样的，那么因为表面而具有了白的性质，就不能成为"由己怎是"，如果合起来讲"因为这是一个白面"，也不能成为面的怎是，因为用"面"来说明"面"，这是不行的。要解释一个名词也不能用原来的词的，应该用别的词来解释，怎是的公式也要像这样才可以。所以要说明一个"白面"就应该说这是个"平滑的面"，用平滑来说明白，白和平滑就由于一样，所以成了一。

但是由于有解释其他范围的复合词（每个范围就好比质、量、时、处和动作，都有一个底层），我们要弄清楚的是，每个范围里面是不是都有一个相对应的怎是公式，比如"白人"这样的复合名词也有属于它的怎是。试着用 X 来作为标志替

---

[1] 这里的小善可以理解为小的事情，善就是一个指示代词。

代复合名词。那么 X 的怎是又是什么？而且这个说法依然不是一个"由己"的说明。有两个例子就是不能成为主词的由己范畴的，一个是加上一个有决定性的名词，一个是减少一个有决定性的名词。前一种例子就好比要说明"白"的怎是，但是只是叙述了"白人"的公式，那么就等于是加上了一个有决定性质的名词。后一种例子，就像是用 X 来替代"白人"然后说 X 是"白"，这样就减少了一个有决定性质的名词，白人固然是白的，但是它的怎是和它成为白没什么关系。

成为 X 的原因，是不是确实是一个怎是呢？不是。某一个事物明确的所是才是怎是。当一个主题包含了一个属性的时候，这个复合词对于原来的"这是"（个体）说来就变得不明确了，比如"白人"就不可以明确地成为那个"这是"[1]，因为这样的"这是"（个别性）只可以归属于明确的本体。那么只有那些对自己的解释可以作为定义的事物，才可以有怎是。但并不是每个字和解释的一样就算是定义（如果要是这样，那么无论哪一组字都可以成为定义，伊里埃也可以成为某个事物的定义）。这就要求必须是对于事物的根本有所解释才可以。一般的事物都不可以用另一个事物来解释某个事物。如果不是包含在科属中的一个品种，就不能有科属的怎是，只有包含在科属内的各个种类才可以具有这个怎是，因为这些不仅是包含在科属内才得到了科属的偶然属性或秉赋，还拥有了科属的怎是。对于其他的事物来说，如果有了名字，也就应该有一个如名字所说的公式，即"某个主题拥有某个属性"，要么就要抛弃简单的公式，使用更确切的公式，但是这些都不是定义，也不会是怎是。

要不然，就像某物是什么，这个定义就会有好多种含义？某物是什么，一个含义就是本体和"这个"，其他的含义就是量、质等一些范畴。所有的事物都有自己的"是"，但是这个"是"都不相同，要么是基本的"是"，要么是次级的"是"。某个事物是什么？本身的含义就是说本体的，狭义指的就是其他的范围。就像我们经常问的，事物的质是什么？所以质也成为了一个"什么是"，不过这个"是"可不是单一的原义，倒像是"无是"的例子，有的人利用语言的巧妙把"无是"

---

[1] 这是就是一个指示代词，具体指代什么看情况。

当作了是，这并不是重复单一的本是，而只是用来像"无是"那样成为是罢了，质也是这样。

很明确的一点，我们一定要去想，怎么才可以把问题的每个方面都说清楚，还不超出问题的实际。现在就应该弄明白了，无论我们怎么说，"怎是"都和"某物是什么"一样，其最低级的原义就应该归属于本体，次级的含义就应该归属于其他范围，比如一个量或者一个质。我们把这些都称为"都是"，这个肯定是双关语（音同义不同），或者在"都是"的含义上有增有减，有差异（比如我们所说的，所有的不知也是知道的一种），实际上就应该是这样，我们用的"是"字就应该很清楚，没有模糊的意思，也不是双关语，但是就应该像我们使用"医务的"这个词一样，含义是有关于同一类事物的，但是指向的事物却都不是相同的，也不会弄混。因为一个病人，一台手术，一个医疗器械，都是叫作"医务的"，所指出的事物都不一样，但是目的却是一样的，而且不会混乱。

在这两种说话方法里，你使用哪种都是可以的，可以很明显地看出来，定义和怎是基本是以单一的涵义归属于本体。它们也是可以属于其他范围的，只不过在其他范围中的含义就不是基本的了。可以这么说，每个字的定义并不一定和其任何的公式一样，只是和某个特殊公式一样。假设这是某一变成"元一"的事物，那么就只有作为元一的主要公式可以成为其作为元一的定义的必要条件，像"伊里埃"那个模样的一堆字，或者捆在一起的木棍，都不足以成为元一的要义。现在我们所说的称为"是"的事物，它的原义是说的"这个"，别的含义说的是量或者质。就算是"白人"（还有类似的复合词）可以有一个公式或者定义，但是它的含义还是和"白的"或"本体"的定义是完全不同的。[1]

---

[1] 这一章只是明确了只有本体才有怎是和定义，或者说，怎是和定义的本义属于本体。

怎是和本体的关系

如果有人认为一个公式在增加了一个有决定性的词语之后，还是不能变成一个定义，那么问题就来了，两个能够合一但是却不单纯的名词怎么来加以说明呢？因为我们如果想要把复合词说清楚，就得加上一个有决定性的词语。比如鼻、凹还有凹鼻，鼻和凹组合在一起就变成了凹鼻，凹鼻就变成了鼻的本性，并不是凹性恰巧带来的属性。这个和加里亚的白脸还有人的白脸是不一样的，这些白脸来自于白性（只不过加里亚是人恰巧又是脸白），这个倒是和"雄性"归属于动物，"等性"归属于量，还有这么多"由己属性"已经变成了主题的禀赋一样。这样的禀赋包含在主题的公式或者名称里面，缺少了这个，我们就没办法把主题说清楚。比如可以在离开人之后把白说清楚，但是要把雄性说清楚就必须要依靠动物，不能离开动物单独说明。所以，事物要么就是缺少怎是和定义，如果有怎是和定义，那么这些就要来源于以前说过的怎是的别义。

但是有关这些还有第二个问题。如果我们就把凹鼻当作塌鼻，那么凹就和塌一样了。但是凹和塌还是有区别的（因为"塌鼻性"是个不能离开事物而存在的由己属性，它可以说"凹形来自于鼻"），因此要么就抛弃塌鼻这样的说法，如果要保留这个说法，那么就应该把一个凹鼻性的鼻当作塌鼻的说明，就要说两次鼻。要想得到这类事物的怎是就是天方夜谭。如果要是问塌鼻性的鼻是什么，在说明的时候就要加上一个"鼻"，这样下去就是无限叠加。

这样就很明显地看出来，只有本体能够当作定义。假设其他的范围也可以界说，那么就一定要有一个决定性的词语包含在内，比如质就要这么来做界说；奇（数）是不能脱离数来为之界说的；雌（动物）也是不能脱离动物来为之界说的。

上面的说法（我说的"给它加上一个有决定性的名词"实际上就是沓语[1]），如果是真的，那么两个名词合一，比如"奇数"就不可以予以界说[因为我们所说的名词（公式）就是不确定的，就是大家没放在心上而已]，如果这些是可以界说的，那就需要另一种界说的方法，要么就和我们之前说过的理论一样，定义和怎是同时具有本义和别义，而不是仅有一个含义。因此从一个角度来讲，只有本体才可以有定义和怎是，其他的事物都不能有，另一个角度来说，其他的事物也是可以有定义和怎是的。那么就可以明确地看出来，怎是的公式就是定义，而怎是归属于本体，属于的形式可以是唯一的，也可以是主要的，可以是基本的，也可以是单纯的。

---

1 沓语就是废话的意思。

事物与其怎是的异同

我们必须要探究每个事物和它的怎是的差异。这对于本体的研究是有好处的，因为普遍认为每个事物和本体都是一样的，而怎是就是各个事物的本体。现在，一般认为归属于属性复词的事物，它的怎是和事物本身是不一样的，比如白人和白人的怎是就是不一样的。如果说它们是一样的，那么人的怎是和白人的怎是就也要一样才行[1]；人们既然把人说成是白人，那么白人的怎是和人的怎是就应该是一样的。但是属性复词的怎是也可能与单词的怎是是不一样的。外项和中项变为一样的也不是这样的。也许，再加个属性外项应该可以成为相同，比如白的怎是和文明的怎是，但是实际上却不是这样的。

但是在本性名词的范围内，一个事物（由己事物）是不是一定和它的怎是一样呢？

比如有些本体，其他的本体和实是都要比它们晚（有的人就认为意式比所有的本体都要早），那么对于这样的事物而言又是怎么样的呢？假设善的怎是和善的本身是不一样的，动物的怎是和动物本身也是不一样的，实是的怎是和实是本身也是不一样的，那么第一，在已经明确的那些本体、实是和意式以外，还有另一类本体、实是和意式，第二，如果当这些也被看作是实物，它们会先于本体。如果把先本体和后本体分开，那么：（甲）分出来的本体就会没办法得到它自己的认识（意式或者物本）。（乙）后本体也会没有实是。（分开的意思，在这里所指的，就像本善如果和怎是分开，善的怎是也不会成为善的本质。）因为：（甲）我们认识每个事物的前提就是认识它们的怎是。（乙）如果说善的怎是不再是善，其他事物也和善的情

---

[1] 因为白这个性质，在文中所讲是可以脱离事物存在的，所以不是决定性的，是附加属性。

况一样，实是的怎是不再是实是，元一的怎是也不再是元一。所有的怎是都是这样，那么实是如果不变为是，则其他的也就都成不了是。接下来，怎是当中不包含善的就都是不善。善一定要和善的怎是合为一体，美也要和美的怎是合为一体，所有的由己事物，差不多都是靠自己，不必去依靠其他事物，都应该是这样的。如果是这样的，那么就算它们都不是通式，只有这个就足够了，那就还不如说它们都是通式，这也可以足够了。（当然，还有明确的一点，有的人说的意式，如果真的存在，那么底层就不能变为本体，因为意式必须要是不含有底层的本体。意式如果含有本体，那么它们就会由于参与到个人事物中而在个别事物中存在。）

那么，每一个事物的本身和它的怎是就不是恰巧一样的，而是在实际上合而为一的，这点从上面的探讨和"认识怎是是认识事物的前提"这个理论，就可以看出来了。依据这些例子，应该可以知道这两者就一定要合在一起。

但是，对于一个属性名词来讲，比如"文明"或者"白"，是有两个含义的，那么就不可以说它本身和它的怎是是一样的。因为属性和它所归属的事物本身都是白的，在一种意义上说，属性和怎是就是一样的，从另一重意义上说，白自己变成的白和它的属性是白是一样的，但和那个人或白人的白就是不一样的。

假设定义各个怎是的名字，也可以很明显地看出错误和荒谬，因为这样的话，在原来的怎是之外，还需要再有一个怎是，比如对于马的怎是，还需要再有一个怎是。因为怎是就是本体，那么不应该在最初就认清哪些是它们的怎是吗？但从实际角度看，不仅一个事物的怎是应该和事物合为一体，像前面已经说过的，它们的公式也应该是一样的。比如元一的怎是并不是因为偶然属性之中的一个而和元一结合为一体。它们如果不一样，那么寻求实是的路就会无穷无尽。因为我们把"元一的怎是"和"元一"两个词当作是不一样的，那么在后续的词句中，各种元一的怎是都得跟着变化。那么就很清楚了，每个基本的事物和由己事物都是和它的怎是合而为一，然后两者就一样了。而诡辩派对待这个论题的各种说辞和"苏格拉底和变成了苏格拉底的是不是一样"这些疑问，都是给予一样的回答，这样的话，无论是提出问题还是回答问题所应该站的角度都是一样的。到了现在，我们已经把每个事物在什么情况下和它的怎是相同，什么情况下是不同的都说清楚了。

创生的事物

有关创生的事物[1]，有的是靠自然的力量形成的，有的是靠技术做出来的，有的是自己形成的。每个事物的产生都肯定有一个创造者，肯定有其来源，也肯定会有它的创造，我所说的创生所创造的事物，是包含在任何一个范围之中的，可以是一"这个"，也可以是一些量，也可以是一些质，还可以是某些场所。

自然事物是由自然所制造出来的，而这些事物的来源就是物质，这些事物创造的就是现在存在于自然界中的所有事物。有的是人，有的是草木，还有类似的所有事物，只要是自然造出来的，还可以去创造别的事物的事物，我们就称它为本体，自然或者人（技术）创造出来的所有事物都是物质。这些事物有可能成为是，也有可能成为非是，造成这个变化的潜能就是每个事物中的物质。一般来说，创造万物的就是自然，而所有事物所依赖来生成的范型仍然是自然，其创造出的有草木，动物，这些都含有自然的本性。因此，所有的事物所凭借来创造的自然本性和通式是一样的。虽然含有的物质都不同，但是所凭借的自然形式都是一样的，就像人的后代还是人。

自然产物就是这样产生的，其他的产物就被称为"制品"。所有的制品有的来源于技术，有的来源于机能，有的来源于思想。有的事物就是自然而然地就出现了，有的就是因为偶然的现象而产生，就像自然产物的产生一样。种子有的是可以产生一个事物，而这个事物的生成有的时候并不依靠种子。有关这些话题我们以后再说。依靠技术创造的制品，它的形式[2]来源于艺术家的灵魂。就算是对成的事物，

---

1 这些事物类似于中间体，来源于一些事物（比如自然）然后再去组成另一些事物。
2 形式的含义，指的是每个事物的怎是还有它的最初的本体。

在某个意思上讲，它们的形式也是一样的。一个缺失的本体就是一个相反的本体[1]，比如疾病的本体是健康（因为得病了就意味着没有了健康），而健康是存在于灵魂中的公式或者某些认识。健康这个主题的生成来源于下面的思想过程：健康是这样的，主人如果想保持健康，他就一定要有这个，比如把身体调理好；如果想把身体调理好，他还得拥有这个，比如热。医生再往下推理，一直到他把最终的某一"这个"，转化为他可以创造的某些事物。然后再把过程反过来，就可以得到健康，使"这个"成为一个"制品"。因此可以得出这样的结论，健康的原因是健康（通式），房子的原因是房子（通式），有物质的事物原因是非物质的事物（因为得到健康和房子的技术就是健康和房子的通式）。我把没有物质的本体列举出来，我的意思指的是"怎是"。

有关创造的程序，一部分称为"想法"，一部分称为"创造"，起点和形式就是从想法开始的，想法进行完之后，接下来的步骤就是创造。每个间体制品就是这样被创造出来的。比如主人如果想要健康，就应该去把身体调理好。怎么才能把身体调理好？无论是这个方法，还是那个方法，都需要让他得到温暖。怎么才能得到温暖？就得依靠另一些事物。这些存在于健康生成的程序中的事物也都是潜藏于健康中的，也都是来源于医生的医术。

因此，创造出健康所运用的原理和起点，比如技术，就应该源自于医生灵魂中的通式。温暖可能就是凭借技术达到健康的起点，而医生用按摩来产生温暖。在身体中的温暖是健康的一部分，或者是经此而逐渐让人达到健康的各个部分（这是经此而逐步直接或间接导致的过程），这就变成了健康的有密切联系的事物，一座房子也是这样（石头就是房子的有密切联系的事物），其他的所有例子也这样。

因此俗话说得好，如果最开始就没有事物，就不会有任何事物的产生。很显然，现存的各个事物肯定是来源于比它们先存在的事物，物质就是这种事物。在最初的创造中有物质的影子，某些事物也是由物质而来的。但是物质是不是公式里面的一个要素呢？铜球是什么？我们要从两个方面来说，我们说它含有的物质

---

1 这种说法就是反着说，不是像平常我们思考问题那样，类似于逆向思维。

为铜，还说它的形状是这样的图形，而图形就是它归属的有密切联系的科属。这样来看，就有物质包含在铜球的公式[1]里面。

关于某个物质（那个）创造出来的事物，在造出来以后就不说"某物"（那个）了，而是说"某物（那个）做的"，比如雕像并非"石头"而是"石头做的"。健康的人互相之间也不是用所由来的来称呼彼此。原因是，一个身体有问题的人，身体又没问题了，而且那个病人原本就是个人，健康的人也是由人这个底层制作出来的，但是得到健康，要说是由于人（底层），还不如说是由于"缺失"，即"失去健康的人"（病人），因此健康的主题就变为了"人"而不再是"病人"，"人"没变化，现在变成健康的了。如同木头、铜还有砖头那样的事物，它们的形式和秩序原本是隐藏的而且是没有名字的，但是当它们被做成了铜球和房子，人们也就看不出来它们有没有什么原来的形式了，因此就不如健康那样，把"缺失"放在重要的位置（健康的人常常被看成是病好了的人），把铜球叫作铜制品，房子是砖木制品。这样在语言来说，所有用物质做成的事物，都不用原来的物质作为名字，而是加上语尾变化，比如雕像不叫石头而叫石制的，房子不叫作砖木而叫作砖木制的。（我们详细地探究这些情形，可以知道成为雕像的石头，做成房子的砖木，在做的时候改变的都不是持久性的物质，而只是石头和砖木的原始秩序和形式。）这就是我们这样说的原因。

---

[1] 形成事物的一系列复杂的程序就是公式。

综合实体论

对于所有成型的事物,肯定有一个创造它的人(这个我把它称为创造的开始),也肯定有它的组成(暂时把物质当作其组成,不用缺失,其意义在上节已经说过了),也肯定有它所制造的事物(有可能是一个铜球,也有可能是一个铜圈或者是其他的)。如果造出来的是一个铜球,那么我们制造的就不是铜,虽然铜球的形状是球,但是我们在这儿也不是在做球。要把"这个"做出来,就得充分地使用底层的物质,然后做成一个个体。(我说的是这样的意思,把铜弄成圆的,目的不是做一个圆或者做一个球,而是按照这个形状制作某些物质。因为像上面所预想的,想要做出一个形式就必须要借用某些先存在的事物。比如我们做一个铜球,就是把铜做成球形的一个铜球。)如果我们也拥有了组成事物的底层,那么制作的程序将永无止尽。那么很显然,我们不是在制作通式(或者是可感觉事物所表现出的形状或其他所有的称号)。这个不是通式的作品,也不是通式的怎是,因为要把"这个"做出来要依靠技术或自然或技能,用其他的某些事物来做才行。现在所说的"一个铜球",就是我们做出来的。我们用铜这个物质和球形来做出"这个"。我们把形式附加在一个特殊物质的身上,结果就是做出来一个铜球。如果说要做出普通球形的怎是,那么球形又是用什么做出来的呢?要做出一个事物就要有一个事物作为参照。每一个做出来的事物都有可以区分开的两个部分,一个是物质,一个就是通式。

假设球形是"每一个点到其中间点的长度都是一样的"这样的形状,把这个通式当作媒介,一方面展现成球形,另一方面当作性质存在于某些事物之中,综合成为一体就成了铜球。根据上面的解释就可以明白,我们所做出来的,不是通式,也不是怎是,而是一个因此而叫作铜球的综合实体,每一个被做出来的事物里面,都是含有物质的。综合实体的一部分是物质，另一部分就是通式。

那么，除了个别的球体，是不是还有球式，除了砖木是不是还有房子的通式呢？如果是这样的话，那就永远不会有"这个"的出现，"如此"才是通式的意义，而不是"这个"了，不再是一个已经确定的事物了。但是艺术家凭借"这个"做出来一个"如此"，或者当爸爸的人凭借"这个"生出了一个"如此"。在生育结合之后，就变成了"这个如此"。"这个"整体，无论是加里亚还是苏格拉底，都和"这个铜球"相等，人和动物与"一般铜球"相等。那么，就可以明显看出支撑通式的原因（按照有的人的思想，通式是在个体以外存在的，不能存在于个体内部）就是很空洞的，至少关于创造的问题和本体的问题是不完全的，通式没必要变为自存本体。在实际中，有的自然产物，比如亲生父子，品种总是一样的（他们虽然在形式上是一样的，但是并不是一个事物），只不过有的时候也会有与本形象冲突的情况发生，比如马生出了骡子（就算是这些例外的情况，事物之间也是很像的，因为马和驴是有一样的性质的，这些一样的性质就可以单独成为一个科属，介于马和驴之间，现在还没有名字，如果要是有的话，当然就叫作驴属了）。很显然，现在没必要弄一个通式当作范例（如果我们想找通式，在这些实例中找就可以了，因为最明确的本体就是生物），做爸爸的可以做出东西，这也就是在物质里面做出形式的原因。这样的一个形式，就展现在骨头和肌肉上，当我们拥有了这样的综合实体，这个综合实体就是加里亚或苏格拉底，因为他们含有的物质不一样，所有他们都是独立的"这个"，不过形式是一样的，而且他们的形式还是不可区分的。

本体特性

那么就会有这样的疑问，为什么有些事物，比如健康，其生成可以依靠技术也可以依靠自己，而其他事物比如房子就不行。原因是这样的，无论是做成品还是做成品的一部分，他们被制作出来所用的物质，有的有自动能力，有的就没有。有自动能力的[1]，就可以自动朝着某一个特定的方向活动，有的就不可以，比如人就可以跑跳，自己控制自己，但是跳舞的话，就不是每个人都可以。像石头那样的物质，就不会自己去排列起来，形成房子这样一个特殊的形式，就必须要有别的事物去影响它。比如火就可以自己烧起来。因此有的事物，如果没人做，就不会有，有的就是自然发生的，不用去依赖其他人，活动就可以靠自己进行，也可以靠别的没有技术含在里面的事物，或者靠事物中处于潜在状态的某部分来帮忙，然后再自动进行。

就像上面所说的，我们可以很明确地知道，每个技术产物，要么是和它名字一样的事物做出来的（和自然产物的产生相同），要么是属于它的一部分有一样名字的事物做出来的（比如房子是房子做出来的，意思是指造房子的想法，因为想法就是技术，也是形式），要么就是某些含有它的部分的事物造出来的，偶然出现的事物不算。一个事物可以依靠自身来制作事物，这个原因，就是那个被制作事物的一部分。病人的身体能够变热，都是由于按摩者的原因，那么这个原因就是健康，或者是得到健康的原因，或这个健康的一部分。这样就可以说，健康的原因是热，而顺着这个原因得到的结果就是健康。因此在综合论法里面，所有事物的开始就是"怎是"（综合论法的开始就是"这是什么？"）。我们现在寻找到了创

---

[1] 自动能力我们可以理解为主观能动性，即有自主意识或者说是自然本能。

造的开始。

　　自然形成的事物和技术做出来的事物是一样的。种子的创生的作用就像是技术活动。因为有形式潜存在里面，而种子的来源的事物和做出的事物，都给取个一样的名字，不过我们也不可以奢望父子是完全一样的，比如说"人"的后代一定是"人"，因为"男人"会有生下"女人"的情况。随便的交配有的时候就会有不正常的后代产生，名字也就不一样，因此骡子的双亲不是骡子（如上面所讲的由人做出来的事物一样）。在自然事物里面有能够自己活动的，大部分内部所具有的物质包含的自动性就像种子一样。如果没有这些物质，那么除了父母生育，就不能自己产生了。

　　我们所讲的道理不仅把"在本体上，形式不可以做出形式"这个命题证明了，而且所有的基本级类也都可以用，就是量、质还有其他范围。好比铜球，做出来的不是球也不是铜。拿铜球来说，在不是铜球之前，那个铜块也必须要是一个综合实体，因为物质和形式都是先存在的。在本体上是这样，在质、量和其他范围中也是这样，质是不可以脱离材料而独立存在的，量要描述事物的大小长短这类的度量也是不能脱离事物的。它们之间的差异是，本体的特性是必须要有先于自己的已经全部实现的事物做父母，比如动物的产生需要有一个动物在先才行，而质量是不需要这样的，只要有潜在在事物之前就可以了。

"公式"及"定义"之整体和部分

由于一个"定义"就是一个"公式",每个公式又有很多部分。公式对于事物来讲如果是这样,那么公式的一部分对于事物的一部分来讲也是这样,那么疑问就出现了,各个部分的公式是不是包含在整体的公式里面呢?有的整体的公式里面是含有部分公式的,有的就不是。圆的公式里面就没有断弧的公式,但是音节的公式里面就包含了字母(音注)的公式,圆能被分成几个弧形,音节也能被分成几个字母。另外,直角的一部分是锐角,动物的一部分是脚趾,部分如果是比整体还早[1],那么锐角应该比直角要早,脚趾应该比人要早。但是在认识中,后者是要先于前者的。因为从公式上讲,部分是要依靠整体来解释的,而且在各自可以单独存在的角度看,整体也是应该比部分早的。

或许,我们应该理解为"部分"是可以用在几个不一样的含义上的。其中的一个含义是作为另一个事物的计量,这个含义暂时不提。我们还是先来探究组成本体的各个部分。假设物质是有两个部分,一个是事物,一个是形式,两者合一又可以成为另一个本体,那么物质就是事物的一部分;另一种情形,物质就不算事物里面的一部分,事物里面含有的就是组成形式公式的各个要素。比如肌肉,对于凹来说,肌肉不是它的一部分,但是对于凹鼻来说,肌肉就是它的一部分(因为造出凹鼻的物质就是肌肉);铜是整个铜像的一个部分,但不是那个雕像的一个部分。(事物的名字往往是由形式而来,而不是依据物质原料而来。)这样,圆的公式里面不含有弧的公式,但是音节的公式中包含字母的公式。因为字母可以作为形式公式的一部分,但是不能作为物质公式的一部分。弧可以成为圆的一部

---

1 可以认为是先于。

分是从物质的角度上来说的，而其形式的由来是依据这些物质的。弧和铜相比较，圆形中的弧和铜球中的铜相比较，自然弧是更接近形式的。但是从某个意义上说，并不是每个字母都包含在音节之中的，比如特殊的希腊字母或者在空中虚画的字母，因为这些我们只能取它们的可感觉物质来作为音节的一个部分。还有就算是把线分成两截，人被分割为骨头和肉，也不可以说半线组成了线，骨头和肉组成了人，然后人有了骨肉的怎是，线有了半线的怎是，也是不可以这么说的。线和人从这些部分所得到的也只是这些部分的物质罢了，这些就是综合体的各个部分，不是依据公式所拟定出来的形式的各个部分，因为公式里面就没有它们的存在。有的部分的公式也并没有按照综合体的公式来拟定，有的类型的定义是一定包含这样的部分公式的，有的类型则不是。因此，有的事物灭坏（消失）的时候，是把整体拆成原来的各个部分，有的就不是。那些物质和形式合二为一的事物，比如凹鼻和铜球，灭坏的时候就变成了原始的组成，有一部分就是物质。有的事物是不包含物质的，有的事物就是非物质的事物，它们的公式就是形式公式，不会灭坏（或是不会完全灭坏，又或者不会是这种方式灭坏）。因此这些组成就是综合实体的部分和原理，并不是归属于形式。泥像灭坏了就变成了泥，铜球灭坏了就成了铜，加里亚灭坏了就成了肉和骨头，圆灭坏了就成了一段段的弧。这里所说的圆是含有物质的事物。"圆"可以有两种说法，可以用来指一个净圆，也可以指某个个别圆，因为我们就把个别的圆物体叫作"一个圆"。

真实的情况已经说清楚了，现在再探讨一遍，这些疑问就弄得更明白了。公式可以被分为很多的部分公式，这些部分都能够比全公式早，也可以是其中一部分比全公式早。但是锐角的公式就不在直角的公式里面，而直角依然是锐角公式的凭据，因为人们要界说锐角就要使用直角，例如"小于直角的角就是锐角"。圆和半圆的联系也是这样，因为用圆来界说半圆，相似的，也用全身来说明手指，例如：手指是人的一个什么样子的部分。因此，事物的各个部分要是属于物质就要在全体之后，在全体灭坏后，就会离散为这些物质。但是各个部分如果是公式或者是依据公式而来的本体，那么就要在全体之前，或者其中的某些部分是要在全体之前。动物的灵魂（即有生命的事物的本体）依据公式就是说某个科属的躯体的形式和它的怎是（最起码如果我们想把动物说明白，就必须要考虑到每个部分的机能，这样的话如果不涉及到感觉和灵魂，是不可能说明白的），因此要么是灵魂整体，要么是灵魂中的某些部分，是要在动物这个综合实体之前的，对于个别的动物也是这样的。身体和身体的各个部分就在灵魂这个主要本体之后。综合实体离散为物质的各个部分，这个本体不会这样，这样说的话，它是在全体之前的。但是从另一个角度来看，灵魂就不是在全体之前的，因为它必须要依附于整个动物才能存在，因为手指在生存着的动物身上就是名副其实的手指，但是动物死了，手指就只是个名字而已，没有真正的含义了。灵魂也与此相类似。有的部分对于全体来说位于中间，既不前也不后，这些是组成个体的主要成分和公式（也是个体本体的怎是）不间断地在个体之中出现，比如心脏和大脑（到底哪个是动物的主体就无所谓了）。对于人，马还有类似的名词，而它们应用在个别事物身上的仅是普遍性而已，这些名词就不算是本体，这些就只是某个个别公式和某个个别物质合二为一的个别事物，然后这些个别事物就被当作普遍性事物来看待或说明了。作为个体，苏格拉底已经把和他关系密切的个别物质包含在他的身体之中了。其他的例子也与此相像。

一个部分，能是形式（怎是），也能是形式和物质的结合体，还能是物质的一部分。但是只有形式的各个部分才可以作为公式的各个部分，公式是有普遍性的。因为一个圆和它为何成为圆，怎是是一样的，灵魂和它之所以是灵魂也是这样。但是当我们涉及到综合实体，比如"这圆"，个别的圆，不管是可感觉的还是可认知的（我所说的认知的圆就是数理上的圆，可感觉的圆就是铜或者木头所做成的圆），有关这些个别事物，是不存在定义的，只能够利用思想和感觉来认识它们，当它们从现实中完全消失之后，我们就不知道它们是否存在了，但是"圆"是可以用普遍公式来说明的，我们也是可以认识的。有的物质是可以感觉的，有的是可以认知的。可感觉物质，比如铜和木头还有所有可变化的物质都是这样的，可以认知的物质就是在可感觉物质中存在的不可感觉事物，比如数理对象。

现在我们已经把有关全体和部分还有它们之间先后关系的问题说明白了。但是有的人会问，到底是直角，圆，动物等是"先于"，还是组成它们的那些部分或是它们离散出来的那些部分是"先于"呢？我们不可以很草率地回答这个问题。如果把灵魂当作动物或所有生物的本体，每个个别灵魂是个别生物的本体，那么是圆就是圆，是直角就是直角，直角的怎是就是直角，因此就得认为是部分先于全体了［部分即其公式里面所含有的各个部分和个别直角的各个部分（因为由铜而来的物质直角和由线而来的直角都是要后于部分的）］。而非物质直角就要在所有个别实例所包含的部分之前，在公式所含有的直角的部分之后。因此不能草率地回答这个问题。但是灵魂和动物如果不是合二为一的，是不同的事物，那么就像前面所说的，在各个部分里面，有的就被称为先于，有的就不称为先于。

有关"定义"和"公式"相关问题之讨论

接下来就会有另一个疑问出现,什么样子的部分是归属于形式[1]的,什么样子的部分则不归属于形式而是归于综合实体。如果没把这个疑问弄清楚,那就很难定义事物,因为定义不但要有普遍性还要归于形式。如果搞不明白什么样子的部分归于物质,什么样的不归于物质,也就搞不清楚事物的定义了。一个圆能够在铜、石头、木头中存在,如果所展现出事物的组成是来自于不同的材料,这个材料可以是铜也可以是木头,就不是圆的怎是的一部分,因为圆的怎是,是能够离开某个材料,然后表现在另一个材料上的。如果人们所看到的圆都是铜的,在实际上,铜依然不是形式的一部分,但是人们要把铜在圆的意识中抹除掉也就变得不容易了。比如人的形式展现出来的往往就是骨头和肉还有相似的部分,这些是不是人的公式和形式的部分呢?肯定不是,那些全是物质,但是我们从来没有因为别的物质寻到过人,所以我们要把它们分开,找到真正的抽象就很困难。

因为抽象在人们眼中是可能的但很模糊,因此有的人就觉得不可以把线和延续体当作圆和三角等的界说,就好像不可以用骨肉来作人的界说,不可以用铜或大理石当作雕像的界说一样。因此他们把所有的事物都简化为数,把线的公式叫作"二"的公式。而在提出意式这个命题的那些人中,有的觉得二就是线的本体,有的人就觉得二是"线的公式",因为他们认为"通式表现出来的应该是一样的",比如"二"和"二的形式"就应该是一样的,不过他们却在线这个疑问上什么表示都没有了。

接着就会是这样的结果,有着不同形式的事物,却都是属于一个通式(毕达

---

[1] 这里所说的形式应该是事物内部的结构和规律。

哥拉斯学派也要面临这个结果，或许会有一个绝对通式，这个绝对通式用来概括所有并且把所有的其他通式都否定掉；如果是这样，那么所有的事物都会归属于一体。

我们原来说过，在定义这个问题上是有困惑的，而且也说了为何会造成这些困惑。如果要把所有的事物都简化成通式却把物质忽略掉，这是没有意义的。有的事物确实是某一个特殊形式表现在了某个特殊物质上，或者是某些特殊事物表现为某些特殊状态。小苏格拉底[1]经常引用的例子"动物"也是不完整的，因为这是把人引导向错误，偏离真理，使人相信错误的事物，比如相信圆可以离开铜而存在一样，错误地相信人也是能够离开其身体的部分（骨肉）而存在的。但是这两种情况是不一样的，动物有感觉，要来界说动物不能忽略活动，所以必须要与他在某个状态中的各个部分有关联。无论是在什么状态中，一只手都不能算作是人的一个部分，只有活人的能够动作，有各种功能的手才算是人的一部分。如果是死人的手，就不能算是人的一部分。

关于数理对象，为何部分公式不可以变为全体公式的一部分，比如在圆的公式里面并没有半圆的公式？这不可以说是"由于这些部分都是感性事物"，它们都不是感性的。但是这些可能都没联系，因为有的事物看不见，却含有物质，事实上，每个事物，不光是独立的怎是和形式，也是一个体，那就得有一些物质含在其中。因此半圆虽然不是普通的圆的一部分，却像上面曾经说过的，就应该是个别圆的一部分。因为物质是分为两种的，一种是可感觉的，一种是可认知的。

还有最明确的一点，灵魂为原始的本体，身体为物质，两者合二为一而产生了人或动物，因为是两者合二为一而来，人和动物也就成了普遍名词[2]。就算是苏格拉底的灵魂能够被叫作苏格拉底，这里所说的苏格拉底或哥里斯可应该有两个含义（有的人把这个名词来指代灵魂，有的人用这个词来指代综合实体），但是"苏

---

1 小苏格拉底是一个学派，是在苏格拉底死后由他的弟子形成的三个学派，因为他们都很关注伦理和道德，继承了苏格拉底的思想，所以史称小苏格拉底学派。

2 普遍名词是一类人或事物或抽象概念的名词。

格拉底"或者"哥里斯可"如果只是简单地称呼某个个别灵魂或者一个身体,那么综合个体就和普遍性的组合很像了。

在这些本体物质以外是不是只有一级物质,我们在这些本体之外能否再寻找到另一级本体,比如数还有类似的事物,这些问题以后再去探讨。从某个角度上说,探究可感觉事物的本体的学术原本是物学,就是第二哲学的任务,我们为了这个疑问也要尝试给可感觉本体的形式做个决定。自然学家不光要把物质说明白,还要把公式所展现的本体弄清楚,而且要把公式看得更重。至于含在公式里面的那些要素怎样变为定义的各个部分,以及怎样把它们定义成一个公式(因为很显然,事物合起来就是个整一,但是里面还有各个部分,又怎么能变成一体?),关于这些疑问,我们也以后再探讨。

什么是怎是和怎是是如何单独存在的,首先已经成为通例,然后再为它做普遍说明。接着,为何有的事物的怎是的公式就含有它定义的一部分,有的事物就不含有?我们谈过,在本体的公式里面并没有物质部分的存在〔因为它们为综合实体的一部分,并不是本体公式的一部分。但是在这儿,无论公式有还是没有,按照物质来讲,那个物质就没有定型,公式就不存在,按照原始本体来讲,就会有一本体公式(比如人的公式是灵魂),由于本体是形式寄居的地方,形式和物质就合二为一成为了综合实体。比如凹性就是这样的,凹性和鼻子合一就变为了一个凹鼻,就见到了其凹鼻性)〕。物质部分仅仅是在综合实体中存在,比如一个凹鼻或加里亚这里面有物质存在。我们曾经说到事物的本体和怎是有的时候是相同的,在原始本体里好像也是这样的,比如在原始曲线上,曲线的怎是就是曲率。(我所说的"原始"本体意思就是指那些不含有物质作为底层的本体。)但是,只要是有物质本性的,要么是事物整体中含有物质,要么是它们自身和怎是就不一样,恰巧的综合比如"苏格拉底"和"文明的",它们本身和怎是也是不一样的,因为这些就是恰巧都在同一个事物身上。

分类法而来的"定义"

这时让我们先探讨一下在"解析"里没有说到过的关于定义的一些东西，这里面说的疑问对于我们对本体的探究是有好处的。有这么个疑问：比如人，说是把"两脚动物"作为公式，把"人是两脚动物"当作定义，这些是从什么地方得来的，然后导致两者的结合？"动物"和"两脚的"为什么会合二为一，而不是多？在"人"和"白"的例子中，当一个词和另一个词不是同个归属的时候，两个词是被看作多的。它们融合在一起了，人这个主词就有了某个属性，这样就是合二为一了，然后我们就能说"白人"了。另一方面，比如"人和两脚"的例子，一个词和另一个词并不是互相包容的，也不认为科属是参与了差异（因为用科属来做区分的那些差异是有对反的性质，科属若参与了这些差异也就意味着同一个事物要参与到那些对反中去）。而且就算是科属参与了这些差异，还是需要用上一样的辩论，因为人在动物这个科属中是有很多不同的，比如"有足"、"两脚"、"没有羽毛"。为什么这些不会成为多而都归到一中。这不是为了这些都要归属于一个事物身上出现，按照这个原则，一个事物会因为一切的属性归属于一就成了一。这些属性一定要是在定义上归属于一，因为定义是独立的公式，而且是本体的，因此这一定是某个个别事物的公式，因为如我们所说，本体是一，而且还是"这个"。

我们也要探究因为分类法所引出来的定义。除了基本科属还有它的不同之外，在定义里面就不需要别的了。其他的科属都是基本科属变化出来的差异罢了，有的是次第附加得来的，有的是再往下区分得来的，比如最开始是"动物"，接下来是"两脚动物"，然后是"没有羽毛的两脚动物"，就是这样区分下去，还可以有更多。一般说来，涵盖多少项都没什么差别，比较少的项目和两项也没区别。如果是两项，那么一个是科属，一个就是差异（品种），比如"两脚动物"，"动物"当作科属，"两脚"就是差异。

假设科属就是不可以离开"属内品种"单独存在的，或者说它只可以当作物质来得到其存在（比如声韵就是科属，是物质，差异就作为品种，是音注），定义就很明显是含有了差异的公式。

但是，这还是需要从差异中再分出来差异，比如"有脚"就是动物科属中的一个差异，不过还是要把"有脚动物"看作是一个科属，然后再寻求它的差异。如果想说得真实准确，我们就不可以说有脚的种类中一部分是有羽毛，另一部分没有羽毛（如果我们这么说，就明显是缺少知识）[1]，我们应该把有脚的分为有蹄子和没有蹄子的，因为有没有蹄子才是有脚中的差异。这样的区分动作一直做，直到不可以再区分出来为止。这样的话，差异的数量就和脚种的数量是一样的，而有脚动物分出的种类的数量也是和这种差异的数量一样。如果是这样，最终的差异就是事物的本体和定义。我们用定义来把一个事物说清楚，用的词语总是不能重复的，到了最终的差异就没办法再说什么了。重复其实是经常见到的，我们说"动物是长了脚的，而且是两只脚"，意思就是"有脚，还是两只脚的动物"，随着分类的持续，我们的解释也是一直在重复，有多少差异，我们就要重复多少次。

因此，如果逐级探求差异里面的差异，到最终时候的差异，就是形式和本体。但是如果我们用恰巧的因素来做区分，比如把有脚的分为黑的和白的，那么，差异的数量要和这样的偶然的数量一样多了。因此定义就是含有一些差异的公式，或者就是照着正确的方式来分类，到最终的那级差异。我们如果把这个分类的方法所得到的定义的顺序再按照级数倒过来，就会了解多余的重复是什么了，比如说人是"一个两脚的还是有脚的动物"，这里说到了两脚，那么再说"有脚"就是重复了，没必要。但是在本体里面，这就不算是次序了，一个要素和另一个要素怎么会有先后之分呢？有关分类法所得到的定义，我们第一次说它的性质就够了。

---

[1] 因为有没有羽毛和有没有脚没有关系。

本体探讨

现在我们再来看以前探究过的本体疑难。比如底层和怎是还有两个的综合实体以前都叫作本体，具有普遍性的事物也叫作本体。我们原来说过这里面的两项，怎是和底层。成为本体的底层，有两个含义：（一）个体，比如动物要依靠这些底层才能有它的很多属性。（二）物质，要依靠这些底层才能完全实现。有的人觉得普遍性事物的完整含义就是原因和原理，那就让我们也针对此点探讨一下，好像无论什么"普遍性名词"都不可以叫作一个本体。每个事物的本体，最主要的含义就是它的个别性，归属个别事物就不能归属别的事物。普遍性则是共通的，所说的普遍就是指不是一个事物专有。那么普遍性将含在所有共通的事物里面，单说一个个别事物当作本体，要么所有的共通事物都是具有普遍性的本体，要么就都不是，但是至少不会是所有事物的本体。它如果是某个个别事物的本体，那么其他的个别事物也会把它作为本体，因为事物的本体和怎是都是属于一的，它们本身就可以合一。

不过，本体是不可以作为一个主题的范畴的，但是普遍的性质往往都会成为某些主题的范畴。

接着，普遍性就算是不可以如怎是一般变为本体，但是能试试这样的想法，比如"动物"可以表现为"人"或"马"。那么人和马之间就很显然会有一个怎是的公式来作为其共通性[1]。并且这个就算不是含有本体里面所有的公式，也算作一个公式。像"人"就是表现在个人中的本体，普遍性也肯定是某些事物的本体，比如"动物"这个普遍性，就应该是能够表现出动物性的事物的本体。

1　就是属于动物的共有属性。

不过，这是不可能的，也是很荒诞的。比如个体或者本体可以是由几部分构成的，但是我们却相信它不能是由一些本体或者个体来构成的，就只能是由些许素质来构成的，那么素质本来并不是本体，却因为这种说法而在个体和本体之前了。这是不可能的，因为事物无论是在公式上的，时间上的，或者成坏上的禀赋都不可以先于本体，如果在本体之前，它们就都能离开本体了。还有，苏格拉底就会含有一个本体之中的本体了，那么这就会变为两个事物的本体。一般而言，假设人和这样的普遍性的事物都被当作本体，但是它们公式里面含有的那些要素都不是其他事物的本体，那就说明，它们是不可以脱离个别品种或其他事物而单独存在的，举个例子来说，不会有"动物"可以离开某个类型的动物而存在，在动物公式里面的其他要素也是不能单独存在的。

那么，假设我们站在这样的角度来审视问题，就可以了解，所有的普遍性都不可以称为本体。其实是这样的，所有的共通范畴都不能来说一个"这个"（个别），它们只能去说一个"如此"（普通）。

如果不是这样的话，那就会有很多问题出现，尤其是"第三人"。

下面的想法也可以让结论更清楚。一个本体是不可以由一些全部实现的本体来合成的，不论什么情况，"两个实是"都不可以变为"一个实是"，但是"潜在存在的两个实是"是能够变为"一个实是"的（比如"双"是潜在的两个一半组成的，全部实现的时候两个一半就都变为一，合到一起就成了"双"[1]）。因此如果本体是一，就不可以由一些本体来组成。德谟克利特说的不错，一个事物是不可以由两个事物做出来的，两个事物也会出自同一事物，因为他想的是本体和它的"不可分割物"（原子）是一样的。现在就清楚了，如果真的和有些人说的那样，诸一综合起来就是数，那么这样的理论数也是可以用的，因为"两"不是"一"，里面所包含的每个单位也都不是全都实现的一。

但是我们的结论里面还有一个问题，由于一个普遍性只可以指出一个"如此"，不可以指出一个"这个"，我们就假设本体是不可以由普遍性事物构成，并且我们

---

[1] 可以从数字的角度来理解但是不局限于此。

还假设本体不可以由已经全部实现的许多本体所构成，那么一切本体就都会是非组合的，这就会导致没有任何公式含在本体里。我们之前说过，只有本体才可以做单一的定义，这是众所周知的事情，但是按照现在的说法，可能连本体都没有了定义。那么不管什么事物就都不会有定义，或者按照某个说法可以有定义，但是这里的说法，不可能有定义会成立。有关这些，后面会说得更清楚。

意式的漏洞

从这些实际来看，也就都了解了，即那些认为意式是可以单独存在的本体，并且通式是科属和它的差异所构成的人所面临的后果。因为，假设有通式存在，"人"和"马"中都存在"动物"，这两个"动物"要么就是一个一样的动物，要么其数就不是一。从公式上说，两者显然公式是一样的，因为在一个动物上所用的公式，在另一个动物身上也同样适用。那么假设有一个人的本体（绝对人）是一个单独的"这个"，构成它的各个部分就像"动物"和"两脚"，也肯定是一些可以单独存在的"这个"，而且"这个"也都会变为本体。那么动物就要与人一样（也要有一个"绝对动物"）。

（一）如果"马"和"人"里面的"动物"是一样的，就如同你和自己一样，那么（甲）这个动物怎么样在这些不用种类的动物中分别存在，这"动物"（通式）又如何避免自己被分割开？

还有（乙）如果说是有动物的通式参加到"两脚"和"多足"这些种类中，那么跟着就会出现一个不可能的结论；通式不仅原本就是整一，还是"这个"，但在这儿，就一定要有相对甚至相反的禀赋含在其中（比如"两脚"和"多足"）。如果没有参加到里面，那么我们所说的"有足"动物和"两脚"动物之间又会是什么样的联系？或许这两个事物是"安置在一起"或者"相接触"的，又或者是"被混合"的？但是这些说法都是荒谬的，也是错误的。

（二）不过试着去假设"每个品种的通式都是各自有别的"，那么在实际上就会有无穷多的事物，而这些事物的本体就是"动物"。因为"动物"是"人"要具备的许多要素之一，那就绝不是偶然的。还有"绝对动物"[1]就会变为"众多"（子）存在于每个品种里面，"动物"就会变为这品种的本体，因为这品种要依据"动物"来起名字，如果不是这样，还有别的要素成为它的本体，那么"人"就要来自于这个要素，也就是另一个科属了。还有构成"人"的那些要素都会成为那些意式。因为意式不可以是一个事物的意式还是另一个事物的本体（这不可能），那么每个动物种类中表现出来的"动物"就会是"绝对动物"。那么每个种类中的动物的通式是怎么出现的，为什么可以从"绝对动物"演变为这个"动物"？这个"动物"的怎是也是它的动物性，又怎么会在"绝对动物"以外存在？

（三）从可感觉事物来看的话，这些的结论甚至更可笑的结论都会出现。如果说这些结构都是不可能的，那么有的人所认同的可感觉的通式就不应该单独存在。[2]

---

1 可以理解为动物的范式，动物的始祖。
2 这一章很烦琐，亚里士多德有的时候好像进行无节制地批判和烦琐分析。

综合实体与"公式"

本体有两类,一类是综合实体,一类是公式(我说的公式还有两类,一类是含有物质的公式,一类公式是普通的公式),前者是可以灭坏的(因为它们可以产生),不过公式是不可灭坏的,也不会有这个过程,因为它并没有产生的过程(造出来的也就是这个个别的房子,"普通的房子"并没有造出来)。公式的产生并不依靠生灭过程,因为上面也说过了,没有一个人来创生公式,也没有实物去创造公式。因此,可感觉的个别本体不仅不可以有定义,还没有证明,因为它们含有的物质,其本性能成为"是",也能不成为"是"。因此,它们造就出来的个体都是可以灭坏的。那么,如果说要依靠相同的认识来证明和认识真理(认识要稳定,不能有的时候是,有的时候就不是了,这样的不一样的认识就只算作意见,意见能觉得"这是这样",也能觉得"这不是这样的",但是证明也不可以随便改变),这样看来,个别可感觉本体就应该没有定义也没有证明。因为处于灭坏状态的事物,在它从我们的感觉中灭绝后,关于它的认识也就变得不清楚了,虽然在灵魂中的公式没有变化,但是定义和证明也都随着灭绝了。这样,一个制造定义的人过来界说任何个体,他就会认为他自己的定义一定会常常被否决,因为不可能来界说这样的事物。

界说任何意式也是没有可能性的。因为按照主张意式的人所坚持的,意式就是一个个体,可以单独存在,而公式必须要依靠一些名词来构成,给事物下定义的人一定不能擅自创造一个新字(因为所有人都不认识新出来的字),然而所有的已经被大家所认识的字都是说明一类事物的类词,从实际来看,它们所可以界说的肯定不止一个个体,它们所界说的是和其他个体共通的事物。比如有人说你"是一个或白或瘦的动物",或者其他相似的话,并把这个当作你的定义,实际来看,其他人对你的定义也可以是这个，可以通用。如果有人说，属性分离之后就要归属于很多主题，合起来就专属于一个主题，我们就要说：首先，它们也是要属于诸要素的，比如"两脚动物"，既是归属于"动物"[1]的也是归属于"两脚"的。（如果是永存要素，就更应该属于必要，因为组合体的各个部分就是要素，而且也比组合体要早的。如果"人"可以单独存在，"动物"和"两脚"也是应该可以的。这两个是同步的，要么都可以，要么都不可以。如果两个都不可以，那么科属就不能离开各个品种而单独存在。如果两个都可以，那么诸差异也是可以单独存在的。）其次，从实是上来讲，"动物"和"两脚"是要比"两脚动物"早的。一个事物如果比其他事物早，那么其他事物灭坏了，它并不会灭坏。

然后，假设那些意式是很多意式合在一起而来（因为组合的要素肯定要简单于组合的本体），意式组合的要素（比如"动物"和"两脚"）应该能够作为很多个体的范畴。如果不是这样，那它们又怎么被认识呢？因此，一个意式就只可以代表一个事物。但是这也被认为并不正确，每个意式能够参加到很多个体中。

就像上面所说的，个体是不能成为定义的这点，在永存的事物上，往往是被忽略掉的，尤其是像太阳和月亮这样的实体。因为人们往往把某些属性附加在太阳上（来作为太阳的定义），比如说太阳绕着地球转，或者说晚上是看不见太阳的（按照他们说的，像悬在天上就不动了，晚上才可以看见，那就不是太阳了。太阳是有自己的本体的），但是他们是错误的，如果他们把那些属性去掉，太阳依然是太阳。而且这些人还常常把一个事物的属性加在另一事物身上，比如某个事物如果有了上面说的两个属性，他们就明确地认为这是个太阳，然后这个公式就成了通用公式。但是太阳是如克来翁或苏格拉底那样，是一个个体。最后，推崇意式的那些人为什么没有一个人给意式下个定义？如果他们肯下决心给意式下个定义，那么就很明确，这里所说的内容就全都是真的。

---

[1] 所说的动物还有两脚等等，就可以理解为一个种类的特征，作为一个种类的代表而出现。

本体为潜在物？

很显然，被认作是本体的事物大部分还都是潜在的事物，比如动物的各个部分（肢体）（因为把动物的各个部分分开，各个部分就不可以单独存在了。分开后的各个部分就都只是物质而已），还有（组成肢体的物质）土，水，火，这些都只是潜在的事物。因为在它们还没有变成一个整体之前，都还只是一个堆垛，都不是可以自己成为一个整体的。人们往往很容易地设想生物的各个部分和灵魂的各个部分是相符的，每个部分都可以成为潜在，也可以变为现实，因为它们各部分的关节是拥有活动的力量的，因此有的动物如果被分开，分开的各个部分还是可以自己生存。不过，如果它们合在一起变成了一个自然的可以持续的整体了，那么它的各部分的存在就仅可以当作是潜在罢了，至于那些由于外力被强行凑在一起或联合在一起，从而合在一起生存的生物，就不能算了，因为这样的情况是不正常的。

由于"元一"这个名词和"实是"这个名词的用法很像，所有成为一的实是，它的本体就是元一。事物的本体的数是一的，就只是数量上是一。很显然，元一和实是自己并不是事物的本体，就像成为事物的"要素"或者成为事物的"原理"也并不是本体一样，那么我们就得问，要依靠什么样的原理，我们能把事物变得简单从而容易知道。从这些观点来看，"实是"和"元一"与"原理"、"原因"和"要素"相比更贴近本体，但依然不是本体，因为一般而言，所有具有共通性的都不是本体。本体只是它自己的，不是任何事物的，只归属于拥有它的人，而这个拥有的人最开始就是本体。然后，所有变为一的事物，就不可以同时在多处存在，共通性的事物就是可以的，因此，普遍性很明显是不可以离开个体单独存在的。

如果意式的确是本体，从这个角度来看，那些推崇"意式"是可以单独存在的人就是正确的。但是他们还说，作为意式的是"以一统多"的，从这个角度来说，他们就是不对的。他们会这么认为，是由于他们只认识了可感觉个体的本体，在这以外，还有单独存在的不会灭坏的本体，这些他们就弄不清楚了，也不知道这些到底是什么类型的本体。他们把永存不变的事物和灭坏事物归到一个类型里面（我们了解的是灭坏事物的本体），"意式人"和"意式马"仅仅是在可感觉事物上面添上"意式"两个字而已。可是，就算我们没看到过星星，我们也可以想到它们的本体是永存的，和我们知道的可灭坏事物的本体不一样。我们就算不了解什么是没有感觉的本体，那么世上也应该存在这类的本体。因此，普遍性名词很明显都不是本体，而所有的本体都不是由很多本体构成的。

本体之貌

现在让我们从另外一个角度开始来叙述本体到底是什么样的一种事物,在这里,我们或许可以了解到离开可感觉事物而单独存在的本体的概念。因为本体的原理和原理相似,现在让我们从这样的方式开始来探寻。所说的"怎么?"应该用这样的方式来问:"这个事物为什么会归属于另一个事物?这个文明人为什么会被叫作一个文明人?"按照我们上面的说法,就是询问,为什么这人是文明的,或者是一个非文明人而是另个样子的人。现在如果问一个事物为什么会变成"自身",这很无聊,因为有了一个"怎么",就可以揭示事物的存在和其事实,比如"月亮被吃了",事实就是存在的。一个事物的事实就是它自己,如果要问"这人为什么会成为人","这个文明人为什么会成为文明人",我们就只需回答一个简单的原因作为理由,如果非要解释一番的话,我们就说"因为这事物是不可以与本身分开的,它成为这个就是因为他本身就是这个"。要回答这样的问题,上面的通例就是个很容易的方法。但是我们会问"人为什么是这样性质的动物?"很明白,我们问的不是"人为什么会是人?"我们问的是一个事物为什么能够变成一个事物的说明(所指的说明不能模糊,如果随便举例子,不能把一个事物的范畴说明白从而把问题问清楚,那就和没问一样)。比如"什么是打雷?"和"在云里面为什么会有响声?"就是一样的。这样的问题就是把一个事物作为另一个事物的说明。接着,为什么这样的事物(比如砖头)可以搭成房子?很明显,我们是在寻求原因。抽象地说,去问就是去探求它的怎是,有的事物比如一座房子或一张床,它们的怎是就是目的,有的就是原动者,原动者也是原因之一。在创生,灭坏,生成这样的事例上,我们探求的就是动因,而对于事物存在这个问题,我们就应该去探寻极因。

如果一个词不可以把另一个词解释明白，那么我们要问的对象就常常没有着落（比如我们问人是什么），因为我们在某个整体里面没有把某些要素明白地研究出来。我要先把我们的命意弄清楚，然后再去问问题，如果不这样，那么问问题也只是在有这个事物和没有这个事物的边缘[1]进行探索罢了。因为我们一定是依据某些已经知道了的事物推断出这个事物存在，然后才去问问题，那么就会问出很清楚的问题。比如"为什么这些材料可以做成房子"，因为这些材料已经拥有房子的怎是。"为什么这个个体或身体可依据这个形式从而变成人？"因此我们探求的是原因，就是形式（式因），物质就是因为形式才会变成某些明确的事物，这个就是事物的本体。现在我们就明白了，所有的单词都无法去问，也没法回答，面对这样的事物，我们就要换种方法去问。

由某些事物组合到一起的，这个整体就是一，那么就应该像是一个什么也不缺的音节，而不是像很多的字母，音节和字母是不一样的，βα 不同于 β 与 α，肌肉与火和土也都不一样（因为如果它们离散了，像肌肉和音节这样的整体就消失了，但是字母还是存在的，火和土也存在），那么音节就不单是一元音和辅音的两个字母，还变成了另一个事物，肌肉也不单是火和土，或冷或热，也变成另一个事物了。那么假设组合起来的另一个事物，本身就得是要素或者是由要素所组成的。（一）如果本身就是要素，一样的说法还是可以用的。肌肉就会作为另一个事物来与火和土来组合，然后这个说法就会无限地向下延伸，无穷无尽。（二）如果这个是个综合物，那么很显然它综合起来的肯定不是一个事物（如果是一个事物，那么就只是一个事物和本身来结合），这些我们在肌肉和音节的例子上又可以用一样的说法。但是"另一事物"应该是要和原来的事物不一样的，这就是原因不是要素了，就是原因让"这个"成为肌肉，"那个"就变为了音节，其他的例子也是这样。这些就是每个事物的本体，因为这是事物变为实是的根本原因。还有，虽然有的事物不是本体，有的本体是凭借它们的本性经过自然过程得来的，那么这些本体就贴近这样的性质，这也就不

---

[1] 可以理解为浅层，并不深刻。

是一个要素，而成为了一个原理。一个要素是要被当作物质存在于已经实现的事物之中，这个事物如果被区分，那就变成了诸要素，比如 α 与 β 是音节的要素。

Part 8
物质和形式

本体之总结

我们必须承认上面所说的各种结果，然后把这些结果汇总，再来把我们的探究完成。我们说过，我们的探究的对象是原因、原理和本体。有的本体是大家都认同的，有的就只是某些学派所认同的。一般被大家都承认的本体是自然本体，就是火、地、水、气等单一物体；然后就是植物和它的各个部分，还有动物和它的各个部分；最后是宇宙和它的各个部分。有的学派认为通式和数学对象才是本体。还有的认为是其他本体比如怎是和底层。另一种观点是，科属和各个品种比较的话，科属好像更应该是本体，普遍（共相）与个别（特殊）相比较，普遍好像更应该是本体。然后因为普遍性和科属又想到了意式，因为论点一样，这些也被看作是本体。又因为怎是就是本体，怎是的公式是定义，因此我们又把定义和它的主要范围研究了一下。由于定义是个公式，公式里面还含有部分，那么我们就得思考一些与"部分"有关联的事情，哪些是本体的部分，哪些就不是本体的部分，还有本体的一部分是不是也是定义的一部分。我们说到过普遍性和科属都不是本体。我们以后就要持续探究意式和数理对象，因为有的人觉得它们也和可感觉事物一样，都是本体。

然后我们再去探讨普遍认同的那些本体，就是可感觉本体，所有的可感觉本体里面都含有物质。底层可以作为本体，本体的含义之一就是物质（我用物质原本的含义来说明潜在的"这个"而不是已经实现的"这个"），还有一个含义是公式或形状（这里说的"这个"是能够独自用公式说明的）。还有第三个含义是两者的结合，只有这样的结合物才有生成有毁坏，而且完全可以单独存在，在那些可以用公式来说明的本体中，有的可以单独存在，有的就不可以。

很明显，物质也是本体，因为在遇到的所有的相反的变化中，自然会有些事物是这些变化的底层，变化在这些底层上就可以进行，这种变化的例子就好像一会儿在这个位置，一会儿又在另一个位置的"处变"，现在是这样的范围，过会儿就会有增减变化的"量变"[1]，还有这会儿是健康的，过会儿就得病了这样的"质变"[2]；类似的还有本体上的生成灭坏的变化，它的底层有的时候由于变化而变成了一个"这个"，过段时间又由于变化把变成"这个"的因素给剥夺了。在本体的变化中，也是含有其他变化的。但是在其他的变化中，本体并不一定发生改变，因为事物拥有位置变动的物质，并不一定也含有生灭物质。

生成的统称（生成的共通含义）和生成的个别称呼（生成的个别含义）的不同，我们在物学的理论中就说过了。

---

1 这里所说的量变仅是指范围的变化。
2 质变是指内容的变化。

物质是潜在本体

当作底层和物质而存在的本体，就是潜在本体，一般都是可以认知的，我们还没有解释的应该是可感觉事物的现实中的本体。德谟克利特好像是察觉到了，拥有一样的底层物质的事物之间有三种不同，它们可能是因为规律（形状）有了不同，也可能是因为趋向（位置）产生了不同，也可能是因为接触（秩序）产生了不同。但是大家可以明显看到更多的不同，比如有的事物，它们含有的物质组合在一起的方式是不一样的，蜜水这类的是物质混合得来的，一捆木材是把木头捆在一起得来的，书籍是胶合得来的，箱子是使用钉子钉成的，还有其他的是由多种方式组合而成的；还有的事物由于位置而导致彼此间不一样，门楣和门槛是一上一下，还有的是时间不一样，比如早饭和午饭；还有的就像风一样是因为地方不一样而不一样的；还有的是由于可感觉事物的禀赋不一样而不一样的，比如软硬，疏密，干湿；还有的是因为好几种性质都不一样而不一样的，甚至有的是全都不一样；还有的是含有同一种性质的多少而不一样，有的多，有的少。

那么，很显然，"是"这个字的意思就要有这么多。某个事物"是"一个门槛，是由于它待在这样的地方，它的"是"实际上就是位置，一个事物是一个冰块，那它的"是"就是这样冻成的固体。有的事物的实是是需要依靠所有的不同的形式来解释的，因为那个事物里面，有一部分是掺和在一起的，有一部分掺杂在一起的，有一部分是捆到一起的，还有一部分是凝结的，还有的是其他种类的不同，比如手或者脚就要依靠这样的复杂的定义。因此我们必须要了解到不同种类的不同（这些就是事物变为实是的原理），比如事物之间的不同有可能是多少，有可能是疏密，还有可能是类似的性质，还有含有的同种性质多了或者少了的各式各样的情况。无论什么事物，它的形状以粗糙为主或是以平滑为主，主要的差异就在于直和曲。把掺杂在一起作为实是的事物，与它相反的事物就是非是。

因为这些实际情况，那么就弄明白了，事物的实是都来自于它的本体，我们就要在这些不同上来寻找这些事物变为实是的原因。现在的这些不同，要么是一个，要么是相互配合，虽然还都没变为本体，但是已经含有了可以和本体相比较的事物。比如，从本体上讲，本身实现了，就可以凭借物质来解释它，从其他定义来看，物质也是与完全实现最贴近的。比如我们来界说一个门槛，就应该讲"木头或石头这样的位置"，要解说一个房子就该讲"木头和砖头在这样的位置"，在某些例子上，不光要说形式，还得说它的作用，比如我们来界说冰块，就应该讲"水以这样的方式冻结或凝结"，还有音乐就应该讲"这样调节好了的高低音"，所有其他的都与此相似。

那么，很明白的，物质是不一样的时候，实现或公式也是不一样的，因为有的实现是依靠组合，有的是依靠混合，还有的是依靠我们上面说的其他的不一样的情形。那么，所有工作内容是下定义的人，如果界说房子"是木头和砖头"，那么他所说的就是潜在的房子。而有的人说把"放置生物和器具的处所"当作界说，就是指已经实现的房子。还有的人把两项合在一起来解说，这就是指形式和物质合成的第三种本体。（说明不同的公式好像是对形式或实现来说的，说明组成部分的还就是指物质。）亚尔巨太[1]往往可以接受的一定就是这种的；它们叙述的就是形式和物质的组合。举个例子来说，什么是没有风（风静）？"大面积的地方空气是不流动的"，空气就是物质，不流动既为实现也为本体。什么是没有浪（浪平）？"海面没有波动"，海洋就是物质的底层，没有波动就是它的形状或者实现。因此，从上述来看，可感觉本体是什么，它是如何存在的就很清楚了，其中一项是物质，一项是形式或者实现，前两项的组合就是第三项。

---

1 亚尔巨太，泰伦顿人，与柏拉图同时，在意大利学派中以擅天文著称，为柏拉图数理导师。

组合本体

我们还是不能疏忽，有的时候一个名称，所指的有可能是组合本体，也有可能是形式或者实现，这是不确定的。比如把"房子"当作一个标记，它标记的就是"由砖头石头这样构成的一个处所"（组合事物）[1]，或者仅仅是"一个处所"（实现或者形式），线到底是"二的长度"还是只是"二"，动物到底是"魂在体内"，还是只是个"魂"（因为魂可以是本体，也可以是某个身体的实现）。"动物"这个称呼原本就不是一个公式就能解释的，应该是两者都可以用，而这两个公式所指的事物还是一样的。但是这个疑问（名称到底是指综合实体还是形式）从另一个角度看更为重要，在研究可感觉本体上并不重要，因为怎是确实是形式或实现。"魂"和"成了魂"是一样的，但是"变为人"和"人"就是不一样的，除非那个身体里面没有"魂"就叫作"人"。要么事物就是它的怎是，要么事物不是它的怎是。

我们如果探究一下，就可以看到，音节不光是字母合在一起，房子也不光是砖头合在一起，这是正确的。因为不论是组合还是混合都不来自于那些合成的事物，其他的例子也是这样，比如门槛的定义依据的是位置，但是位置并不是门槛造就的，倒是门槛是因为位置而来的。人也不光是动物再添加两只脚，这肯定是在这些物质之外还有另外的事物，这另外的事物并不是元素这类的事物，也不是综合物体，而是形式本体。但是人们往往漏掉或者遗忘了这个，只是拿物质来说。如果这就是事物存在的缘由，而这个缘由就是事物的本体，那么，对于这个本体，人们就没说明白。

那么，这个就一定要是永存的，或者是可以灭坏但是绝不会参加灭坏程序的，

---

[1] 是指合为整体的事物，并不是凑到一起的。

可以产生而绝不会参加到产生的程序中。这点在别的地方已经谈过且已经被证明了，没有可以把形式造出来或者把生殖造出来的人（或事物），造出来的就仅是"个体"而已，或者所生产出来的仅是"形式和物质的组合体"。至于可灭坏事物，它的本体能不能分开还是个问题呢。我们所知道的仅仅是个别的事例罢了，比如房子和家具（的形式）是不可以脱离个体单独存在的。或许实际上这些事物自己，还有所有不是自然创造的事物全都不是本体，因为人们能说在可灭坏事物里面，只有一种本体就是它们的自然本性。

所以安蒂瑞尼学派还有其他没有学习过的人们，对于有些疑问他们有的时候也是跟风，他们说到"什么"是不可以来给它下定义的（所说的定义就是一个很长的公式），可以当作界说的就只是相似的事物而已。比如银，他们就觉得没有人可以回答"什么是银"，可以作为回答的就只是"这个和锡很像"。因此，就知道了当作界说的或者下定义的就只是那个组合本体，可感觉的组合和可认知的组合都包括在内，但是构成本体的原始部分是不可以作为界说的，一个当作定义的公式用某些事物来提示某些事物，这个定义的部分一定要说出物质，另一部分就说出形式。

这也是很容易看出来的，假设数就是本体的某一义，那么这些本体就应该是具有这样意义的数，而并不是某些人说的一些单位的集合。因为一个数就像是一个定义。（一）定义是可以分开的，可以一直分到不能再区分为止（所有已经定义了的公式都是有定限的），数也是拥有一样的性质的。（二）数增加了或减少了一个部分，无论增加或减少的数量是多还是少，那个数都不再是原来的数，而是成为了另一个不一样的数。同样，定义和怎是如果有增有减，也就不再是原来的定义和怎是了。（三）数一定要是可以变为一个整数的事物，假设这个是整一。这些思想家们也说不好依据什么来让列数都成为整一。如果这不是整一，那就如很多事物一样；如果这是整一，那么我们就应该说清楚，为什么这些可以从多变为了一。类似的，定义是整一，但是他们却说不出任何理由能够让定义成为整一。这是一个自然而然的结果，因为可以使用一样的理由，按照我们已经解释过的意义，本体成为一，这和有的人说的是一些单位或者点是不一样的，每个本体都是一个全部的实现，都有明确的本性。（四）数是不可以有增减的，本体也是这样，只有含有物质的本体才可以这样。对于所说的本体的产生和灭坏（怎么才可以产生或灭坏，什么样子就不行）还有把事物简化成数的叙述就到这里。

物质本体

有关物质本体我们一定不要忘记,即使所有的事物都是来自于一样的第一原因或把一样的事物作为它们的第一原因,就算是一样的物质当作产生的起源,每个事物还是得有自己的贴身物质,比如黏液,有甜质或脂肪,胆汁是苦的或者其他的物质,虽然这些在实际当中也可能是来自于一样的原始物质。还有,当一个物质是一个事物的物质的时候,这个事物就可以是来自于好几种物质,比如脂肪如果是来自于甜质,黏液就是来自于脂肪或者甜质。当我们把胆汁离散为原始物质的时候,也会看到胆汁所来自的那几种物质。一个事物来自于另一个事物,有两个原因,其一是因为在事物的进化的道路上,这个事物在前,其二是因为把另一个事物离散之后,发现这个事物是那个事物组合的原始成分。

虽然只有一种物质,如果动因是不一样的,也是可以生成不一样的事物的,比如木头可以做成箱子,也可以做成床。但是有的事物,它的物质一定要是不一样的,比如锯子就不可以用木头来做,就算是动因也无能为力,动因是不能做成一把羊毛或木头做成的锯子。但是不一样的物质,如果在实际上做出来一样的事物,那么这个制作的方法,也就是动因,也一定是一样的。物质和动因都不一样,那么做出来的东西一定是不一样的。

原因是有几项不一样的含义的,当有的人探究事物的原因的时候,他就要把所有可能的原因说清楚。比如人的物因是什么?我们就应该说是月经。他的动因又是什么?就应该是种子。本因(式因)是什么呢?他的怎是。极因是什么呢?他从生到死。不过最后的两种原因有可能一样。这些就是我们一定要说出来的那些原因。什么是物因?我们不可以说火或者土,应该说与这个事物关系最密切的物质。

如果我们探寻的原因就是这四种，那么在自然界中就可以产生本体，如果探究是对的，我们就能按照这样做下去。但是对待那些自然界中的永存本体，就不是这样。因为有的可能就不含有物质，或者不是如同大地上一样的物质，而只是如同可以在宇宙空间行动的那样的物质。那些在自然界存在但并不是本体的事物也是没有物质的，它们的底层就是本体。比如月蚀的原因是什么？蚀的物质又是什么？如果不存在物质，受到腐蚀的就是月亮。能把光遮盖住的动因是什么？地球。极因可能就是不存在的。本因就是定义的公式，如果没有原因含在定义公式里面，那这个公式就是不清楚的。比如，什么是月蚀？"剥夺了光"。但是如果我们把"在中间被地球挡住了"添上，这就变成了含有原因的公式。睡觉的例子就无法解释是什么样的本原导致这样的变化，我们应该说这动物在睡觉？没错，但是这动物睡觉的来源是什么？心脏还是其他？再有，什么东西让它睡觉的？感觉又是什么，这是某一个部分的机能睡着了，而不是动物整体都睡着了，是吗？我们应该说"睡觉就是这样的丧失行动能力"？没错，但是又是什么样子的作用可以让这部分的机能这样的丧失行动能力呢？

另一些疑难

由于有的事物就像是"点",就算它们是存在的,它们无论在还是不在都是来无影去无踪的。形式也是这样(假设现在存在的所有事物都是由一个事物而来然后再变为另一个事物,那么变成存在的就并不是"白"而是那些木头变成了"白的"),并不是所有的对反都可以互相转变,互相产生的,而且"一个黑脸变成了一个白脸"和"黑的变成了白的"意思也是不一样的。也不是所有的事物都含有物质,只有产生了还可以互相变化的事物才会含有物质。那些没有参与到变化过程里面的事物,不论是存在还是消失,都不会含有物质。

问题的一个难点就是每个事物的物质和它的对反状态是怎么样相关联的。比如一个身体假设潜在是健康的,得病就是健康的对反,那么这个身体没表现出来的存在是不是又有健康又有疾病呢?还有,水没有表现出来的存在是不是又有酒又有醋呢?我们回答这全是物质,一种是处于正面的状态和形式,这就是健康,另一种就是剥夺并毁坏了正面状态,从而变为了和健康相反的疾病。这有些不好理解,为什么酒不能是醋的物质,也不是没表现出来的醋(虽然醋是由酒做出来的)。一个活人为何不说他是一个没表现出来的死人。实际上,它们都不是的。在这里,酒变质了是一个偶然现象,那种让人变成尸体的物质原先就潜存在动物的物质里面,因为那种物质腐坏了,然后才会变成死人,而醋的物质就是水。因此尸体来自于动物,醋来自于酒。所有的事物如果像这样互相变化,就一定要还原为它们的物质,比如如果要从尸体弄出来一个动物,尸体就必要还原为它的物质,只有这样才可以弄出来一个动物。醋也是这样,要先变成水,然后再酿造为酒。

以前说过的一些疑难

现在回来再看以前说过的让人费解的疑问，有关那些定义和列数都各自变为一个整体，这个原因是什么？所有拥有很多部分的事物，它的全体并不是杂乱无章的，而是把各个部分融合在一起成为了另一个事物，这些自然有它合为一体的原因。就实物而言，有的把接触当作合为一体的原因，有的是把黏稠当作原因，还有的是类似的其他原因。一个定义是一个组合的字，这些字不是如"伊里埃"那样连接在一块，而是由于都指向一个对象才连接在一起的。那么，什么把人变为了一。他为什么是"一"而不是"多"，比如既是"动物"也是"两脚"，按照有的人的思维，他既要是一个动物通式，又要是一个两脚通式？这些通式为什么自己不当作人，让人们径直就各自参与这些通式。那么人就既不是一个通式也不会是一个个体，而是动物和两脚，普通人就能够不再成为一个事物而是变为了"动物"和"两脚"两个事物？

那么，就明白了，人们如果按照习惯来叙述和下定义，他们就不能把问题说清楚，然后再回答。但是按照我们所讲的，把一项当作物质，另一项当作形式，其一是没有实现的，另一个是已经实现的，那么这样的问题就可以解决了。因为这个难点和铜圆的"X"的定义所导致的难点是相同的。把 X 作为一个定义公式的符号，那么 X 的问题就是"铜"和"圆"合而为一的理由是什么？这个难点就能回答了。因为一项是物质，另一个是形式。潜在变为现实的缘由是什么？（动因不算）把一个潜在的球变成一个实现了的球的缘由不是别的，就是这两者的怎是。

因此，对于物质来讲，就有了可以认知和可以感觉的差异，对于公式来讲，就固有一项物质和一项变为现实的要素，比如"圆"是一个"平面图"。有的事物既没有可认知的物质，也没有可感觉的物质，那么它自己就是某种元一或某种存在，就好比个别本体，比如质或量（那么在它们的定义里就不会表现出元一也不会表现出存在），它们的怎是从本性上讲就是存在也就是元一，因此这些就没有组合为一的缘由也没有存在的缘由，由它们所组成的"一"和"存在"，既不是由于它们被包含在"一"和"是"的科属里面，也不可以说这些"一"和"是"可以离开这些个体而单独存在，它们本身就是某种元一和实是。

为了把合一这个问题说明白，有的人看重参加，然后就把问题变为了参加的缘由是什么，以及参加到的是什么；有的人看重"会通"，比如吕哥弗隆就说到灵魂的"会通"就是知识；还有的人认为生命是灵魂和身体的"结合"或"联合"。可是这些个别的名称，用在实例上还是相同的，比如健康这个情形，就会被说为是魂和健康的一个"会通"或"联合"、"结合"，像铜为三角形这样的情形，就是铜和三角的"结合"，像事物有白色这样的情况，就应该说是表面和白色的"结合"。原因就是人们在探寻合为一的公式还有潜在和实现之间的不同。但就像上面所讲的，与本身关系密切的物质和形式原本就是一样的事物合在一起，它的一，不论是潜在的还是实现的都是一。因此如此询问它们合为一体的原因，就和问普通的事物为什么合为一体一样。每个事物如果本体是一，那么无论潜在还是实现都会是一。因此，是不会有别的原因的，原因就是某些事物的动因，导致潜在的变成了现实。至于所有的不是物质的事物，它们原来的全称全都是一。

Part 9
潜能与实现

所谓"潜能"[1]

上文我们对所有范畴存在的依据,那些原始的"是",即本体进行了详细的阐释。本体的存在是其他范畴一切质和量存在的理由。本书开篇就提到了本体观念与所有范畴都息息相关。"实是"可以分为质和量的个体,此外还可以从潜能、实现、功用等角度进行区分,以便我们从潜能和实现的角度进行更为深入的理解。从严格意义上来解释潜能的话,它就只是一种动变的范围,不过就现在的讨论来看,此解释已经无法满足实用。只要把潜能和实现引申开去的话,潜能就不仅仅是动作事例的。不过我们先把这一类的潜能解释清楚,然后再到讨论实现时,说说其他类别的潜能。

关于"潜能"和"能"两个概念的多种命意[2],我们已在其他地方明确地指出了,可但凡那些因为字义双关而产生的潜能的命意,我们则不做过多的解释。譬如一些比附也产生"潜能",几何学中我们总会将事物之间或存在或不存在的关系称作是"可能"或是"不可能"。符合此类型的"潜能"和动变的渊源紧密相关,具体地说就是一物成为另一物,或是一物成为自己(自己非此物)的动能,它总是和原始的潜能联系在一起。当中有一类是从他物那里接受作用(也可能将自己作为他物来接受作用)而产生被动变的性能,这是作用下的被动潜能;另外一类则是不受作用的动变性能,它的动变不因他物(自己非此物)的作用而产生。潜能公式最初的含义也包含在这些定义当中了。因此这些所谓的"潜能",要不然就单纯

---

1 这里所指的潜能,指的是尚未实现的某一种方向性的能力,与现实相对。潜能与现实是亚里士多德有关实体学说的内容之一。

2 命意:寓意,用意。

是作用和被作用，要不然就是良好地作用和被作用，很显然，前者已经包括了后者。

显而易见，从某种意义上说潜能的作用和被作用是合二为一的（"能"在事物上就是指自己可以作用于他物或是为他物所作用），可是从另一个意义上说二者又是迥异的。一类在受他物作用事物的潜能，它们内含着动变的渊源，并因为他物的作用而发生动变，就像是含有油脂的物质可以被燃烧，质地松脆的物质可以被压碎等等。此外一类是在作用事物中存在的潜能，像是具有热能的事物可以生热，有建筑常识的人可以施展自己的建筑才华等等。可见一个事物若是自然单体的时候，那就无法成为作用事物，毕竟它是单一的而不是两个事物的组合。

有潜能的反面就是无能或是无能者，它表示阙失。潜能的每一类主题和过程，都对应着同类别的"无能"。"阙失"的命意也有多个：（一）某一素质的阙失。（二）一般情况皆有唯有此没有。（三）特殊情况下应有此时没有。（四）部分情况下也许会有却此刻皆没有。在一些特殊情况下，一些事物的素质会因为外在强有力的作用而阙失，这种情形我们将其称之为遭到了"剥夺"。

理知公式

无灵魂的事物中有动变渊源，有灵魂事物中也有，对于它们来说，动变渊源就在灵魂最为理知的部分当中，也因此潜能就可以很明确地分成无理知和有理知两类。所有制造技术都可以称为潜能，它们对于被制造物（或是掌握这门技术的人本身成为另一物时）而言就成了动变的渊源。

凡是有理知公式的每一种能力都会起到相对的反作用，相比之下无理知能力就只有一种作用，譬如热只有热的作用，但是医疗技术可以医治疾病，同时也可能导致疾病。这其中的缘由就在于学术本身是理知的公式，事与物的阙失都可以解释，不过是方法各有不同。理知公式有时可以正面使用，也可以反面使用，但都是同一个公式的使用。当这类学术或是技术有反面问题需要处理的时候，这些理知公式就会自然而然地应用于由自性或是不由自性（由属性）而对反的事物中去。事物的对反本身是原始的阙失，有了对对反的否定和去除，事物才得以凸显，只要是去除了相对反的正项，负项也就随之出现了。通常同一个事物不会有两种相反的情况并存，但是对于学术等理知公式而言，它们却有蕴含着潜能的灵魂，因此它们有动变渊源。这就解释了为何热物只能产生热，但技术家们却可以有正反两方面的作用。具有动变渊源的灵魂，就能有两方面应用的理知公式，尽管正反两方面应用的方法并不相同，可是它们都来自同一灵魂的渊源，它们通过同一个理知公式应用于两个完全相反的过程。所以说，只要是具有理知公式的潜能就一定和无理知公式的潜能迥然不同，前者作用下的正反产物都出自于同一个理知公式，即来自于同一个动变渊源。

这一切都是显而易见的，施展潜能会产生作用，也可能产生良好的作用，不过产生的作用当中并不全然都是良好的，但良好的作用一定包含在作用中。

动变的"能"

麦加拉学派[1]等人在说到能时，就只认为只有当事物物尽其能的时候才称之为能，一旦它的作用没有显现时就无所谓能了，比如盖房子的人只有在建造房子时才能称"建筑"的能，如果不做此事时就不能说"建筑"。这谬误的观点几乎处处皆有。

如果这么说的话，建筑师只有在建造房子的时候才能被称为建筑师，其他领域的技术师也是如此。可是试想一下，一个人不通过学习某种技术就无法掌握某种技术，同样的人要是没有失却这些已然习得的技术的话（或许遗忘，或许是变故，或许是时间所致，不过技术制品的毁灭并不是技术失却的理由，因为知识和技术都在常在的"技术"中存在），那么他也无法失去这些技术。照前面的观点来说，技术师在需要用的时候就具备某技术，而停止使用时就不再具备这些技术，那习得这门技术该如何做到呢？

没有生命的事物也是如此，他们认为没有了感觉，就不会感知到冷、暖、苦、甜，就不会有一切可感觉的事物了。有此类观点的人通常都会最终皈依到普罗塔哥拉教义中去。诚然人们无法不透过自己的感觉去感知事物。可是就此把暂时没有用到视觉的人称作是盲（不能视），当他们开始应用自己视觉的时候又被称作明（能视），那这样的人一天之内可以千百次地循环在明和盲之间。另外，聋和聪的

---

[1] 麦加拉学派：古希腊小苏格拉底派之一。创立者为麦加拉人欧几里得，代表人物还有欧布里得、斯底尔波等。该派深受苏格拉底和爱利亚学派的影响，认为善是唯一的存在，是永恒不变的一，除此之外都是非存在。"善"就是美德。该派长于辩论，提出了三个悖论："说谎者""秃头""谷堆"，从中揭示了事物内在的矛盾性，触及到事物由量到质的变化等问题，对逻辑学的发展有一定贡献。

例子也是如此。

再有，如果说潜能被剥夺的话就是不能，那只要是没有发生的事情就应该是不能发生。可是如果说不能发生的事情该是如此定义的话，要是现在还有这事情或是未来会发生的话，那一定是假的，这命意是不可能的。这样的观点不外乎取消了动变和创造。照此说，站只能是常站，坐也只能是常坐，对他们来说，站着就不能坐下，那只有常站着了。不过我们对此不以为然，潜能和实现两者是有差别的，他们的观念却没有差别，这样一来他们要取消的事物很多且不小。凡事还未成"是"都有可能成"是"，凡现在为"是"者也可能未来就成"非是"，其他范畴的道理也是如此，就比如可能是步行的但现在却并没在步行，现在在步行的未来也可能停止步行。具备了能的事物但凡有所作为的话，就一定具备实现其作为的能力，如此说来在这方面所有不可能的因素都不存在，比如说，一个能坐的事物，它就可坐，凡实现了坐的时候，一切不能坐的因素都没有了。其他的像是立或使之立，动或被动，"是"之或变或不变于"非是"，大致道理也是如此。

接下来我们把"埃奴季亚"（实现）和"隐得来希"（完全实现）两者相联系，把动变慢慢延伸至其他事物，毕竟狭义的实现仅用来表示"动作"。非现存的事物，人们尽管也以其他来表述它，却不曾用动作来表述它。在人们看来非现存的事物是因为思想和愿望而产生的，可是那些在动作中的事物却并非如此。只不过非现存的事物即便还未存在，但是只要一旦被动变就会实际存在了。所以说有些非现存的事物是潜在的，但因为它们尚未现实的存在所以还不能算是现存的。

可能即非不可能

就如同上文我们所阐述的那样,可能的话就一定是排除了不可能的因素,假如有人说"这是可能的,但不是会实现的",这观点就一定是假的,因为依据上面的观念,但凡是无法实现的就无法想象。举个例子,如果有人不顾那是否能够实现,就认为计量正方形对角线是可能的,不过量不了,只因为很多事物现在确有可能"实现",但现在和未来都是"不实现"的。从这样的前提去推断可以得出这样的结论,事实上就等于是假定了某一个事实——非是能成为是,那这样不可能的事物就不会存在了。因为对角线的计量是不可能的,那么上面所假定的结果也就是不可能的。实际上,不可能和虚假两者是迥然不同的,而上面的观点是把二者混淆了,将"虚假"作为"非不可能"来阐释自己的观点了。

与此同时,很明显的是,A 是真实的,B 也应该是真实的,所以当 A 是可能的,那么 B 也可能,这种可能是无法阻挡的,即使 B 没有什么必要成为可能。现在先假设 A 是可能,因此当 A 是真实,那么它就不包含不可能的因素,B 也因此被要求为真实的。不过 B 曾被假定是不可能的,当 B 是不可能的话,A 必然也是不可能的。但是最初 A 已经被假定为可能的,所以 B 也应该如此。所以说它们之间原本有这样的关系,A 是真实的,B 也必然是真实的。在承认了 AB 之间这样的关系之后,要是认定 A 是可能,B 是不可能的话,那两者就和原来的假定有所不符,必须是 A 是可能,B 也必然是可能,A 是真实,B 也必然是真实。如果说 A 是可能,B 也必然是可能的,这里面的定义应该是这样的,在某些时候某种状态下,A 是真实的,那么在这种时候这种状态下的 B 也必然是真实的。

潜能的实现

　　世间所有潜能，有些就好比是藏于内涵的感觉一般，有些就好比是吹笛一般得自于实践学习，有些就好比是由研究而来的艺术。从实践和理知中习得的潜能是操练经历所得。而那些蕴含在内涵中的非理知的潜能则无需借助操练就天然具备了。

　　所谓"能"其实就是在某个时间，用某种方式（或者是具备符合定义的某些条件）时让某种事情实现。有理知公式的，事物依它们而产生动变，它们的潜能也因此涵盖了理知，而那些无理知的事物，它们的潜能也是无理知的，一般来说前者只能是生物，而后者可能是生物，也可能是非生物。后者的潜能，在作用者和受作用者两相遇的时候，作用就会产生，但这种情况对于前者而言就不一定会产生。无理知的潜能所起的作用是单一的，但是理知的潜能则可以在正反两方面都起作用，若是要它们产生作用的话，那势必会让正反两方面的事情同时发生，这几乎是不可能的。于是这其中就一定有个道理存在，我认为它就是"意志"或是"愿望"。就在一个生物为了自己的需求在两个事情之间做选择的时候，决定就成了决定因素，他们会选择最适合受作用者以及自己潜能的方式。但凡在潜能所及的事物身上，在适合潜能的环境之下，具有理知潜能的事物都会施展自己的潜能。一旦这种受作用的对象不存在，环境也不适合潜能的话，那么即便具备了此潜能也无法实现。所以说只要这些条件都具备，潜能就一定能实现。（大可不必再加上一条"如果没有外物影响"这样的条件，因为上文提到了环境适合，已经说明各方面的条件都具备，既然如此，那么负面的事物应该都被排除了。）这样的话，要是有人想同时实现两件事情，或者是实现相对反的事情的话，那都是不能的，正因为施给一方面的潜能不能再同时施展在相反的另一方面上，一个潜能是让两件事情同时实现的。因此，在合适的条件下，人们只能施展适合于它的潜能来完成一件事情。

实现是什么

与动变相关的潜能我们已经讲完了,接下来说说实现[1],讨论一下实现究竟是什么,它又该属于哪一类事物。在我们接下来的分析当中,我们会发现除了那些不需要合适条件,只专门以某种特定的方式来被动变或是使他物动变的可以被称之为潜能,还有不少命意也能被称为潜能。我们之所以阐明了上述的含义是为了更好地研究和理解其他潜能的命意。

这里所说的实现,它所指的某事物的存在方式是不同于前面所提到的潜在方式的。譬如我们认为一块硬木里潜藏着赫尔梅的雕塑,全线当中潜藏着半线,这是因为通过雕刻和分离确实会有这样的结果。我们也会将一个并未在从事研究工作的人称呼为学者,只不过是假设他具备研究能力。这样说的话,潜在的事物当中必然有各种可实现的存在。在归纳某一种情况的时候就可以见到这些命意,所以大可不必每一件事物都去找一个定义,这些例子我们足以领会。例如能建筑的和正在建筑的,睡着的和醒着的,有视力却闭上了眼睛和睁开眼睛正在看的,一块原材料和由原材料雕塑而成的成品,还有众多非成品的未制物和成品之间的对照。这一对对当中,前者可以解释为潜能,后者就可以解释为实现。世间所有事物的实现存在,尽管含义不同,但彼此间却非常相似,打个比方就像是甲在乙中,或是甲属于乙,类似的还有丙在丁中,或是丙属于丁。在如此众多的比拟当中,有些好比是动变和潜能的比拟,另外一些更像是本体和物质的比拟。

还有"无限"、"空"以及诸如此类的事物,要是认同这些事物也潜在地同实现并存。为它们下定义就要找一些不一样的例子,像是"观看者"、"散步者"和"被

---

[1] 这里提到的实现,与潜能概念相对,指的是潜能经过动变过程后得到的最终的结果。

看到者"。在此类例子中，有时候在看或是在被看，这都是确定无疑的，那么它们就可以很妥帖地符合这一定义。"无限"即存在潜能，不过这一类潜能的命意却不是指向实现的，只是潜在地存在于意识之上罢了。事实上要分割一条线是一个无穷无尽的过程，分割的过程中必然会有潜在的"无限"，只不过这"无限"始终无法真正实现为独立的存在。

有限度的动作指向是终极，但实际上并不是终极，就比如有一个人在减肥，每一天都要减去一定的脂肪，这种活动不可能即时就达到最终减肥的目的，一天是无法让减肥最终实现的。尚未完成目的的活动就不能说是实现，实现必须是完成了目的的活动，比如看着也看到了，求知同时也领悟了，思考也想到了（这当中不包含学习也学会了，治病且病也痊愈了，将它们视为实现是错误的）。我们好好地活着，与此同时也好好地活过来了，我们一直快乐，也快乐到了现在。相反的是，动作的过程有时会中断，就好像减肥就常常中断，可但凡是现存的事物就不能中断，好好地活着活到现在，一直都在活着没有终端。所以每一个正在做的活动，如减肥、学习、步行、建筑等还未做完，或者说正在进行还没有达到目的的话，就说是"活动"。将正在步行的说成是到达了，正在建造的说成是造好了，正在变化的说成是变好了，正在活动的说成是活动成功了，这都是错误的。活动、被动进行中的活动、被动完毕相互之间是不同的。可是，看和见，想和想到却是同时并存的。因此前一类只能称为活动，后者却可以被称为实现。

分析和思考了上述这些后，实现是什么，它属于哪一类就已经很明朗了。

定义潜在

只是我们还必须对于事物什么时候是潜在[1]的,什么时候又不是潜在的进行具体阐释,毕竟不是什么时候事物都是潜在的。就比如说,土是不是潜在的呢?不一定,只有对于播撒进土里的种子来说才是潜在的,兴许还有时候也不能全然这么说。再比如有事物为医疗技术所治愈,但这不能说明所有的事物都能为医疗技术所治愈,潜在健康的事物说的是那些能治愈的事物。此外,还有两点值得注意:(一)潜在事物从思想效果真正转化为彻底实现的存在,两者最重要的区别在于作用者和被作用者,作用者只要有一定的实现欲望,倘若没有外界环境影响,那就一定会实现。就好比一个被治愈的病人,只要他想健康,外界环境也不阻挠的话健康一定会实现。一座潜在的房屋也是同样的道理,那些潜在着房屋的物质,只要外界环境没有阻挠,没有需要增加、去除、变更的事物的话,那这些物质就始终潜在着一座房屋。这同样适用于其他类似的东西,凡是这样的东西其生成的本原都是外来的。(二)那些因为内在本能而创生出来的事物,只要没有外因的阻挠的话,那它必然是所有潜在未来可实现的事物。种子还未破土发芽,只因它还需从其他事物那里获得变化发育的可能。而它自身内在的动变渊源事实上已经具备了必须的性能,从这个角度来说它就潜在的是一棵植物了,只不过它还需要另一物才能产生动变。这就和矿石在土下还不能算是潜在的一个雕塑(矿石要成为雕塑先要从土中冶炼出金属来,雕塑是潜在在金属当中的)是一样的。

事实似乎确实如此,一般生活中我们会把某种事物制成的另一种事物称呼为"××的",就比如木头做成的箱子,一般不说"木"而说成是"木的箱子"。土里

---

1 这里说到的潜在实际上指的就是上文所提到的潜能中"潜"的概念。

长出的树木，也不说是"土"而说成是"土的"。其他的由另一事物所成的事物大致也可以以此为例。称作"××的"事物中的"××"是制成物所潜在的事物。就好比说"木的箱子"。箱子潜在在木头当中，却不说"土的箱子"，因为土不是潜在的一个箱子，只有木是潜在的一个箱子，也只能是它。

假设这世界上还有一种不潜在他物，或是不依赖他物而形成"××的"事物，这种事物就一定是原始物质。例如，土虽不是气，却因气而成；气非火，却因火而成。那么火不依赖他物，就是原始物质，那么它就不是因"××的"而自成的一个个体。底层若是按照属性来区分可分为个体和非个体两类演变的底层。当底层是一个完整的身体和灵魂的综合个体的话，那它的属性就是"文明的"或"白的"。完整灵肉综合体——人有了文明就被称呼是"文明的"而不说"文明"，类似的，脸是"白的"而不说"白"，"正在散步或动作的"却不说"散步或动作"。所有这些都和上面提到的"××的"（非个体事物）非常相似。如果是这样的话，那么最底层就是一个本体；如果不是这样的话，假设那说的只是一个形式或是一个个体，那最底层也就是物质或是材料本体了。由此可以推断出，"××的"应用于物质底层的话就用来指示属性，同时也可以用来指示个体底层。这是因为事物的决定性因素既非材料，也非属性。

说到这儿我们已经阐明了什么时候事物是潜在的，什么时候事物又不是潜在的了。

先于

根据我们所阐述的先于[1]的各种含义,很明确实现是要先于潜能的。这里所说的潜能除了指某一种事物或自身(将自身当作另一物)的动变原理外,还包含了普通的动变和静止原理在内。本性也是动变原理,因此它和潜能属于同一科属,只不过它所产生的动变是自身而不是他物。要实现这些潜能,无论是公式还是本体都应该是先于。只是从时间的角度来说,某一个层面上是先于,某一个层面上则是非先于。

(一)显而易见,实现先于公式。之所以把事物说成是潜能,本质上就是因为它可以实现。譬如唯有建筑者可以称为有"建筑潜能",能看到的人就可以称为"视能",能被看到的就可以称为"可见"。其他事物也是如此,凡在认识事物潜能之前一定是先知道它能实现,以及其实现的公式。

(二)从时间层面上说实现先于潜能的命意大致如此:当实现和潜能在品种上相同的时候(数量不一定相同),实现一定是先于潜在的相应事物的。我要说的意思就好比是实现存在的植物总是先于种子的,也就是潜在的事物,谷穗总是先于谷粒,已经见到的总先于能看到的。时间层面上的先于其实就是指凡潜能都要由已实现的事物产生。所以,已实现的事物产生了潜在事物,潜在事物又能实现,像人产生人,文明人产生文明人。除此外,世界上还有不少先于实现而存在的事物,它们都是原动事物。在我们谈论本体的时候,曾提到过世间事物都要因为其他事物或是品种相同的事物产生这个问题。

---

[1] 在亚里士多德的理论中,先于是一种自然存在的概念,譬如实现先于潜能,实体先于形式等等,不仅是时间上的概念,更是哲学上的概念。

因此，普遍观点是：没有建造过房子的人就成不了建筑师，没弹过琴的人就成不了琴师，因为无论是建造技术还是琴艺都要通过长时间的锻炼才能习得，其他技术也是这样。曾有一个由此引申出来的诡辩论断：学习者因为还没有掌握一门技术，而去学习这门技术，那就可以说所谓的学习就是在操练一门原本没有的技术，这么说一个在学琴的人就可以弹出自己并不会弹的乐曲。技术的学习是个渐进的过程，那是一个一点点学成的过程，事物的变化也是一个循序渐进的过程（关于这部分详见"动变论"），因此学习某一门技术的人应该先露出一些端倪。这点也是显而易见的，从这层含义上说，不论是造诣的顺序还是时间，实现都应该先于潜能。

（三）就本体而言，实现也是先于，发生过程总是先于事物的，无论是形体还是本体都是先于的，比如大人先于小孩，这其中前者已有了形式和本体，后者却什么都还不具备。此外，每个处在动变中的事物动变的方向总是某一原理，即终极（事物发生的原理是为了事物的目的，事物创造的目的就是它的终极），实现本身就是终极，事物之所以要获得潜能，目的就是要到达终极。动物能看见并不是为了有视觉，而是为了看见才具备视觉。类似的还有，人们学习建筑技能是为了建造房子，学习理论技术是为了进行理论，绝不是为了进行理论而学习理论技术，当然也不排除有此类做法的，只不过那是学生理论联系的需要而进行的。这些特定意义上的理论，大抵在练习的需要外，学生大可不必去理论那话题。

再来说说以潜在状态存在的事物因为实现而成为形式，一旦它实现为存在时，那么它就会以形式的方式存在。这个道理适用于所有的事物，也适用于那些终极仅为一个动作的事例。自然通常会用实例的方式显示在人类面前，老师为了实现自己的目的，也会将实例向学生展示。如果我们说了这些还无法清晰解释的话，那我们就再提一次保逊[1]的赫尔梅像。赫尔梅像究竟属内还是属外，从认识来说是很难清楚说明的。但凡终极是功用的，通常功用就是实现。因此"埃奴季亚"（实

---

[1] 保逊（英文：Pauson），雕塑家，曾作艺神石像。这里说到的是保逊所说的"人不能明其在内或在外"。以往也有很多人试图去解释这句话，但是都无法通其意。

现的意思）一词的词源其实就是"埃尔咯"（功用的意思），再引向"隐得来希"（达到终点的意思）。

还有一些事例，最后的事物就是官能运用（比如视觉的运用并没有固定视觉的对象，只是随便看看），还有一些是跟随着知能运用而产生的就有产品（比如由建筑术而产生的建筑物和建筑工作）。前一类终极就是那些官能运用的动作，而后一类相较于潜能，动作似乎更接近于终极，正在建造的事物是建筑工作实施的对象，它的实现和房屋的实现是同时的，二者一起完成。

因此，我们说但凡以产生某一事物为结果的动作，那么那产物就是实现，譬如建筑工作产生建筑，实现归于房屋，纺织工作产生纺织品，那实现就归于纺织品，其他也是如此，通常动变都归结到动变所产生的事物身上。那些不产生某一事物的动作，施动者就是实现，譬如视觉活动的实现就归结于实施视觉的人，神学思索的实现就归结于神学者，生活的实现就归结于灵魂（关于人生幸福的实现也应当归结于灵魂，从本质说幸福也是生活的某一种类型）。

诚然，实现就归于本体或是形式。就此可以说，本体上实现自然而然地先于潜能。如上文所述，从时间上讲，一个实现先于另一个实现，它可以这样一直追溯到原动者的实现。

即便是严格意义上的实现也是先于。但凡永恒的事物从本体上说是要先于可灭的事物，所以永恒事物都不是潜在的。这是因为相互之间相对反的事物拥有同一种潜能，在一个主题当中不可能出现的事情就一定不会出现，即使是可能出现的事情也有可能暂时不出现。因此当可能成"是"的时候可成"是"也可不成"是"，但是当可能成"非是"时就一定只能是成"非是"，一旦是"非是"就只能是可灭的。所谓的"可灭"就全称的命意而言就是本体的灭坏，要是具体而言的话，就是从质量上，从地方上与可能所称的非是——相关的部分分别灭坏。所以说，只要是完全不灭的事物就不会是潜在的（尽管从某些方面可以说它也有潜在的某种素质，或者说它潜在于某地方也有一定的道理），完全不灭事物的存在就必须是实现存在。还有具备必然性的事物也不会是潜在的。具备必然性的事物通常都是基本事物，世界上缺少了基本事物，其他事物也不会出现了。那些永恒运动的事物如果存在的话，它们也不会潜在的。试想一下一个永恒运动的事物，它的运动绝对和潜能无关，只有在提到"何处来"、"何处去"的问题上或许还会和潜能扯得上一点关系（可以假设它在各方面都具有动能，这也有一定的道理）。日月星辰和宇宙都是永恒运动的事物，我们大可不用如自然学者那样担心它们会有一刻停止运动，它们永动不息，它们的动变和普通可灭的事物迥异。永恒运动事物的动变就出于实现（和潜能无关，因为运动并不困难），而可灭事物的动变和潜能有关，且潜能中还有相对反因素并存，因此运动总是很费劲和困难。

像地球和火这样自身存在着动变的事物也无时无刻不在模仿永恒的事物[1]。它们的动变也是永恒的，它们自身包含活动的因素而且自成动程。不过从我们之前的研究来看，其他的潜能一定是有相对反的因素并存，潜能作用于理知公式，使某一事物按照正的方式来动变，也可以按照反的方式来动变。无理知的潜能可因其存在与否来获得相对反的结果。

假设辩论家们[2]常常说的像意式这样的公式或者说本体真的存在的话，那么这些事物的潜能就应当是学术和动变，这些都是在实现性质上更高的一些事物，也就是说，有比学术意式更高的学术存在，也有比动变意式更高的一种动变。[3]

可见，实现必然先于潜能和所有动变原理。

---

1 以往对此的解释是，亚里士多德的物理中认为火的一切性质都是在仿效永恒的月亮的。
2 这里说的辩论家们指的是柏拉图学派。
3 亚里士多德认为，意式一般是个别事物的普遍共识，因为还未实现，所以它是低于相应个体的。

实现的价值

下面我们要论述的内容能清楚地表达相比于好的潜能，实现还具有更高更好的价值。但凡有所作为的人，也同样在相对反的事业上会有所建树。能做好事的人也就能做坏事。潜能是包含了相对反的两面的。每一个潜能能使人健康也就能使人患病，能致静的也就能致动，有建设的就有破坏，引发建设的也同样能引发破坏。潜能虽说是相对反两种因素并存，但相对反的因素不可能同时存在，也不会同时出现，例如一个人不可能既健康又患病。当潜能不偏向其中任何一端的时候，善不过就是其中一面而已，如果能实现善的话，显然要比潜能的善更善。恶也同样如此，恶如果实现了，那就要比潜能的恶更恶。

我们很清楚，恶并非脱离恶物而存在，潜能在本性上是先于[1]恶的。就此我们可以说原始事物和那些永恒运动的事物本身没有缺点，也没有偏邪（偏邪也是接近于恶的），因此它们没有恶。

几何图解通过我们的分划而形成，必须由实现来发现。原本图意潜在于几何图形当中，如果可以再画上分划的话，那么图意就实现了。三角形的内角和怎么就等于180度呢？这是因为在一个点上画出的所有角的和都等于两个直角。只要在三角形上画出边的平行线，这个定理就一目了然了。半圆形画出的角都是直角，这又是为什么？假设两线为底线，再有与中心垂直的一线，这三线相等。倘若人们了解了上述的几个定理的话，这结论也就不言自明了。很显然，图意潜在于图中，有了分划而显现。几何学者的思想就是一个实现，它将酝酿出潜能。分划几何图形就能使得图意清晰明朗，显然这个实现是后于潜能的，可是几何学者的前一个实现是先于这潜能的。

---

1 这个先于似乎不太好理解，鲍尼兹曾以论理的观点来解释了这个观点。

"是"与"非是"

最先应用"是"和"非是"两个名词的是有关范畴，第二个应用的是和这些范畴有关的潜能或是实现，再有就是它们的无潜能和非实现，第三个应用的就是真实和虚假。真实和虚假的问题决定于事物对象的联合或是分离，如果相合的对象认为相合，相离的对象认为相离，那结论就是真实，反之，合者为离，离者为合，那就一定是虚假了。那么究竟什么时候存在真假问题，什么时候不存在呢？我们要从考虑这些名词的实义开始。

脸白所以我们才说脸白，这么说是对的，不是因为我们说脸白脸才真正的白。假设有一些事物能合不能离，还有些事物能离不能合，另外还有些事物既可合又可离，那么能合而为一的就是"是"，不合而多的人就是"非是"。同样一件未定的事情，同样的意见或是说明，有时候说得对了就是真实，说错了就是虚假。但凡是定下来的事情，同样的意见或是说明就不可能时而真，时而假，一个意见要不就是对的，要不就是错的。

那么在非组合事物上，真假、是非问题又怎么说呢？这样的事物既然是非组合，那就不能论合就为"是"，论离就为"非是"（就好比木料是白的，还有对角线无法计量），因此这种事物上论真假就应该和上面的例子不同才是。事实上论真假不同于前例，论是非也应当不同。真假的鉴定还可以是接触和证实（证实不是肯定），只要是不接触的就不认识。譬如"这是什么"这样的问题有了接触，除非是偶然属性上的例外，一般不会有错误出现，非组合的本体也可以用这方法来论真假。这些事物都是实现的存在而不是潜在，设想如果不是实现的话，那它们就应该有生灭和成坏，但实际上它们都无生灭可言，再设想不是实现的话它们就应该由其他事物来创生，事实也并非如此。所以，我们对它们还得仔细研究，以确认是不是具备这样或是那样的性质。

所谓"是"符合真实和"非是"符合虚假，其中有一种情况是两项相合为真，不合为离为假；还有另一种情况是凡是个别存在的事物，若是失去了个别性的话，就不存在了。认识这些事物就是真实，在这里也就没有错误，没有虚假，只有不认识，也就是无知。这无知不是简单的视觉上的盲，因为盲只不过是失去了视觉，和没有思想机能类似，而无知则是具备思想技能，但无法认识可认识的事物。

很显然，那些不因时间而变化的事物也不存在错误和虚假。倘若假定一个三角形，且没有发生任何变化，那么它的内角和就不能假设有时为180度，有时不为180度，这其实就等于是有了变化。但是，假设在同一级的事物当中，有些有某种属性但有些却没有，就好比我们可以假设一切偶数是非素数，同样还可以假设一部分偶数是素数，一部分不是，这都是行得通的。只不过在单一一个数字上，我们就不能做这样的假设，凡一个属性不可能或有或无，判断也不能或对或错，总之事实只有一个，也总是那一个。

Part 10
事物之对反

何为"一"

之前的词类集释当中我们就已经解释过"一"有多个意义。元一本身虽然有广泛的含义，但直接出于本性的事物，不由属性的称之为一，大致可以分为以下四类：（一）延续的事物。此类事物延续的原因是那些通常的或是专门的出于本性的生长，不接触，但被捆扎成一的事物。这一类事物的活动都比较一致，且相对单纯，应当优先符合"一"的命意。（二）较为高级，已成整体且具备特定的形式的"一"。这一类事物之所以延续多从自性出发，彼此不粘连或接触，也能因此合成为一。此类事物在空间和时间上的活动能够相一致，区分不了。因此，只要这一类事物具备了基本运动（空间运动）中的基本形式（圆运动）的话，那就可以断定它一定是个空间量体。部分事物成一是因为延续或是整体，部分事物成一则由于其公式为一。思想层面上看这类事物是一，且区分不了。我们说区分不了是就事物的形式和数量而言的无法区分。（三）在数量上，个体是不可区分的。（四）就形式而言，理解和认识也应该是无法区分的。这也足以让本体为一，也就符合了"一"的基本命意。上面所说的四点就是元一的四义，包括了自然延续、整体、个别与普遍。这些有的指的是活动上的，有的是思想上或是公式上的无法区分，但都构成了"一"。

不过我们还需要关注到"哪一类事物可称为一"，"怎样为一"，"一的定义是什么"等等问题都是不同的问题。元一有四义，那么不同的事物都可以得到四义之一，只要这样就可以称为一。若是要成为一，那有时就是指那些符合上述四义的事物，这一类事物通常都比较接近于一的实质，有时则指的是那些比较接近一之通义的另一类事物。对于"元素"或是"原因"也是如此，人们使用它有时指的是实物，有时也会用来表达这类名词的通义。火的一义就是一种元素（"未定事物"以及与之相类似的其他事物，只要是由本性而为元素的都是相同的道理），而另一义就不是元素。因此，作为火和作为一元素这是两回事。火为一元素的时候必须是火在自身本性上为一种特殊的事物，要知道"元素"一词指的是有此类属性的事物，也就是实物构造的基本组成。至于"原因"、"一"还有其他诸如此类的名字大致也是如此。

正因为如此，只要成为一就无法区分了，这主要是因为在空间形式，或是思想上，成为一就被隔离开了，也可以说是成为了一个不可分的"整体"。不过更为重要的还是因为成为一就形成了各类事物的基本度量，严格意义上的量的计量，再从量向外延伸一直到其他范畴。因为有了计量，量才更为清晰明了，之所以量为量或者说为一，再或者是以某一数为计量，不论什么数量都要先有"一"为单位才后知。凡事要能之为量，势必要从"一"而后知，最初要从认识本一开始计量。所以说，数之为数的起点就是"一"。其他各类事物的认识都要从计量开始为大家所知，可是计量又要从一单位开始，譬如长度、宽度、深度、速度均有自己的单位。（重度和速度两者中包含了轻重和快慢两相反的端点，重度可以用来形容锱铢之微，也可以形容万钧之重，速度同样可以形容蜗步徐移，也可以形容风驰电掣。因此即便再慢的运动都可以叫作速度，再轻的重量都可以称为重度。）

所以说，所有事物不论是计量还是起点都归结于一，无法区分的一。以长度为例，如果是一脚[1]长，那这一脚就是一个计量长度的单位，它是无法区分的。于是我们开始寻找各种无法区分的一，将它们作为各种事物的计量单位，这种方式从质的角度来说是纯质，从量的角度来说也是纯量。精确的计量增一分减一分都是不允许的（凡数字计量后就必须是精确的，"单位"计量让事物不管在哪一方面都无法区分）。其他的事物我们也大多参照这种计量方法。像是一斯丹第、一泰伦[2]以及其他一些计量单位较大的单位，人们常常会很容易地忽略掉它们的微增微减。

---

1 古希腊人以脚及肘等为长度的单位，一脚相当于一尺。
2 斯丹第，古希腊的长度单位，用来计量跑道长度，大概是125步，相当于现在的625英尺。泰伦，原指天平，后来是古希腊的重要单位，大部分用于金银或是货币单位。

因此我们在计量液体或是固体，不论是计算它的重量还是体积时，都应当十分认真地用视觉竭尽所能去判断，确保计量数字没有丝毫偏差，这才能真正获得事物的重量或是体积，也可以由此称自己了解了事物之量。自然哲学家在为运动计量的时候通常是用简单且短促的移转为单位，这单位本质上是单位最短时间内的运动。天文学上，这种运动单位也作为一成为了计量和研究的起点（他们假设其中天体的运动是均匀且有规律的，这种快速的运动因此也采用所有运动的计量单位）。音乐上的单位则是四分之一音程[1]（这是最短的音程），语言上的单位是字母等等。一切的计量单位的含义都是一，只不过这里的一不通指所有以一来描述的事物，它仅仅是刚才提到的那些事物的计量单位罢了。

计量单位往往不是单一的，有时还会是多个，譬如四分之一音程就有两种（只不过人耳是难以辨别的，必须通过乐律来调节），还有语言的计量单位字母也不是单纯的一个，正方形对角线的测量计量单位也是两个，其他的空间量体单位也有多个等等。我们把本体从量上或是从类上逐一区分，并以此来得到本体的要素，这就是为什么一切事物的计量都是一了。不过每一个一，就比如上文提到的"一脚"也是无法区分的，但它和一的无法区分是不同的。一是无论如何都无法区分的，相较之下，"一脚"不过是在视觉上暂定下来让我们无法区分的单位而已。事实上，只要是延续的事物就一定可以区分，只是当视觉上因为未区分而为一的时候，那也只能暂且寻找一个单位作为不可区分的单位了。

计量单位和所计量的对象之间的性质必然是相通的，就好比计量空间量度的必须是空间量度，计量长度的必须是长度，宽度的必须是宽度，重量必须是重量，以此类推，所有单位都以一个单位作为计量标准。（上述的情况我们必须这么叙述，但是数是不能用一个数来计量的。对于数来说，上述的描述尽管没有错误，但还不够确切。数是众多"一"的集合，因此如果说数以一数为计量标准，就等于是承认了单位能以众单位为计量标准了。）

同理可证，知识和视觉就可以作为事物的计量了，理由是我们通过知识和视

---

[1] 古希腊乐器调合有全音程，该单位详见亚里斯托克色奴的音乐著作。

觉来认识事物。事实却并非如此，它们应该是被事物所计量而并非是事物的计量。不过我们在利用知识和视觉来认识事物的时候，和用手肘来测量自身一样，因为看到的是手肘我们就习惯说自己有多少手肘长。普罗塔哥拉曾说一切事物的计量应该是人，这话的意思是人们可以凭借知识和视觉来认识和感知事物，包括为事物计量[1]。这些话不足为奇，思想家们只是说出了天下至理。

很明显，严格地为元一做字面上的定义的话，它就是一个计量，其中最主要的是量的计量，其次才是质的计量。有些事物在量上无法区分，另一些事物则在质上无法区分，可见所谓一是无法区分的，事实上包含了两类，一类是绝对的一，一类是暂定为一。

---

[1] 普罗塔哥拉这句话原本的意思是各种现象都要依附于人们的视觉和听觉，人们根据自己的所见所闻来推测事物。

元一的本体

说到元一的本体和本性，我们就想弄明白它究竟存在于哪一类方式中。这个问题恰恰是我们列举所有难题中的一个：关于什么是"一"，"一"又该如何去设想？元一是不是应该作为本体（毕达哥拉斯学派曾经这么主张，后柏拉图时代也有这样的主张出现），再或者我们放弃元一的底层去另外找寻本性，再或许我们可以像自然哲学家们的认识那样，要不就以元一为"友"，要不就以元一为"气"，要不就把元一视为"未定"[1]。

那么依照我们前面在探讨本体和实是问题时候曾经提到的，如果普遍性都无法成为本体的话，那么普遍实是，但凡本身为实是的理由在于命意"与诸是相似"的，那也不可能成为本体（这和"多"是相共通的），只不过是一个范畴罢了。显然"一"也成不了本体，因为"一"和"是"原本就是所有范畴中最为普遍的两个。因此，所有科属都不能摆脱其他事物而成为实是和本体，这是一方面；另一方面实是和本体和"一"一样都不能为某个科属所局限。

另外，在各个范畴当中元一的本性必然是相似的。既然上文提到了"一"已经具备了和"是"一样的命意，那么"一"既是质上为类有定的事物，量上也应该是量有定的事物。就像是时时询问什么是实是一样，我们也要在每一个范畴当中询问什么是"一"，显然如果认定"一"本性上就是实是或是元一，这个答案还远远不够。在众多色彩中，"一"就是一种颜色，譬如白色，那么黑色就是白色的缺失（就如同无光为暗一样），再去看看其他的颜色，都是由白和黑生成。如果把所有事物都比作是各种颜色的话，那么每一个现存的事物都是一个数，那是哪种

---

1 以上上个观点分别来自于恩培多克勒、阿那克西米尼和阿纳克萨格拉。

数呢？显然应该是各种颜色的数，而"一"作为其中最特殊的颜色——白色而存在。类似的，如果把所有事物都比作是音乐中的乐调的话，那么它们也应该是数，只不过不是音程本体那样的数，是"四分之一音程"那样的数。这里所提到的"一"相应地也应该是"四分之一音程"而不是原来的"一"。再比如，把所有事物都比作是语言，那么自然而然它们就应该是字母的数，"一"也相应地就是一个元音了。如果把现存所有事物都比作是直线图形的话，那么它们就是图形的数，"一"就应当是三角形了。所有的科属都是同理可证。因此当被动、质、量以及运动范畴上有数或是有单位的情况下，所有事例当中的数都必须是一种事物的数，"一"应当是这一类事物中最特殊的一个，这个特殊的"一"本体不要求和普遍之一相合。每个例子当中的各数以及它们的本体大致也是这样的道理。

可以这么说，"一"（特殊的一个）就是所有现存事物中可以确定的事物，而在本性上，它几乎不可能和元一（普遍的一个）相合，就好比在众多颜色中我们要找寻的本一其实就是"一色"，其他例子也是如此。各类本体当中，我们要找寻的本一事实上就是"一本体"。因为在某些范畴内，"一"的某一部分命意同范畴内的"是"相符，这样的话元一就和实是相合，可是"一"本身是不独自投入任何一个范畴（关于"事物是怎样的"问题"一"是不投入的，它更不会投入质的范畴之中，可是却和实是彼此相连在范畴中存在着）。从范畴上说，"一人"和"人"没有绝对的差异（这就好像实是无所离就同本体、质、量不同一般），成了"一"也就成了"某一事物"。

相同、相别、相反

在很多方面"一与多"是相反的，其中有一种是"单与众"，前者无法区分，后者可区分，只要是可区分的都被称作是"众"（即多歧性），凡是那些无法区分的和尚未区分的都是"单"（即统一性）。矛盾一般来说有四种，这里所说的就是其中的一种，它们不是取义于缺失，因此严格来说它们不是矛盾，也不是相关，应当称为相对[1]。无法区分的"单"之所以称为"单"，源自于这对矛盾，它和可区分的"多"彼此对反诠释。相对而言，可区分的"众"更容易为人所认识，所以单就视觉而言，定义上的"众"要先于"一"。

曾经我们对"一"进行系统性的区分归纳时，发现其中有"相同"、"相似"和"相等"。在"众"的系统当中也有"相别"、"不似"和"不等"。"同"一般有多种含义。（一）有时候指的是在数上相同。（二）事物的故事和数二者合一也被我们称为同，譬如你和自己的"形式和物质"二者合一。（三）本体的公式也合一的，例如相等的直线、相等的四边形、等角四边形等都被称作"相同"，这一类的情况很多，它凭借着相等的性质被称为同。

世间事物绝对相同是不存在的：（一）从综合本体上观察两者没有差异的就可以称之为"相似"，它们在形式方面实为相同的，就比如大小正方形相似，不等的直线也是相似直线，不过相似不等同于绝对相同。（二）即便是形式相同的事物程度上也可能有差异，这差异如果不明显的话那也可以称为相似。（三）具备同一素质的事物，像是"白"——白的程度有强有弱，但它们的颜色形式是一致的，这

---

[1] 这四种情况当中，"相对"和"阙失"并非是绝对互相排斥的，大可以视为是一个形式的两端，它们之间此消彼长。

样的情况也视为相似。（四）事物的一般素质或是重要素质表现出相同点多于差异点，也就称作相似，例如色泽都呈现白色的锡和银相似，色泽都是黄赤的金和火也是相似的。

相别和不似明显也有多个含义。"别"的含义中有一个是同的反义（凡与他物不同的就称作是别，不是别的就是同了）。另外"别"还有一个含义是撇开在物质和公式上合一外，其他各方面都不同的事物也称作别，如果这么说的话，那么你和你的邻居就应该称作是别。"别"的第三个含义算是指上面阐述过的数理对象的诸多例子。事实上，每一个事物和他物之间都可以用"同"或者"别"来区分范畴，不过请注意这里所说的事物必须是现存的事物，"别"只属于现存事物范畴内，现存的事物本性上各自为一，彼此之间又可为"别"。可是对于非现存事物来说，"别"不属于它们的范畴（通常非现存事物都用"不相同"），它们的"别"和"同"之间不成矛盾。

"同"与"别"两者矛盾的性质就是如此。说起来"别"也不同于"异"。通常情况下"别"和"别个事物"无须一定在特定的方面要有差异（现存的事物必然或多或少的有所区别），可是说到"异"那就说明两个事物之间一定在某方面存在差异，因此相异事物必须从公认相同的方面去找出区别来。这里说到的公认相同之处其实就是科属或是品种，区别就在于相同的科属下不同的品种，或是相同的品种下不同的个体区别。事物之间如果没有共通的物质，而且互相不为创生的关系（也就是不同范畴的），那就要称作"科属有异"。如果是同一科属的事物，那就要称为"品种有异"（"科属"的命意是两个品种相异的事物之间最主要的"相合之处"）。

相反事物一定是相异的，这属于"异"中的一种类型。归纳之后我们会发现这个假定确为真实。但凡不同科属且又相互有别的事物，还有在科属上相同但彼此有别的事物，它们的表现也会相异。此外，在本文的别处我们已经阐述过了关于"于属相同"和"于属有别"的事物是什么样了。

相异中的对成和对反

相异的事物它们的差异或大或小，其中最大的就可以称为"对反性"，关于这一点可以用归纳来说明。一般科属不同的事物就很难彼此接近，因为距离相去甚远；一般品种不同的事物，从创生的一开始它们处在相对的两级，这中间的距离就是差异的最大距离。每一级事物在差异最大的时候就成了完全的一端了。从此以后再不会出现与它能成为两端的事物，有了无法逾越这距离的事物后它就是完全的一端了。各个级别的差异，追溯到完全相异的所在那便是这一级别的终点（这含义和其他达到了终点的完全者是类似的），在终点之外就没有其他事物存在了。这两极间所有事物都包含其中，所以我们才把终点称作完全，称作"全"的事物也就不依赖他物而存在了。可见，最大的差异就是对反性，其他不同程度的差异就相应地形成了各种对成。

这么说的话就可以发现，凡事物都有另一物与之对成（极端之外就不再有其他极，并且极端也不可能多个同时出现）。通常要是用差异来论对成的话，不论是差异还是完全差异那都一定是来自于两个事物间的差异。

为众人认可的其他各类相对公式也要求是真实的：（一）完全差异（我们由于无法在这差异之外再去寻找有关事物"科属[1]相异"或是"品种相异"之类的相异，上文曾提到过同一科属的事物与科属以外的事物就不能论差异）不单纯只是品种同一事物间最大的差异，还应当同科属相同事物之间的最大差异相对（这里所谓完全差异说的是来自科属相同事物间最大的差异）。（二）在容受材料相同的情况下，也就是具有相同物质的事物之间，相对也是差异最大者。（三）同一学术门类，归

---

[1] 同一科属指的是同一个系列的事物。

属同一职能的事物，相对也为差异最大者（一个学术门类处理一级事物，这里所说的完全差异指的是职能相同的事物间有的最大差异）。

对成基本是由"持有"（正）和"阙失"（负）两者配合而成。不过阙失本身的命意是很多的，阙失并非每一项都可以找到与之配合的正面状态，并形成基本的对成，唯独完全阙失可以做到。基本对成是其他所有对成参照的对象，有些是因它而产生，有些因其而获得，还有一些因为占有或是失去它或是其他对成最终形成对成。对反当中包含了"相反"（矛盾）、"阙失"、"相对"和"相关"四类，"相反"在其中位列第一。相反是不允许出现间体的，相对则能包容间体，可见两者并不相同。阙失与相反很是接近，通常那些阙失了决定性方面的事物，其自身禀性就很难维持，或者说本性上的禀赋已经因此而失却了。这里说到了阙失种种命意，事实上我们已经在别处都一一列举过了。阙失因此可以看作是一个具备决定性质，或者说是同容受材料之间相应的矛盾。相反不允许间体，但是阙失有时候是可以容纳间体的，那是因为事物之间可能是"相等"，也可能是"不相等"，但不是每个事物都必然是"等或不等"。既然这样，那么在容受相等性质的范畴内，这么说就可行。因此由各种相对为起点进行创变的事物，有的由此形式而获得，有的由此形式而被剥夺，总之所有对反都应当包含阙失，只不过不是所有阙失都一定为对反（由于阙失的方式是多种多样的），如果是两极所进行的变化那必会有对反出现。

上述的观点也可以归纳而得。对成每一组都包含一个阙失，作为两项中的一项，只不过不同对成并不尽然相同。相等性的阙失就是不相等性，相似性的阙失就是不相似性，善德的阙失就是恶德。这么多阙失的例子当中有什么相异之处此前已经叙述，阙失有一种情况是由于遭受了剥夺，另一种情况则指的是在某段时间，或是某一个部分（某个主要部分）遭受剥夺，也或者是所有时间全部部分都遭受了剥夺。因此在个别例子当中我们会发现有折中现象（有一部分算不上好人也算不上坏人），还有另外一些例子则不存在折中（一个数字非奇即偶）。此外一部分的对成有明确的主题，另外一部分则不够明确。很明显，至少在基本对成或是科属对应当中，"对成"必然是一端的阙失，就比如"一和多"。这确确实实存在的，还有很多对成也能简化成这样的对成。

事物的相对

既然一个事物仅有一个相对，那么我们就要进一步询问"一和多"的相对是怎么形成的了，还有"大和小"又是如何相对的。"抑或"一词仅能用在一个对论当中，就比如说"这事物是白抑或是黑"，还有"这事物是白抑或是不白"（说到这儿，我们不禁要问"这事物是人抑或是白"）。那些预先有了预设而问的问题，譬如"来的人是克来翁抑或苏格拉底"，这其中的两个人就已经算不上是同一级里必须要分离的，只不过在这句话里他俩也成为了无法同时出现的对反。事先有了假定他们俩不可能同时出现，接着才会有来者是谁的问题。依照这假设，若是两人同时出现，问题就变得十分荒谬了。可要是真的两个人同时出现的话，还是依旧可以纳入到"一或是多"的讨论当中，只不过问题要变一变，变成"他们是两个人都来抑或一个人来"。因此，只要是有"抑或"的问题一定是有关对反的，只是我们还可以这样问"这个是大或小，抑或是相等"，这问话中"等"以及其他两项的对反又应该是什么呢？其实，两者和"等"都不是相对，"等"从什么角度看可以成为"大"或是"小"的相对呢？"等"和"不等"才为对反。如果"等"和"大"、"小"也是对反的，显然一个事物能相对反的事物就不止一个。要是"大"和"小"二者都包含在"不等"当中的话，那么"等"就可能与之相对反（这一说法对于"不等"为"未定两物"充分支持[1]），只不过这一疑问还不可能把相对反引向了一物与两物的关系结论。就定义来说，对反是不会出现在中间的，即便在对成的两项中间包容了一些事物的间体。对成各项若是可以自己处在中间的话，就称不上是完全的相对的了。

---

1 这来自于柏拉图学派的一条教义。

剩下要解决的问题其实就是"等"和两者之间的关系，应当是"否定"，也可以说是"阙失"。大小两者之间不能只否定或是剥夺其一，想想为什么不只否定剥夺"大"或者是否定剥夺"小"？显然两者均予以否定剥夺才行。因为这样，说到"抑或"其实就是牵涉到两者而非其中一个（应该是"这是大抑或相等"或是"这是小抑或相等"），这么说其实应该用三个"抑或"。只是这个阙失又非必然，要知道不大不小就一定是相等，通常相同属性的事物之间才会用三个"抑或"来比较。

"等"可以是非大非小，但同时也可大可小，通常一个否定若是剥夺性质的，那么就必须和这两者都相反（这也就是所谓的间体）。至于那些与不善不恶两者都相反的事物还没有具体名称，这类事物的定义上总是有很多的争执和分歧，何况这种定义的主题还一般不是很单纯，只有那些形容为既不是黑也不是白的颜色，兴许还可以找到一种颜色。尽管如此在颜色的范畴当中，阙失性的否定也是在一个有限的范围之内，例如，有一种非白非黑的颜色存在，可是这是什么颜色却还始终无法确定，可能是灰，可能是黄，还可能是其他颜色。因为在不善和不恶之间有了善恶的间体，很多人就会滥用此类的短语，好比说有一个非鞋非手的在鞋和手之间的间体，这就好像世间所有事物之间都可以有一个间体存在，于是不准确的评断由此产生。不过这一论证不是必然的。毕竟前一个例子当中确实有属于相反的综合否定（两反），通常这一类的对反中间存在着一个间体，有一个自然段落，可是在后一个鞋和手的例子当中，两者并没有"差异"存在，两种事物属于不同的门类，二者所含受的材料都不是一个门类的（两者不是一个属对的，也不可能找到两者间的间体），这综合否定就不存在。

"一和多"的问题

在"一和多"的问题上我们也可以提出类似的问题。假设"多"和"一"之间是绝对相反的关系,这势必会有一些不可能的推断产生。"一"可能就会是"少"或者是"少些"[1],因为"多"的相反也是"少"。此外,"二"的乘数通常是"倍","倍"显然也是"多",那么"二"也可以视为"多"。"一"就是"少"了,那么在"一"之外,"二"为"多",谁又将为"少"与"二"相对呢?显然,比"二"还"少"的数已经没有了。就像是长短都来自于长度一样,"众"中也有"好多和少些"。"好多"原本也与"多"大致相同(两个字只在无定界延续体[2]上才有区别),这里"少些"或是"少"也都是众。所以说"二"为"多","一"又恰巧是个"少"。既然"一"是"少",那也可以算是"众"了。所以在意义上"多"和"好多"相同,也必须留意其中二者的区别,例如"好多"可以用来说"水",但是"多"就不能形容"水"。可区分的事物可以用"多","多"的含义中有一个就是众,指的是绝对的或是相对的超越("少"之所以也为众,不过是不足的众)。"多"还有另外一个含义是数,在这个层面上"多"的对反就是"一"。我们说过"一和多",这和"一和若干一"或是"一个白物和若干白物"就是一样的,也和计量单位来计算事物的数是一样的。乘数的命意就在于此。若干可以组成某一数,那么"一"就可以作为它的计量,这样的话都称为是"多",因此"多"和"一"相对反,而不是"少"。在这一相对的命意当中,尽管"二"也足够是个"多",只不过在称为"众"时,"二"的相对和绝对意义还存在不足,所以作为"众","二"仅仅是个基本的

---

1 前一个"少"为单数,后一个"少"则是多数的语尾,更准确地说应该是"少"和"若干少"。
2 所谓无定界的延续体就是液体。

"众"。整体的"二"作为一个难以逾越超量"众"的"众",它还是个"少"(因此在这个主题上阿那克萨哥拉的论述是"万物混合",大抵是"众"和"小"没有全然覆盖其含义,难免有误。他所说的"小"其实更合适的提法应当是"少","少"不是无尽的意思。[1])不过不少人的主张是"一非少",而是与之相对反的"二"才作为"少"。

"一"是计量,"多"是"可计量事物",二者是如此关系,在数的范畴中二者因相关词项而转化成了对反关系。在他处我们也曾列举过关于"相关"的两个含义:(一)为对成。(二)可知事物的相关知识,其中的一项与另一项是相关的,总是会因为一项出现而关联至另一项。"一"不是不被允许去和其他事物相比,就比如"二"是较少,既然如此它就必然不是"少"。"众"其实就是属于"数"一级的事物,"众"可以利用数来计量,可是"一"和"数"之所以成为对反,却不是因为"相对"而是"相关"。两项相关而形成的对反就在于,其中一项可以用来计量,另一项可被计量。不是所有成"一"的都要被称为是数,也不是一切无法区分的事物都一定是成为一数。还有,知识和可知事物也有类似的相关,但是两者的关系却和计量没有关系,或许有可能把知识视为计量,而可知事物视为被计量的,但事实上只要是知识本身就一定是可知事物,而可知事物却并不尽然是知识,所以从另一个层面上说,知识恰恰是可以用可知事物来计量的。

在若干个命意上,"众"和"少"不对成("少"和"多"是相对的,前者是不足之众,后者是超越之众),同样也和"一"不对成。但在某一个命意上,"众"和"少",还有"一"却是对成。众是无法区分的,"一"也是如此,这个命意上可指"一"作为计量,而在数方面"众"和"一"相关,这种关系就和知识与可知事物之间的相关类似。

---

1 阿那克萨哥拉的意思是说万物均是由无限小的无尽数(也就是众)的相似颗粒而组成的,而非"一和众"的对成。

相对之间体

相对之间容许间体，个体的例子当中也确实存在，由此这些间体应当是由众多的相对组成的：（一）对成以及它们之间存在的所有间体必须是归属于同一个科属。事物在发生变化的时候，间体是先变化的，譬如每个音阶要经过从高音弦到低音弦的转变，中间音符是其中必先触及的，这个就是我们所称的间体，再举颜色的例子来说，颜色要从白转到黑，中间必要指向灰色或暗红，还有其他的例子也是这样。一个科属转向另一个科属，譬如颜色到图形的转向，除非是偶然的因素起作用，否则几乎不可能。间体和它们所对应的所有对成应当是从属于一个科属才是。

（二）一切的间体都在对反之间存在，但唯独能在对反之间进行的只有本性引起的变化。间体必须是相对反的事物间才存在，相对反的事物在发生变化的时候通常都不会从一个端点到另一个端点。在众多的对反当中，相反是不允许出现中间项的（真正的相反是这样的，此类对反两个极端之间是没有间体的，它是已经厘定的）。其他的对反一部分是相关，一部分是阙失，此外还包括相对。还未转化成相对的相关各个项之间是没有间体的，因为凡是不成相对的相关一般都不属于同个科属。试想，知识和可知事物之间能存在什么间体？只有"大和小"之间有一个。

（三）如上文所提到的，间体若是和对成两物同属一个科属的话，那一定是站在对成之间的，同时对成也必将其组合。对成当中有一些是包含在一个科属中，有一些是不包含在一个科属里的。假设一下，有一个科属是先于所有对成的，那么凡是科属当中品种对成间的差异，那也一定会先于对成，理由是科属和差异组合起了这品种（假如黑和白两者对成，一个是穿透色，一个是耐压色[1]，所谓穿透和耐压之间的差异就是先于对成的）。只不过，真正的品种对成应当是由两个具有相反差异的品种形成的，所有中间的品种均为科属和它们之间的差异组成的（例如黑白两色之间的颜色都说是科属，也就是颜色和颜色之间的差异组成的。不过这部分的差异构不成基本相对，要不然几乎所有的颜色都会变成相对的黑或是白，所以我们说这差异和基本相对是不一样的，它们存在于基本对成之间，而基本的差异仍然是穿透和耐压）。

所以我们想弄明白究竟从属于不同科属的众多相对，处在它们中间的间体又是由什么组成（同一科属内的事物之间的间体很显然是由科属的要素和差异来组成的，有的时候只由科属要素组成）。只要是互相不涵盖的对成，且为差异复合的，才是第一原理，而此间的间体要不然就全是复合，要不然就全然没有一个复合物。一般来说，事物在发生变化的时候是无法避开这些复合物的过渡的（这些复合物本身或多或少都有对成两项事物具备的性质），随后再向其中一端引申出去。在对成的两物之间存在着复合物，而两物也因为这间体而消长。因此这些复合物就应当被称作是间体（一个事物的消长多多少少具备了两种事物的性质，就应该被认为是这两种事物在某一程度上的复合）。此外，先于所有对成和间体的就别无他物能够相匀和，所以间体才是唯一由对成符合起来的物质。所有的次级相对还有它们内部的间体都来自于基本相对的复合作用。

综上所述，所有的间体显然：（一）同属于一个科属。（二）存在于对成之间。（三）来自于对成的复合作用。

1　穿透色和耐压色的概念来自于柏拉图。

"于种有别"

所谓的"于种有别"的意思是指"一事物"在"某一事物"中同"某一事物"有差别,这当中提及有差别的事物都必须是同科属内部的事物[1],就比如说动物"于种有别"的事物一定也是动物。所以在品种上有所差别的必是归属于同个科属。这里说到的"科属"的命意,不管是从物质方面还是其他方面考虑,都应该不仅是两个品种同属的共同范畴,还涵盖了一切非偶然存在的重要差异。同一科属内部的事物有普遍性,例如动物中的两种必为动物,只不过它们还会表现出个别的差异,例如动物中有马,有人。而普遍性是超越所有品种区别而存在于每一件事物身上的。而称为某种事物则是通过自己的个性而表现出来的,比如一匹马,有马的性质,而一个人则有自己人的性质。这种个性的差异是在科属内部的。我给"异于科属"一词再加上"别性",这样的话科属本身就可以互相区别了。这样一来就可以形成一个"对反"(这个道理可以通过归纳获得)。凡事分离是因为相反,前面已经证明过对成一定是同个科属内部的,毕竟对成表明了彼此完全差异。品种上存在的差异事实上是"在某事物"的情况下对某事物的差别,很显然这个"某事物"于两个品种是有普遍性的,说白了也就是他们的科属(由此可见,只要是品种有别科属无别的相对都是在一个范畴内的,只有最高层的相互有"别"这才是完全差异,只不过这种差异存在的事物是无法共存的)。这差异应当视为对反的一式。

总而言之,"于种有别"的都属于是同一科属且无法区分但品种有别的事物(如

---

[1] 亚里士多德的意思是凡事物之间有别,定是先归属于同一科属,而后才求两者之别。譬如人和马都是统一于动物科属,但二者在品种上又有区别。

果是品种相同的那就该是"于种相同")。之所以要重点说明"无法区分"就在于若是在区分的过程中,两物的中间状态还不是无法区分性质的,就有可能由此导出对反来。从科属的角度来看,同一科属内部的不同品种是不足与科属去讨论差别问题的(还有一个这样的说法同样适用:物质之所以明确是由于否定,事物的本性中有科属,因为它指向的是事物的一个要素且是其物质的底层,而品种则更像是形容物体的形式。倘若将赫拉克利特氏族作为科属的一个名词,那么随后的含义就将和这说法相悖)。不同科属内的事物科属有别,也就不用讨论它们的品种区别,因为这里说的已经是科属之别了。只有在同一科属内部才有品种差别之论。品种之别事物间的差异必然是"对反",这是同一科属事物才允许存在的差异。

品种差异

要是说到雌性和雄性相对,两者差异也成一对成,是什么造成品种上男人女人没有差别呢?雌雄两者本性上存在差异,但于黑白两色的例子不同,又是什么造成品种上雌雄动物的不同呢?事实上,作为动物而言,雌雄同属一个品种。这个问题和下一个问题有些类似,那么究竟是为什么有一类对反可以让品种有别,而另一类却非如此呢?这就好像动物当中"有脚"和"有翼"成为了品种差异的特征,可是"黑脸"和"白脸"之别却构不成差异的特征。对于前者来说,放到科属里看也是很特殊的,而后者相对科属则不够特殊。前者是差别要素方面定义的差别,而后者仅仅是物质上的差异,而品种的差异必须是定义上的对反,物质上存在的差异是无法形成品种差异的。因此皮肤的白或是黑不称为异种,尽管也有黑人和白人这样不同的叫法,但彼此也不是异种。单纯从物质上考虑问题是形不成差异的。还比如不同的人骨肉也不尽相同,但这也不说明是不同的品种。

这里包含的是最终已无法再区分个体间的"别",却没有对反的"别"。加里亚人物质上的公式综合,白人也是这样,只不过他们是加里亚人中那些皮肤较白的群体罢了。肤色白本就是个偶然属性,对定义的增益没有什么影响。再说如一个铜圈或是一个木圈也算不上于种有异,要是说铜三角和木圈在品种上有差异的话,那么差异就不是物质上的了,而是从定义上形成了对反。事物之间的差别若是因为某一物质以某一方式而成的,那是不是也能让事物在品种上有所差别呢?或者从另一个层面上使事物在品种上产生差异呢?事物的定义中都涵盖了各自的物质,那又是什么使得马和人"于种有别"呢?很显然,定义上就有一个对反存在。白人和黑马之间有一个品种上的对反存在,它绝不是两物各为黑白之间的差异,即便是两者都是白色的,白人和白马还是"于种有别"。可是动物的雌雄分化是其特有的性质,这种区分在于物质,即身体,而不在于定义本质。既然这样,同一性质的动物在某项作用下可以是雌性,也可以是雄性。说到这里,我们已经阐明了"品种有别"是什么,还有哪些事物间是"品种有别",哪些则不然。

非品种之别

品种"别"才为对反,可是可灭的事物和不可灭事物之间的是相对(阙失起不到决定性作用),此两者科属必是不同。

现在当我们提到一般通用名词的时候,不必再去考虑不灭事物和可灭事物在品种上是否有差异,就像是白色事物和黑色事物并不强求在品种上有差异。假设这种情况作为普遍存在的时候,那么同一种事物就可以分化为两类,这两类还可能同时共存,譬如,人就可以有黑人,有白人。但如果这情况是个个体情况时,那分化成两类的情况还是可能存在的,只不过两类无法同时共存,譬如一个人很难同时是黑人也是白人。要知道,白和黑是相对的。

不过也有某些事物通过偶然属性依附了部分相对(现在所叙述的以及其他众多事物就是例子),而其他的相对则并不附属于事物,这当中就包含了可灭事物与不可灭事物之间的相对。可灭事物的形成绝非偶然。若属偶然的就可能时而是时而不是,一切事物出现的可灭性质都是一个必然的禀性,要是时而有时而无,那就表明它是时而可灭,时而不可灭。因此只要事物是可灭的,那它就是可灭的什么样一个事物。不可灭事物也是同样的道理,不论是可灭还是不可灭都是必然的禀性。一个事物因某一因素而为可灭,或是某一事物因某一因素为不可灭,两个因素必是相反,也因此两者在级类上存在差异。

很明显,某些人[1]主张的意式是不存在的。就意式来说,一个可灭的坏人和一

---

[1] 这里指的是柏拉图学派。

个不灭的坏人是同时存在的。意式与个体之间不仅仅是名称相同，品种也是相同的。而在科属上有差异的所有事物，比如可灭的和不可灭的事物，品种上有差异就罢了，差异较之品种则更为重大。

Part 11
真正的研究

智慧的学术

在许多章的引言当中对于智慧是第一原理的学术我们已经详细说明了，除此以外，我们还批评了其他各家关于第一原理的论断。人们或许会有这样的疑问，智慧是一门学术抑或是几门学术？对反显然是统一到一门学术中去了，可是第一原理不属于对反，要是说智慧仅为一门学术，难免和上述不符。既然不仅仅是一门学术，还有哪些学术也可以算是智慧呢？

另外，实证原理是一门还是几门学术呢？若也是一门，又为何有属于此而不属于彼的说法呢？倘若是几门，那有哪几门呢？

再来，一切本体是不是由智慧统一研究？如若不是，就说不成是专研本体了。可是一门学术如果可以统一研究一切的话，那么同一学术内部是不是应当有多个主题材料才是？

这研究是不是只专本体而不研究属性？如果这样，那么所有可证实的属性例子就和此本体没有关系了。二者若是视为两门学术的话，哪一门才是智慧呢？假如把属性也归入智慧的话，那关于本体的基本问题讨论又怎么称作智慧呢？

现在我们不能把正在认真追求的学术视为是在研究存在于事物中的诸因。毕竟学术是不牵涉到极因问题的（善性、归入作用和动变范围才有极因，归根结底善还是原动者，可是从不动变的事物来说，是不存在最初引起其动变的事物的）。不过这也难讲，如今我们研究的学术是不是只专门研究非感觉的事物，还是也可能扩大到可感觉的事物。要是仅仅是非感觉的事物，那就应该是通式或是数理对象。不过通式现在还不存在（假设通式是存在的话，那么关于数理对象和其他具备通式的事物为什么在时间存在方式上有所不同就不好解释了。思想家们在通式和可感觉事物之间把数理对象放置好，将其视为是在世间事物和通式两个系列外的第三系列。只不过理想和个体的人马之外确实没有第三人和第三马存在。事实上如果否认他们的观点，那数理之学的研究对象又该是什么？那对象一定不是存在于世间的事物，因为它们当中没有一个是数学的对象）。因此，我们也不是为了数理对象而追求现在的学术，原因是数理对象无法独立存在。可是专研可感觉事物似乎也不对，因为这是一类可灭的事物。

对于数学材料[1]的讨论，大家还会对其是哪一门学术产生疑问。本身这不是物理学，物理学的研究对象专门指向了具备动静原理的事物；当然也不可能是实证学，毕竟自身实证的那一类才是这个学科所研究的。因此，我们所讨论的哲学用于处理此类问题是合适的。

这一门学术是不是主要专注于要素各理论的研究，这也是个值得大家讨论的问题。普遍认为，凡组合事物中一定存在各种要素。

所以，我们现在追求的学术其实应该具备研究的普遍性质，理由是公式和学术的对象不是最低品种，它们都以普遍为原则。据此说，学术就当以最高层次科属为研究对象。然而这些问题最终都要归结于"实是和元一"，这是因为就本体而言，此两者是万物的初始，要是"一"和"是"被消灭的话，那么万事万物都会毁灭，无论是什么事物无一例外都是从"一"和"是"引申出来的。不过"一"和"是"所引申出来的事物因为有差异所以划分了范畴，但凡事物属同范畴的就称之为科属，非同范畴的就是相异。依照这样的命意，"一"和"是"就无法被视为科属或是原理。如果说，相较于复杂，简单的与原理更为接近的话，在科属当中比科属要简单的最低的品种（科属是可以划分为多个品种的，但是品种是无法区分的），那么它比科属更接近原理。可是假设品种是因为相同科属当中存在差异，并且这差异还会破坏科属的范围，那么更接近真理的应当是科属。要知道，凡事物能包容另一事物对其破坏性质的，那就可称之为另一事物的原理。通常人们对这一类问题以及类似的问题都迷惑不解。

---

1 数学材料指的是和可感觉事物相对的可理解事物。

智慧学术研究对象

首先我们要弄清楚这门学术要研究的是哪些事物，是不是需要我们假设某些能脱离个体存在的事物？个别的事物在数上是无穷尽的，那些脱离了个体而独立的事物有可能是科属，有可能是品种，只不过我们的研究对象不是它们，上文已经对此原因进行了说明[1]。一般来说，很难说明究竟是要在可感知的本体（也就是世界的本体）范围外假定有可分离的本体，还是说是实实在在地将可感觉本体就视为智慧关注的对象。所以，我们要做的好像是在寻找另一种本体，这才是问题的关键。这一类本体它们是否独立于事物之外，且不属于可感知事物？若是真有与可感知事物相应，却脱离而独立存在的本体的话，那么关于哪些种类的可感知事物会有此类相应的独立存在的本体将又成为一个问题。人们为什么会去假设人和马相较于其他动物更可能相应地有此类独立存在呢？还有，如果要寻找到一个系列与可感知事物数目相当，且可灭的永恒本体，这种做法似乎不讨喜欢。可是若不能将我们所追求的真理脱离可感知事物的话，那除此外还有什么类别更值得称道呢？物质不是实现而非潜能。与物质相比，形式或是形状似乎应当是更可取的重要原理，不过形式因为可灭，要独立且永恒地存在的本体也是不可能的。这一切仿佛是个悖论，这种本体和原理实际是存在的，而且大多数有所建树的思想家都把这看作是事实，一再求索的也是这些。宇宙的秩序若是没有这些永恒的独立存在又该怎么建立它的秩序？

我们所寻找的这种性质的本体和原理，如若世间真的存在，那必定是唯一一个可贯穿可灭和不可灭事物的原理。这么说的话，又有一个问题产生了，是什么

---

1 就物质的表现通式来看，它尽管不参与到灭坏的过程中，但是它仍旧是可灭坏的。

让有些事物可以运用在永恒原理上，而另一些运用在可灭原理上呢？显然这是不可能的。世间如果真的有两种原理，分别用于永恒事物和可灭事物，那这两个原理是不是都是永恒的问题又将困扰我们。如果是永恒的，用于可灭事物的原理又如何能称为永恒？要不是永恒的，那用于永恒事物的原理又如何成为永恒呢？两者似乎都会产生自相矛盾的情况，而且绵延得无穷无尽。

另外，假设"实是和元一"是我们建立的原理当中最不该变的。倘若不指明每一个实是和元一是哪个具体的事物或是本体，那又何来分离且独立呢？然而所谓永恒基本的原理最重要的就是要独立。可是一旦每个实是和元一都具体的是事物或是本体的话，结果必然是现存事物都将是本体了，很明显每一个事物都有各自的"是"，部分事物还都各自成为"一"。不过现存事物都是本体的说法显然是谬误的。"元一"既是本体也是第一原理，"数"则是来自于元一和物质的产生，因此也是本体，这种说法[1]的实际意义是什么呢？若干个"一"组成"二"以及其他的数，这样的情况下我们实在难以想象还要将其称作是"一"（一个数）。关于这一点缺少解释，因为解释困难太大了。

试着去假定一下"线"和随"线"一起出现的事物（这里指的是理想的面）是原理，那么这些就至少是不可分离的本体。面的分划是线，而体的层次是面（点只不过是线的段落的存在），对于相应的各个事物来说它们是定限。事实上，不论是分划、段落还是层次，它们都统一存在于另一个事物中，没有谁能够和谁真正区分开而独立存在的。再进一步，世上有"点"和"一"这样的本体，如此假设我们是怎么做到的？凡本体就一定会经历一个渐进的过程到达实是，点缺少这样渐进生成的过程，它不过是一个段落。

这样的说法另有一个疑问，所有的知识都来自于普遍性的一些这个，反倒是本体却是特殊的这个，而不具备普遍性。因此，当世上事实存在第一真理的学术，我们又如何将第一原理视为本体之学呢？

那么，在综合实体（这里说的是在组合中有物质又有形式的事物）之外独立

---

[1] 这说法来自于毕达哥拉斯学派和柏拉图。

事物存在吗？如果说存在的话，那么所有存寄于物质的事物都是可灭的属性，那么关于不灭的问题我们就很难回答了。倘若有事物存在的话，那必是形状或是通式。既可分离又可独立的形式是哪一种呢？哪些不是呢？要区分它们有一定困难，就比如说一座房屋，这形式明显是无法分离的。

就种类或者数而言，原理们是否相同呢？若是它们都与数相同，那所有事物也都尽然相同。

不同科属的同一学术

哲学专注于一般实是之上求是，略微有些偏别处，却重于通则。"实是"本身是多义的，一旦义不同，研究的学术门类也就随之不同（凡是字相同但义相异的都划分为不同的科属）。只不过这个词本身还具备了一定的通义，所以说"实是"也可以归究为一门学术。例如"医疗的"还有"健康的"这一类的词类就如同上述一般具有多种含义（尽管也是归究于一门学术）。运用词类的时候要与其相关的事物相应才行，"医疗的"就关乎医疗，"健康的"就关乎健康，而其他的此类和其他事物也是如此相应，彼此相契合。如果把一把刀称作是医疗器具，这是出于实用考虑；如果把一门课程说成是医疗课程，则是出于学术考虑，两者都关乎医疗。关乎"健康"的事物也类似，有一类是健康的表征，还有一类就是使人健康。其他也是如此。各种"现是"被称作"是"也大抵是与此相同的，当中的"是"有时是实是的演变，有时是常态，还有时是暂态，或有时是运动，有时是类似此物的。现存每个事物都能以单纯的通义作为对照，而对反的对照则是它实是的基本对反以及基本差异，这和差异是"众"还是"单"，是"相似"还是"不相似"，或者其他类似的都没有关系。关于这些我们在上文都讨论过了，此处不再赘述。不论两者是否相同，但可以保证可以转换。但凡"一"的事物必有它的"是"，而但凡是"是"的事物也每每都可以成"一"。

既然所有对反都归究于同一门学术进行研究，对反中必因一项是另一项的阙失而组成的（有一部分对成的两项中间还存在一个间体，出现这样的例子人们就会疑问两端和阙失相关）。这所有的例子当中，阙失被大众认为不完全是定义上的剥夺，仅仅只是对最低品牌的剥夺而已。譬如，义人如果可以解释为"拥有自觉的本性并能完全服从法律的人"，那么不义的人，绝不是对此概念逐一的否定，它应该指的是"某些方面不够服从法律的人",这样的否定就是阙失。其他例子以此类推。

就好比专研抽象事物的数学家一般(它们在研究之前会先摆脱所有可感知的素质,包括轻重、软硬、冷暖等等,还有一些可感知的对成,只有量性和延续性留存,时而是一向度,时而为二或三向度的量性和延续性,还包括将此类事物作为计量与延续所具备的属性。除此以外其他方面他都不去留意。关于事物的相关位置和属性都是需要他去考察的,此外还有另一些事物的可计量和不可计量的性质以及事物之间的比例等等。这一切都归属于同一门学术,那就是几何),实是研究也该是这样的。哲学这门学术要专研的对象,其实就是从"实是"出发的属性论述同其所包含的所有对反。那些不属于实是,只属于动变的事物就被人们归纳到了物学中,不以"自身为是"反以"属性为是"的事物统统都归纳到了辩证法和诡辩术[1]中去。剩下的所有以可以列举的事物为实是的事物就都留给了哲学家们。所以,能够通过和某些单纯共通的事物比对而成实是的事物,即便词类上有众多的命意,但它仍旧可以归入一门学术,出于其单纯的通义的考虑。对成的情况也是如此(它们所比照的对象可以是实是的基本对成和基本差异)。这样一来,开头我们所提出的那个关于如何将不同科属的事物归纳到一门学术中的大难题总算是得以解决了。

---

1 诡辩术,或者说是诡辩论本身是一种方法论。更准确地说,诡辩论是一种论证方法,它的根本特点是一种歪曲的论证,诡辩不同于武断,也不同于谣言。武断是根本没有理由,人们一看就是强词夺理;谣言是无中生有,人们一听就是居心险恶。但诡辩在论证其道理时,总是要拿出一大堆的"根据",所以,其在表面上总能迷惑一部分人。

哲学的学术分支

数学家非常善于找到解答各类专题的法则，只不过他们还需要依赖哲学家协助考察数学当中的各种原理。一切计量当中都通用一条原则，即"相等的数减去相等的数，得数也相等"。可是，数学家正在它们剥离后的一部分领域运用这个原则，譬如线、角、数以及其他类似的量度。事物的本质究竟如何不是数学所关注的，它们只要将其不断向一向度、二向度或是三向度延续就可以了。可是这些个别主题或是偶发的属性却不是哲学关注的对象，它的目的在于阐明世间万物的缘由，以及如何成为该事该物的实是等问题。数学和物理两者地位相当，原因在于后者是对事物属性的研究，说明其中的动变原理，它也不关心事物本质为何（前面提到第一学术也关心属性和动变原理，但与之有所差别，它关注的属性和动变的对象是存在着的底层者）。也就因为这样，数学和物理必然是智慧的分支，也是哲学的一个部分。

"是"与"不是"不并存

我们无法掩饰一个原理的存在，相反我们更应该承认其永恒存在且永远真实，这便是"一个事物无法同时是'是'也是'不是'，或是包容两个相反的两端共存"。尽管已经有众多的实例可以证明这样的真理，但始终缺乏普遍性的实证。某一个原理要完全能被证实，先要有另一个确切的真理将其包涵，可在这方面我们也一直找不到那样确切的一个真理。如果想证明他人的反对论点是错误的，首先要做的就是让对方承认与此相同的原理（不能是相似），即"一个事物无法同时是'是'也是'不是'"。只有这样，才能成功地向持相反意见的对手举出自己的论据并做出实证。两者在辩论的时候都要有这方面的默契，要是不认同这个原理，他们俩的辩论又该如何进行下去？任何一个字都只能指向一个事物，也都必然地指向理知的事物，而不能同时指向多个事物。倘若有一个字能够指向若干个事物的话，那也应该事先说明其中征引的究竟是哪一个事物。一旦有人说"这是又不是"，显然他自己所肯定的事物就为自己所否定了。他说原本含义为"此"的字的含义"不如此"，这是做不到的。因此指明了某事物的"是"，也就明确了它无法再指向与之相反含义的事物了。

一个字指明某种事物的话，这个字和这个事物就有了必然的联系，所以"是"的事物就不会是"不是"了。想要既肯定又否定某一同一主题准确地说就是不可能的。倘若某一项真实又肯定又否定，那就好比是"人"与"非人"也同样是真实的。这样就仿佛是在说"此人非马"，这与"此人非人"一样的准确和真实。一个人说他"非马"也可以说他"是马"，当然这是在假设了相反的情况可以共存的时候才有的真实。随之就更可以说，同一个人是马，是人，还可以是其他动物。

即便是暂时没有充分的证明可以对这些通则进行实证，但也足够用来驳斥那些胡乱臆想的人了。依据这样的方式，可以用来对赫拉克利特自己进行盘问，让他最终认同一个主题里永远都不会有同样真实的两个相反情况存在。只不过他的主张竟然如此，况且他自己的主张里包含了什么他也不够了解。倘若他的话是真理，那一个事物就既是"是"也是"不是"，如此下去，把相反的肯定和否定单独拆开的话，两者均为真实，合在一起形成一个综合叙述，综合之后的叙述肯定和否定也为真实。假设一下，一个无法准确肯定所有事物的定理，那么它所肯定的就应该是正不用一定是正，反也不用一定是反，可见这样的定理本身就是假的。

人为万物之计量？

　　类似上述的观点，普罗塔哥拉也曾经说过："一切事物的计量是人。"这观点实际表明，人所见到的事物均为真实。如果这样的话，同一个事物在这人看来为美，但在那个人看来就可能为丑，所有为人所计量的事物大致情况都会是如此。凭借这个道理，一个事物将会可是可非，可善可恶，可是这一切相反的叙述都应该是真实的。追溯这观点的源头，或许能解开这迷惑。这观点一部分源自于自然哲学家的教义，还有一部分是出自世间普遍的看法，人们对同一个事物的态度或喜或厌，有人感觉苦就有人感觉甜，个人看法不同角度不同，判断自然也就不同。

　　"凡物必出于物，无物不能成为有物"，自然哲学家们无一不认可这一通则。然而，如果全白先存在的话，白就无法产生，可非白要是先在的话，白的产生却不受影响。所以为此辩论的人就会说，不白为先，现在为白，所以白是因为不白而产生的。如果是这样的话，那么白和不白应当在事物中两存才对。要去除此类迷惑是很容易的，关于"物学"的那个段落我们已经提到过了，由无产生有和由有产生有两者的意义是不同的。

　　辩论双方的意见如果等量齐观的话，那应该是很幼稚的，其中必定有一方是错的。这一点很显而易见，感觉首先就会出问题，同一个事物的味道不会有的人尝出的是甜，有的是苦。即便是有差别，那一定同某一个人的味觉受损或是发生变化有关。如果是这样的话，那就要举出其中的一方作为事物计量的标准，同时也放弃另外一方。不论是善恶美丑，以及其他类似的东西也是如此。那些意见与我们相左的人，就好比是一只手压着下眼睑，看到的是两只手指，随即又向他人示意只有一只手指，因此就说明二和一是相同的（要知道一个视觉不受干扰的人看来，一只手指就只能是一只手指）。

世间事物无一不处在永恒的变动当中，每一刻都可能是不同的，凡持有这观点的人都可以以此作为真理判断的基础，这显然是荒谬的。真理的探究首先要以保持常态以及不变化的事物为起点。这当中最适宜的难免是天体。天体星宿千百年来保持不改变，年年岁岁相似，不至于一刻如此，一刻如彼。

　　如果变化一定是存在的，那么就一定存在着被动变的事物。"凡被动变者一定出于某物也入于某物"。辩论的人总是会说这些被动变的事物一定是先出于某事物，再入另一个事物。因此这个事物先是在一事物中，动变之后进入另一事物。脱离了一个事物进入并存于另一个事物。先是和后是两者是不同的时候，相反性质的叙述就不可能如他们想象的同时真实。

　　世间万物从量上衡量的话始终是川流不息的，只不过这样的表述还不够准确，不过姑且认定这样的假设存在，那是否必然就要认定从质上衡量这事物是无法常在的？辩论者一直认定一个事物可以是这么长，也可以是那么长，量上几乎没有常态存在，并由此误以为凡是相反的叙述两者就都为真实，这其实是个谬论。事物究竟如何只与质相关，不与量相依呢？要知道，事物的决定性出质，而事物的未定性出量。

　　人们总在医嘱下服用一些特殊食品，怎样才算是遵医嘱呢？"这是面包"相比"这是非面包"更真实，该如何去明确？照着这荒谬的结论来说，吃什么东西不应该有禁忌分别。可是通常情况下，人们都会依照医师的嘱咐来服用食物，同样还有一定的禁忌。假定自然事物都在永恒的流动中，凡可感知的事物都没有绝对的永恒的话，那么也就无所谓感觉了。

　　事物如果是在永恒的变化当中，那么病人所产生的幻觉又为何总让人感到惊奇呢（既然事物时时刻刻都在变化，那么健康的人所看到的事物也是常常在变化之中。实际上两个生理状态不同的人对某一事物有着不同的印象，并非此事物参与了病人视觉的变化。如果事物真如上面提到的那样永恒动变的话，那么没病的人也应该看到事物变异的模样）？如果我们认为自身是保持不变的，那事物必然也是不变地存在着。

　　那些站在辩论立场对此有疑问的人能得到满意的回答就很难了，只有当他们能肯定某个事物并且不要求解释才行。唯有如此，理解和实证才能真正得以完成，若是不认可，那么所有理解都会被他们破坏，讨论进行下去也就不太可能了。与这种人是说不了理的。人们若是为传统的观念所迷惑的话，或许更容易消除疑惑，因为上文我们已经把一切道理都说明了。

这一番辩论之后，相反叙述很明显是不可能在同一主题中为真实，毕竟当一种叙述出现时，另一种叙述要出现就必须是对它的剥夺才可能。对反的公式若是被简化为基本原理之后，一切才得以清楚可见。

与之类似的是，某一主题一旦确实成为对成中的一端时，那么存在于对成中的间体就不归属于这一主题了。例如主题是白，那么不黑不白就不能说了，如果可以说的话，那显然就会出现这个是白又不是白的现象。在这个黑和白的复合叙述中的第二项，即黑和白之间是有矛盾的，要是间体也归属于这个主题的话，那么黑也会成为这个主题的"是"的，这显然是不太可能的。

赫拉克利特的观念和阿那克萨哥拉的观念我们都不能接受，只要认定了他们是对的，那就等于是承认了对成两端均属于一个主题的范畴。阿那克萨哥拉曾经说过："事物都包含万物的一微分。"[1] 他的意思是指凡甜的事物和苦的事物也有相同之处，其他事物也是如此。事物之所以都含万物，不但是因为其潜能，也是为了其他实现。同理，叙述也不能均认为是假，自然也不全为真。毕竟如果一切是假，那真理也应该是假的了，要全然说是真的，那哪怕说"这全是假的"也就不可能为假了，这势必会带来更多的疑惑和不解。

1　阿那克萨哥拉的原话当中意思是指就算是再甜的物质都会有苦味，而亚里士多德摘录的部分则是名学方面的部分语病罢了。

学术的目的

一门学术的目的都在于寻找各类事物的原因和某些原理,像是医学是为了寻找健身的原理,而数学等制造之学也是为寻求原理而存在的。不同的学术一般都在特定的可认知事物研究当中,仔细探索此类事物的存在和实是。实际却非如此,对于事物的存在和实是应该是另一门不同于以上所说的任何一门的学术所研究的领域。上面所提的各门学术研究的建树还主要是事物的"怎是",往往细致专研和着力去阐明事物的真理。不过这样得到的关于"怎是"的结果不是出于感觉就是来自于假说。这一类学术归纳来说的话,关于本体及其如何为其佐证的事情几乎没有一门研究过。

可是与这些实用的学术以及制造的学术不同的还有一门自然学术。就生产知识而言,生产者是事物动变的源头,而非所产物,这个源头实则艺术或是其他职能。与之类似,在实用的学术看来,有所作为的人才是动变的源头,而不是所做的事。自然哲学的研究对象均为自身存在动变原理的事物,因为它不属于实用学术,也不属于制造学术,这是一门单纯的理论学术(这是学术的三个类别)。一门学术一定要了解关于"这是什么"的道理,并以此为原理,为此自然哲学家如何界定事物且将事物的"怎是"作为原理就成了我们最应该关注的,这其中就有譬如"凹鼻"或是"凹性"这两类公式。前者包含了物质,后者则是脱离物质而独立存在。既然"凹鼻"从鼻而来,显然脱离鼻而求公式是不现实的,所谓凹鼻就是一个凹形的鼻子。很自然,像是肌肉、眼睛还有其他部分也都无法脱离自身而求取其公式。

一门学术因为专研实是之所以为实是而真正独立,关于这门学术与其他物学之间的同异是值得考虑的。物学讨论的对象主要是存在自身动变原理的事物,而数学则是一门理论科学,主要针对静止事物,不过此对象的独立存在是无法脱离事物的。和这两门学术相异的，无非就是那些将不动变但独立存在的事物作为对象的学术，至于这一类事物的本体，后面我们将继续证明其存在。世上若是有一类这样的实是存在，那只能是神，而且必然是第一个最基本的原理。可见理论学术有三个分支：物学、数学和神学。学术方面最为崇尚的就是理论学术，而其中最为理论学术所崇尚的就是神学。不同研究对象的高低贵贱决定了学术的优劣，针对世上最崇高存在进行探索的神学，一定是在其他学术之上的。

关于专研实是之所以为实是的学术究竟是普遍还是非普遍的问题，人们可以发出如此疑问。特殊的数学所研究的是某一级别的学术对象，但普遍的数学则是针对所有学术对象的通论。现存事物的首要是自然本体，因此学术的首要也应该是物学。世界上如果有不动变且独立的本体和实是存在的话，那这一部分知识必然先于其他知识，普遍的物学必先于物学，却和物学相异。

实是的偶然性

实是的一个命意是属性（偶然）之是，实是的这个方面也需要我们考虑到。很显然，过去的学术对于偶然属性的问题并不关注。建筑房子的技能是不会考虑在此建筑中居住的人们的情况（不论在这房子里或凶或吉，或喜或悲等等）。此外纺织技能、制鞋技能和缝衣技能也是如此。一门具体的学术所关注的往往只是自身有限范畴的目的。可是类似"但凡现存的常常都不是先有有，而是由无到有"这样的辩论题目，就好比现实中凡是那些能写能唱的人，若是此前既不会文也不会曲，瞬息之间就既能文也能曲，此类的说辞大抵也只有诡辩家会关注，其他现存的学术家大多都不会去注意，而这一些就成为偶然属性之是。柏拉图曾经说诡辩家的学术以"非是"立业，这话倒也不假。

只要试图去探究偶然属性是什么，就会发现这门学术应当是不会有的。有些事物我们称常然，有些是必然（必然不代表其出自于暴戾，只是通过实证而判断其为必然），这是其中一类，大多数都是如此。另一类则为小众，它们既非常然也非必然，不过是来自于偶然（机会），比如说夏天也可能遭遇寒冷，这既不是常然更不是必然，这种情况确实有可能偶然遇到。由此可以说，偶然属性能解释为遭遇，既然不是常有的事情，但总有时候会遭遇。我们现在已经说明了属性之是，很显然这门学术是不可能成立的，理由是不论什么学术研究的对象大多数都是常然或者必然，其中并不包括偶然。

属性之是确实同本性之是有很大不同，它具备原因和原理，必然是必须有原因和原理的。如果有 B 就会有 A，有 C 就会有 B，假定 C 是一个必然存在而不是偶然存在的话，主要 C 为原因，则 B 算是必然。有因就必须有果，一直持续到最后（因为有假设的因，所以才会随附发生其果）。这样的话一切都将成必然，一个事物的机会就是指那些可遇或是不可遇的可能性，这些都会从这当中删除出去了。再假设不是现存的因，而是即将出现的，那么果就会随之出现，所有事情都将逐个出现。明天将会出现月蚀，如果先可以见到A，A出现的话B就会出现，C也会随之出现。这一系列当中，假设到明天这段时间被减去，我们就会看到它们一个个出现。有了前因，后果会接连出现，所有的事物就会成为必然的遭遇。

"真实之是"和"属性之是"两者能为是，前者所依托的是思想的结合，也可以说是思想的演变（这些我们探究的原理是实是外在的客观义理，不是实是的本义）。后者不是由于非确定（偶然）而成非必然。偶然事物本身没有体系，原因也没有确定。

事物凡是适应于目的的，必是取决于自然或是听从思想决定而造成的。机遇就指的是这样的事情一下子发生。凡事物的存在必有原因，要不是本性自然就是偶然造成。有一些事情来自于某种作用，它能够适应于目的，一下子忽然发生，这些事情一定属于偶然，或者说就是机遇。机遇和思想两者兼顾的范围是相同的，因此那些作用最初都应当是应付思想而产生的。机遇之所以产生，原因是不定的，因此机遇看起来很是神秘，绝非人能计算得出来的，简单说这偶然可以说是无原因的原因。如若所遭遇的善恶凶吉，还有好坏运道，只要规模够大就可以称之为兴衰。

本然事物均是先于偶然事物而在，自然原因也是先于偶然原因而在。如果我们把物质宇宙的原因视为"机遇"或"自发"，那么"理性"和"自然"必然先为原因而在[1]。

1　该论题来自于"物学"。

潜在、实现、动变

一些事物仅仅是实现了的，比如本体，而还有一些是潜在的事物，譬如一个量，再有一些既是实现也是潜在的事物，譬如各种范畴。事物和运动是紧密联系在一起的，实是的范畴是变化的依据[1]，范畴和范畴之间不相通变。一个范畴内的所有事物只有在两种方式中取其一才能成是，好比一种方式是"正面形式"，另一种是"阙失"，这是从个体上讲的；而从质来说，一个是白，一个是黑；从量来说，一个是完整，一个是不全；从空间来说，一个是向上，一个向下，或者说一个是轻，一个是重。诸如此类，也就是说实是有多少，动变就有多少。

还有一级事物是处在潜能和实现之间的，类似潜能的实现过程我将其称作是动变。下面要举的例子就可以说明我们所说是对的。在建筑的过程当中，所用的砖石都是"可建筑"的事物，这过程中建筑物也正在实现当中。正在学习、医疗、步行、跳跃、长大、成熟，一切过程都类似。完全实现的时候就是动变结束的时候，两者同时没有先后。动变的实质，就是潜在事物用自己可动变的形式，而不是自身原来的形式朝着实现物转化的过程。我现在开始来说明这样的定义，譬如雕塑的潜在事物就是铜，铜向雕塑的转化并完全实现为雕塑，一定不是以铜本身的形式。铜作为潜在事物和作为它本身有区别的。倘若两者是相同的，那么铜为铜的实现就可以称之为动变了，事实上并不相同（对反上这种情况的例子非常显而易见，健康和疾病的原因是不同的，若是这原因相同，那么健康动变和疾病动变的过程中也是一致的。实际上相同的应该是健康和疾病的底层，这可以是血液或是体液，这的确是同一种体液）。可以见到的实物和颜色也是不一样的，潜在事物和事物本

---

[1] 关于实现和实现过程，亚里士多德则常常将其视为同义词混用。

身也是不一样的，如此一般，动变就是让潜在事物完全地实现。所以说，动变的终结和实现，两者是同时发生的。每一个事物譬如可建筑的事物之所以如此，可能实现也可能不实现，可建筑物的实现过程就是建筑活动。实现的结果就是房屋。可建筑物是因为房屋存在而不再是可建筑物，它已经是被建筑物。动变就是这个实现过程，也就是建筑活动[1]。所有的动变都可以适用这样的道理。

还是拿砖石为例子来分析物质底层有三个阶段：（一）砖石可以作为建筑房屋用的物料。（二）正在建筑当中所用的砖石，也就是在房屋实现的过程中，正在潜在房屋的动变阶段。（三）砖石已经砌入了墙壁完全实现为房屋了，再不是可建筑物了。实现过程中才有可建筑物之所以为可建筑。

我们可以从他人提到的动变议论中发现自己的观点是正确的，关于动变再没有其他的方法来界定了。动变是无法被安排在其他级别当中的，普遍的议论也是这样的观点。动变还有一种称法是"别异"，是"不等"和"不实"[2]，这一切的动变都是必然的，从这些变化到那一些，同样的反方向变化也是存在的。动变为人们安排在这些级别中的道理在于它们是"未定"的。因为不完全是"这个"也不完全是"那个"，所以"未定"成为了对反两个序列中单独的一列，它不从属于任何一个序列，反而是阙失。由于不能归属于事物的潜在或是实现，也由于可能是某一种量，或是实现为某一种量，这些都不是必然动变的，因此动变只会是"未定"。可以假设动变为尚未完成的实现，即使是来自于潜能正在实现的过程中，但也是未完全的。动变到底是什么是很难定义的，可以是"阙失"、"潜能"或者是"实现"，但不管是哪个都不够确切。依照我们的意见，唯独只能把它归入我们所阐述的实现活动当中的一级，那是难以察觉却真实存在的一级。

在可动变的事物中都有动变存在，可动变物都是在被动变原因的作用下向完全实现动变的事物。可动变的活动和被动变的活动，二者的结果均为完全实现。

---

1 这句话的意思是房屋能够实现和砖石为可建筑的事物无关，实现的要义是在动变当中的，也就是建筑活动当中。

2 这是毕达哥拉斯学派和柏拉图学派的观点。

一种可以使动变产生的事物叫作主动者，可是真正执行动变的只能是可动变的事物，因此从实现的角度说两者是合一的，这就好像一个段落可以从一说到二，也可以从二说到一，一座山坡可以是上坡也可以是下坡，这么说段落仍旧是段落，山坡也还是山坡，只有活动有所不同罢了。与之相似的还有主动和被动的例子。

无尽

　　无尽就是没有尽头，或是到不了尽头，它的本性就是无穷无尽（这类似于总看不到的声音一般），也可能是允许无止尽始终进行，还有就是难以抵达尽头，以及从未达到过的一个自然的尽头。一个事物可以在加法或是减法上为无尽的，也可以在两者上都为无尽。无尽不能是分离的、独立的。作为一个既不是几何量度也不是算术，且非以自身属性而成的无尽，和正在因为本性形成的无尽，通常都是无法区分的，这是因为量度和众多都可区分。如果我们说无尽是无法区分的，那大概仅剩下看不到的声音如此命意才算是无尽。事实上，人们所谈论的无尽和这个命意没有一点关系，而我们需要考察的无尽也不是这一类，大家研究的对象还是那不可尽的无尽。试想当量度或是数都不存在了，那么作为其属性的无尽能不能独立存在呢？如果无尽是某一些事物的偶然属性的话，那这些事物的怎是就不可能是无尽了，这和即便声音是不可见的，但是这不可见性却始终无法是语言的道理一样。很显然，无尽无法实现存在。无尽中的任何一个部分都是无尽（要是无尽本身无法成为一个主题范畴的话，那么就会是一个本体，这么一来"成为无限"和"这无限"就没有差别了）。如果把无尽，不论是可区分还是不可区分的，都各自分段，每一段都是无尽。可是对同一个事物来说，不可能有多个无尽存在（无尽假设是一本体还是一原理，无尽的部分仍然会是无尽，这就和有气的仍然是有气一样）。因此这必须是无法划分的。实现层面来讲无尽是一个量，这样的话无法区分就不可能了。因此无限性只能是某一主题的偶然属性。那就同我们说的那样，无尽仅仅是气或是偶数的偶然属性[1],而不可能是一个原理。

这样就具有普遍性,但下一个论点却说明了无尽是不存在于可感知的事物中的。一个实体若定义成"以面为其界"的话,那么包括可感知和可理知的实体都不会有无尽,也不存在任何一个分离的无尽数,不管怎样,数以及具备数的事物都是可数的。真理就下一论点而言是不言自明的。无尽不可能是单体,也不可能是组合体:(一)凡有众多要素的都是有尽的,不可能组合出无尽来。对反之间是要制衡的,更不能有无尽了,若是对反的两个事物之间失去了平衡,那么无尽就会破坏有尽。所以两个物体都必须是有尽的。尽管事物可以朝不同方向延伸,但无尽的延伸是没有尽头的,倘若事物是无尽的,那必是延伸的每一个方向都是没有尽头的。(二)单纯的事物(如元素)[2]也不会是无尽,而有如部分人所见的某些来自于元素的超元素事物也不是无尽(元素之外是不存在这样的事物的。一切事物都可以分析为组成它的元素,但只有元素本身例外,因为它不可以再分离,因此这样的事物是分析不出来的)。火不会是无尽,其他元素也是如此。除去无尽无法由其形成外,世间万物无论如何都不可能从一个元素转变为另一个元素,即使它是有尽的,就好比是赫拉克利特提到的"一切在某时悉变成火"。自然哲学家们主张在元素之外还有"元一",也同样可以应用这个论点,这是因为凡事都可以朝着反方向转变为对反,譬如热变成冷。

可感知事物的实体须有一定的所在,不论是全体或是部分各居其位,就像是整个地球和它的每个部分。[3](一)假设有一个匀整的无限实体,可以是常动的,也可以是不动的。这显然不可能,亦静亦动,时上时下,或在这里或在那里,这又将如何选择呢?再假设这实体外面有一个外壳,那又将在什么地方表现它的动静呢?其实,整个空间里都已经被它的实体和外壳占据了,可是这外壳真能占据这空间吗?如果占据的话用什么方式呢?(这一定不可能)那么它的动静又是怎么

---

1 这是毕达哥拉斯数论派的无限观,在量度上气具有无限性,在数上偶数又具有无限性,奇数则是有尽的。

2 阿纳克西曼德所说的"无限元素",也就是未分化或是未定的元素。

3 古希腊的自然学家是这么安排四大元素的:地在宇宙中心,外围是火。

样的呢？很显然在所有静止的地方就无法动弹，在所有动弹的地方就无法静止。

（二）假定整个"全体"所包含的部分是互不相同的，所处的位置也不相同，况且"全体"之所以成实体是来自于接触，各个部分就数而言不是无尽就是有尽。既然全体是无尽的，各个部分也必须是无尽的。若是其中一部分是有尽的，那剩下的部分就都是无尽的，譬如水火都是无尽的，而它们的无尽会毁坏其他所有的元素。各个部分如果是类似无尽的单体，组成它们的部分也均为无尽，全体当中则是无尽数的元素。要是这假设不成立的话，那全体和它的各个部分都应该是有尽的。

通常情况下，可感知的事物要是非轻即重的实体，那就不会存在能让它们各居其位的无限实体。理由是它们要有向上或是向中的活动，那不管是哪种形式都无法做类似形式的活动。这实体该如何区分，哪一个部分是上，哪一个部分是下，或者内外？可感知的事物都该有自己的存在空间，它可以区分为六种类型[1]，但无论哪一种都不能在无尽的实体中存在。无尽空间倘若不在，无尽的实体也不存在了（事实上无尽空间根本不可能存在）。在一空间内就需有所处之处，在上或是在下，或是其他的任何一个地方，总之一定会有定限。

关于在运动、距离和时间方面的无尽，那么和单独事物的命意就不尽相同了。任何一个先天事物都先于它们，并由于这在先的事物而把这类后天事物称作"无限"，这就好像在动变或是扩张中的事物所经历过的距离关系，如果运动称作了无尽，那么在此运动所经历的时间当中就也称作了"无尽"。

1　空间位置的六种类型是上下、左右、前后。

主、被动动变

有一部分事物变化是偶然属性的变化，譬如"有文化的在散步"；此外还有一些变化是全称的变化，这其中内存的事物在发生变化，或者说是内含的某个部分在变化，例如眼疾治愈了，就可以说身体变成健康的了；还有一部分事物直接由于本性发生变化，这才是本性上可变的事物。造成变化的原因也是有差别的，可以是偶然属性，还可能是部分的本性或是全部的本性等等。

一些事物的动变是主动发生变化，另外一些则是被动的。不过动变一定有动变时间，它存在开始和结束的时间。动变两端的形态、地位都不会发生动变，就比如说知识和热度。就热度本身来说并非动变，唯有加热和冷却才是动变。

一切事物并非都有非属性的动变，只有相对、间体和相反才会发生内在本性之变。只要是动变，不管是正变为正还是负变为负，或两者颠倒，都可以通过归纳来证明。这里的负和负两者的关系不是相对也不是相反，既然缺少对反，那么"负入于负"就不可能视为动变，凡是动变一定有三式其中的一个。正负的相反使得"负入于正"为生成，动变全然完成就是生成，局部动变就是局部生成。相反的"正入于负"则是毁灭，完全动变就是完全毁灭，局部动变就是局部毁灭。

"非是"假定有众多的命意，包含了在结合和分离之上的"非是"，还有相反于全称实是的潜在之是。这些都不允许有运动存在（像是"非白"或是"非善"则是偶然上的动变，理由是那可能是一个人的现象。只要不是全体的动变，就成不了运动），所以说运动是不会出现在"非是"中的。（如果可以的话，那么生成就是"非是"的源头，要知道生成是不运动的，它完全来自于属性，所以"非是"只能是一般的生成物范畴。）类似的，"非是"和静止也无关。不过这么说的话结论就有些古怪了。此外，运动着的事物一定是各具其所，"非是"则是没有处所而言，如果它是运动的，那就应该有处所。毁灭也不是运动，动静之间的对反构成了运动，而毁灭的对反则是生成[1]。运动都是变化，而变化可分为前面列举过的三类，其中生灭类型指的是事物来回两相反之间的变化，不能称之为运动，唯有正入于正才能算是运动。其间相对或是间体都可以作为正项（阙失也可以视为相对），它们都需要肯定词来命名，比如说裸体（无衣）、豁龈（无齿）还有黑（无白），等等。

---

[1] 这里把变化和运动进行了区分。运动一定是变化，但是变化却不尽然都是运动。亚里士多德在本书中做出像这样的区分并不多见。

运动

（一）范畴中包括了本体、质、处、作用和被作用、关系、量等等，因此运动也可以归为三个类比：质、量、处。本体是不运动的（本体自身没有相对），关系也是如此（相关的两者，当其中一个发生变化时，另一个是不变化的，这联系也就因此消失了，因此两者的运动是彼此附属的）。作用和被作用，还有主动者和被动者也是类似的，理由是这里没有"运动的运动"更没有"生成的生成"，那"变化的变化"也就不存在了。所谓的"运动的运动"本身有两个含义：1. 譬如一个从白变黑的行动，这是行动主体的运动，这种情况下，人可以做的有加热、冷却、移动或是变大。但因为这里的主体不是变化，因此这些都不是变化的变化。2. 再如有另一个主体因变化而转为另一种形式（如从疾病到健康），只不过这动变也一定是在主体上发生，所以还是不能算是变化的变化。动变必须是一种事物向另一种事物的转变，生成毁灭同样如此，尽管生灭和对反之间与运动和对反之间的道理并不相同。所以说，从健康到疾病的一个事物，再因为这变化转变为另一个事物，两者同时进行。很显然，如果已经转变为疾病，那也说明这已经到了可进行任何变化的境界（这不是静止），此后发生的每一次变化都非偶然，都是确定地从一种事物向另一种事物变化，而这一次次变化都必须是相反的变化，即从疾病转变为越来越健康。所有的变化必须有一主体存在才得以进行，假设当中有从回忆向遗忘的变化，那此变化必定是由于变化过程中所属的事物在产生动变，时而有知，时而又无知。

（二）"生成的生成"以及"变化的变化"假设它们存在，过程就会延伸为无尽。前一个生成产生后一个生成，那它之前定有另一个前生成。试想，一个现存物有一个先于它的生成物，那这个生成物自身也有先于自己的生成物，可是这些先存在的生成物还没出现，后于它们的生成物就已经在了。而后者也尚未能生成其他事物。在这个无限的循环当中，最初的一项很难找到，况且这个最初也不存在，那所有后于它的事物也随之不存在了，所谓的生成和运动变化也不存在了。

（三）能运动的事物就可以做到相对的静止和运动，能生成的事物就能够消亡。所以说，有了生成其他事物之后，生成物就会消亡，这消亡却不可能发生在生成的过程中，也不可能在生成之后发生。消亡和生成两者必须是同时进行。

这一节提到了"生成的生成"这一观点太过荒谬，若是想证明"变化的变化"更是不可能。罗斯对这一节是这么解释的：如果生成物本身是生成的"生成物"，那生成它的事物就应当消亡。至于什么时候消亡，一定不是在生成过程中，此时生成物尚未生成，消亡是不存在的。当然也不可能在生成之后，此时仅有"已生成"却没有"现生成"，因此"现消亡"也不可能。消亡和生成就在那顷刻间同时发生，这显然是非常荒谬的。

具备物质的底层，生成和变化才得以进行，可是这些底层物质是什么呢？人的身体和灵魂进行改换的时候，是什么促成了运动和变化呢？动变最终的结局又是什么？正因为有这些事物，事物之间的动变才能进行。那么这条件如何达成呢？因为没有了学习的学习，也就没有了变化的变化。

作用和被作用，还有本体、关系都没有运动，仅剩下质、量和处还和运动相关，原因是后三者都具备对成。这里说质并非是本体中的质（质也包含差异），而是承受的质。一个事物因为这质而被作用或不被作用。但凡不动变物，要不就是长时间难以动变或是全然不动变的，要不就是动变启动极慢的，要不就是原本应当本性上能被动变或是应被动变，但最终并没有在动变的时候动变的。不动变物中的最后一种是在静止中的，它与运动相对，因此它应该是能被动变者的阙失。

相互紧连着的事物称作"共处"，若是彼此各在一处的事物就称为"分离"（通常在一条直线上彼此相离最近的叫作"对处"），事物之极外部分在一起的叫作"接触"。正处在变化之中的事物，继续变化的话，当其尚未到达其变化终点前叫作"间在"。对反之间才包含变化，而对反不是相对就是相反，相反的情况下是没有间体的，因此"间在"只存于相对当中。从起点其一路往下的叫作"串联"（位置、形式或是其他一些因素决定了它的序列）。彼此串联的事物当中不存在级相同却序列不一致的事物。在某事物和某事物之后连接着串联，比如"一"和"二"不是串联，一个月里初一和初二不串联。串联而且有接触的就叫作"贴切"。贴切中的一个品种就是延续。所谓延续是两个事物极端之外的部分合一的情况。因此只要是可以相贴切形成一个整体的事物就能看到延续存在。显然串联在这些观念中是先于其他的（串联非可接触的，但可接触的可以是串联；凡延续的事物就一定要有接触，可是接触却不一定是延续。凡是不相接触的事物就一定不是有机体）。所以一个点和一个单位并不相同，点是可以接触的，可单位是不能接触的，单位和单位之间只能串联，此外，点和点中间是存在某些事物的，而单位则不然。

Part 12
物质本体

本体的研究

我们的研究本体是主题，而讨论的是关于本体的原理和原因。试想，宇宙是一个整体（完整的事物），那么这个整体的第一部分就是本体，如果这个整体由各个部分串联而成，那么排在第一序列的应当是本体，然后是质和量。质和量本质上也是本体的动变和禀赋，不全是实是。如果这一些都算是实是，那像是"不白"、"不值"这样的也应该算是实是，即便我们也偶然说"这是一个不白的"。在本体之外没有哪个范畴可以独立存在。早期的哲学家对于本体的原始性也在不断地学习，他们想要探究本体的原理、原因和要素。而现代的思想家[1]则更认同将普遍作为本体（他们的研究抽象性更强，他们把所有能称为科属的普遍事物都叙述为原理和共体），相比之下，古代思想家则会区分特殊的事物，本体中就不包括像土或者像火一样的事物，与之共通的事物都不作为本体。

本体可分为三类，其中可感知事物的本体又可以分为两类：一为永恒，一为可灭（人们更熟悉后者，当中包括了各类动植物）。我们要认真研究可灭事物的本体，这和它所具有的要素多少没有关系。某些思想家觉得不动变事物的本体可以独立存在，这只因为不动变本体为一。还有一些思想家还把不动变本体也一分为二：通式和数理对象，另一类思想家对此进行了考究，指出仅有数理对象才是不动变本体[2]。从学术门类来说，前两类都应该是物学的主题（因为它们是动变的），剩下一类和前两类是不相通的，因此要归属于另一门学术。

---

1 指柏拉图学派，谈论本体，尤其是谈论非感觉本体。

2 不动变本体三家论点的不同在于，柏拉图是"通式"，齐诺克拉底主张是"通式"和"数理对象"，斯泮雪浦主张"数理对象"。

本体只要是可感知的就是可变化的。变化假设是由相反或是间体而引起的，那只能通过对成来进行了，其他任何相反的事物均不行（声音不是白，声音也不能变成白），从一端到另一端的变化是来自于底层事物在两端之间的变化，而非相反两端的变化。

变化

变化当中一些作用是始终不变的，有些则总在变化，这两项相对运动作用之后就有第三类事物出现，那便是物质。

所以说变化可以划分为四类：一是本体的变化；二是质变；三是量变；四为处变。对于本体而言，变化的实质在于单纯的生灭；对于量而言，变化就是数量的增减；对于质而言，变化就是改换；对于处而言，变化就是运动。变化对于这四项来说就是从原状态到反状态的转变。因此变化中的事物只能有两种状态。作为"是"的事物原本有两个含义，一个是潜在的"是"即变化，另一个是实现了的"是"，例如潜在的白色和实现的白色。至于数量增减的变化也是如此。事物偶然地从非是到是，除此外还可以认定事物的出现都必须源自于固在，它在实现之前只不过是潜在的罢了。阿纳克萨哥拉说的元一[1]就是这个。如果说世间万物都合于一，那阿纳克西曼德和德谟克利特所说的名称，还有恩培多克勒的混合物其实大体都是如此，倒还不如更为妥当地说"事物可以一起潜在，却无法一起实现"。思想家对于某些物质观念已经很清楚了，现在凡是可变化的事物都有物质存在，只不过不同事物中存在的是不同的物质。而那些永恒存在，也就是在空间中可以运动但没有生灭的事物也包含物质，只不过它们从一处向另一处转变中的不是可灭的物质，而是运动物质。

人们或许会有这样的疑问，非是产生了生成，这是因为非是的命意有三个。假定非是也包含潜在的一式，但这还不足以说明潜在能产生万事万物，妥当的说法应当是"不同事物来自于不同事物"，将所有事物都混合在一起的说法才妥当。

---

[1] 详见阿纳克萨哥拉的"残篇"。

事物和物质是不同的，一切事物都来自于一个事物的话，那世间就只有一物了，那么多无穷无尽的事物又来自于哪里？理性既然是一，那如果物质也是一，那物质就势必是潜在的（未分化的元一），理性也就是它的实现（实现之元一）。原因和原理可以分为三个：一个是定义或是通式；另一个则是定义和通式两者互为相应的阙失，二者合一才是组成；最后一个就是物质。

物质与通式

再有，物质和通式两者是互不能生成的，不过这里涉及的是切身物质和通式的问题。只要是变化就一定由某事物而变，并形成某事物。这个引起他物变化的事物就是切身动变者，被动变的是物质，动变所成的就应该是形式。假设因为创成，铜成了圆，与此同时圆也在创成，这个过程尽管是无尽地在循环，但它必存在一个终点。

其次，每一个本体要创成为实是，必须通过一些和其名称相符的事物而成，这是需要注意的一点（天然事物及其他事物视为本体）。事物之所以为实是，有的是技术使然，有的是自然所成，还有的是机遇促成，更有部分是自发形成。作为动变原理的技术是来自于被动变事物外的另一部分事物，而作为动变原理的技术自然与事物本身有关（例如人生人），剩下的其他部分原因则为两者的阙失。

本体可划分为三类：第一是物质，它是作为实是寄托而存在的现象（所有事物都是由在一处接触而产生了物质和底层，并非有机地生长在一起，譬如火、头、肌肉，这些都是物质，但只有最终的切身物质才算得上是本体全称的物质）。第二是自然本性（即形式本性），作为个别存在的正常状态，它是动变的终点。第三则是前面两者结合的个体，譬如苏格拉底或是加里亚。在个别例子当中，形式本性无法与综合本体分离而独立存在（事实上房屋的形式是无法独立存在的，除去建造术还可以剥离房屋而存在。形式本身没有生灭，因此讲到房屋或是健康，还有所有技术的产物，它们都是抽象上的存在与否，那同此讲法不同），自然对象方面才有此类独立的实例。柏拉图说过，有多少自然对象就有多少通式，这也不算全错（要事先假设世间所有事物之外还有通式存在）。动变的原因一定是先于后果存在的，不过从定义方面来讨论原因和后果的话，那两者就应该是同时发生的。比如人在健康的时候，健康的因果就一定同时存在，铜球的形状和铜球本身也同时存在。只是我们应当在综合事物消亡之前检验一下形式是否还存在。毕竟有一些例子不尽然，比如说灵魂就是这样的一个事物（不是整个灵魂，而是其中理性的成分，如果身体没了，大抵整个灵魂也会消亡）。因此至少从这个层面上说，意式的存在没有太大的必要，人生人，父亲生孩子，其他的技术制造也是如此。

事物的要素

事物不同,其原理和原因也不尽相同。只不过从另一层面上说,若是用比拟来讨论普遍性的时候,就会发现万事万物不过皆来自一个原因。人们或许会有这样的疑问,究竟本体和关系之间的原理和要素是相同的还是不同的,此外所有范畴之间是否相似呢?倘若所有都一致的话,问题几乎成了悖论。理由是这么说的话,每一项本体和各项都必须具备相同要素,那么它们都是哪些呢?首先,作为范畴,本体与其不但没有共通之处也没有相互区别的地方,而这一要素应当先于由这一要素组成的事物,其次本体不是关系的要素,关系也不是本体的要素。那么范畴又如何能有相同的要素呢?事物由要素组成,但彼此不同,就比如 β 与 α 就和 $\beta\alpha$ 不同(基本范畴的一和本体这一类属于理知的事物不是要素,它们可以是组合物,同组成它们的要素是共通的范畴)。因此要素无法成为一个本体也不可能是一个相关项。本体必须有专有的本体要素,关系的要素也是关系要素。所以说各个范畴的要素不尽相同。

我们还可以如通常说的那样,要素或许是相同的也可能是不相同的。比如感觉实体的要素就包括:(一)形式,比如说热,还有阙失,比如冷。(二)物质,不论冷还是热,物质都直接且自身潜在地存在着。本体或由这些要素组成,或由合成物来合成[1],所谓合成物都要基于这和谐要素的原理而成,譬如冷或是热合成的某些物质,但合成物一定和合成的要素是不同的。事物因此在形式、阙失和物质方面不管是要素也好,原理也好都是相同的(即便特殊的事物都具有特殊的种种

---

[1] 古希腊学者在物质观念上认为火和气是热元素,地和水是冷元素,冷热都是万物离合的要素。

要素）。或许可以说要素不过是在比拟上有所类似，但事实上事物的要素在意义上相同。各个科属的事物有不同的要素和原理，就比如色有"白"、"黑"、"面"几个不同的要素，黑夜的要素就包括"光"、"暗"、"气"，等等。

  事物的原因不仅仅在于内在的众多要素，还有部分外在事物也将其动因作为事物的原因。很明显尽管要素和原理不同，但两者皆为原因。原理和原因的不同表现在于内外因两个方面。凡能导致静止和运动的事物都必须是一个原理，或者说是一个本体。总而言之，要素有三，但原因或是原理则有四，区别而言，事物不同要素也不同，切身的动因也应该不一样。将医术作为动因的包括健康、疾病和身体。以排列为动因的是形式，而以建筑术为动因的是砖石。像人这样的天然事物，动因也是人，思想的产物动因常常是形式或是其对成，为此这样的原因就有三类或是四类[1]，譬如有时健康本身就会成为医术，房屋的形式也可以是建筑术，人也能生人。当然还有一种情况，所有事物都以最初的事物为动变的最初原因。

---

1 若是将效因和式因合二为一，四因就为三因。

独立本体

事物有一部分可以独立存在，另外一部分则不然。独立存在的是本体，这是由于一切事物若想具有和本体相同的原因，就要保证本体的演变和运动两者的发生。所谓的原因大抵就是灵魂和身体，还可能是理性、欲望[1]和身体。

另外，在比拟方面相同的事物的原理也是相同的，那就是实现和潜能。不过有些例子当中像是酒、肌肉或是人，有时是实现，有时是潜在，这些事物不仅互不相同，而且即便是相同原理也是引用不同的方式（这些也是归属于上述的各种原因的分类中。形式必须是实现的存在才会独立存在，而形式和物质的合成物，包括阙失比如"暗"和"疾病"也能够独立存在。物质存在是潜能的存在，它们的表现皆通过形式或是阙失来完成）。实现和潜能用另一种方式各自在物质因果不同的事例当中应用，当中有不少例子形式各为不同，这就好比人的原因：（一）人的内涵要素（一种是物质，如火和地，一种是人的特殊形式）。（二）一部分外在的事物，如父亲。（三）在上述两种要素之外，还有些非人的物质，也非形式或阙失，和人的品种也不同的物质，不过也是人（和其他生物）的动因，就比如太阳及其黄道。

有一点大家都注意到，普通名词能够解释一部分原因，但另外一部分原因则无法解释。凡是事物的切身原理实际上就分别在于接近实现和接近潜在的个体。普遍原因在这里是不存在的，所以切身原理不具备普遍性。个体就产生了个体之因（创生原理）。即便人们都普遍以人为因，但是"普遍人"是没有的，因此人都不过是贝留为亚基里之因，父亲是儿女的因。一般的 β α 虽然是由 β 来创生，

1　这里说的是食色之性，和理性相对，因此亚里士多德所说的事物应该是指动物和人类。

那就只能说这个 β α 就以这一个 β 为创生的原理。

　　本体的原因即使有普遍性，但如我们所说的那样，事物的原因和要素仍有不同。不同级类的事物，譬如本体和量，色和声，比拟上或许相同，但是实际存在的因素却有很大不同。凡品种相同的事物，即使原因相同，也不过是个体上的区别，在物质、形式和动因上彼此区别，但是从普遍意义上讲是相同的。如果要问本体、关系和质三项的原理和要素究竟是什么，不论相同还是不同，很明显只要是"原理"和"要素"多种命意交叉在一起的时候，也可以称作是相同的。实际如果有不同的话，那就彼此有别了，那么仅仅在下列举出的命意当中，事物的原因才能算是相同的：（一）所有事物都通有的物质、性质、阙失和动因，那么原因就可以是相同的或是相似的。（二）本体消失且因此一切都消失了，那么一切事物的原因都以本体为原因，从这个命意上讲原因是相同的。（三）所有事物总的原因是最初的原因的完全实现，从这个命意上讲也是相同的。此外的命意上，主要是非科属且词意不含混的对成，大概都各有各不同的近因，而其他事物的物质原因也是各有区别。

　　我们在这里已经阐明了可感知事物的众多原理，还包括它的若干数，以及其间相同差异的分别。

三类本体

我们提到过本体有三类,其中两类是自然事物,一类是不动变事物。我们因为有了后一类的本体就可以证明宇宙间存在着永恒不变的本体。世间最早存在的就是本体,如果本体是可灭的,那么没有什么是不可灭的。运动和时间都无法说是或存或亡(运动和时间都是常在的)。要是时间消亡了,又何来先和后。运动和时间意义也是相同的,它是延续的,时间也可以说成是运动,或者说是运动的属性。没有什么运动会存在于空间运动之外,而在空间运动中圆运动是唯独的延续不息。

有能够使他物动变且变化为另一事物的事物,一旦不实施自己的作用的话,那么动变就不会产生,这就可以称作是还未用到的潜能。即使我们也假设有永恒本体存在,就好比那些信奉通式的人们一样,如果这些永恒本体不被允许产生动变的话,这一切都是没有益处的。仅仅这些还不够,就算是在通式之外再有一个本体还是不够的,这一切如果都不发生作用,动变也不存在了。就算是可以起作用,也不仅仅是潜能,这还都不够。世间仍旧不能有永恒的运动,潜能没必要永恒成为实是。因此有这么个原理存在,它的要义就是实现。本体本没有物质,若是有永恒的物质存在的话,那么永恒的物质就应该是这样,它们必须是实现。

不过这里仍有一个疑问。设想一下,既然每一个能作用的事物不是必然发生作用的话,那就应该是每一个在发生作用的事物为能作用的,这都必须先于潜能。如果这一切是对的,那就不需要有万事万物了,所有现存的事物也就不一定能存在了。

然而,那些主张"暗夜"创生世界的神学家,以及把"一切都混合在一起"的自然哲学家们,我们一旦同意他们的观点,势必会导致不可能的结论。如果没有实现先于原因的话,那宇宙间万事万物的变化又从何而来?没有了木工的手艺,木头又怎么能自动，只有当种子作用于土地时，土地才能发生动变，只有精子作用于经血，经血才能动变，而后才可能产生植物和动物。

像是留基伯和柏拉图这样的人，他们之所以要假设永恒实现的理由就是如此，在他们看来宇宙常动。可是这运动是什么，从何而来，还有万事万物之间的运动原因又是什么，这些他们都没有解释过。现在事物不是处在胡乱运动的状态，一定是有另一些事物使其发生动变。简单地说，凡是有动变存在，要不是自然的原因，要不就是有使其动变的事物存在。（这其中哪一类是基本运动，这有着巨大的差异。）即便是将柏拉图所假定的那些动变的渊源和我们所说的自动能动的自然事物等同，或许也不是他的本意。从他的论述来看，灵魂的生成和感知宇宙是同时的，即便它产生在后。前文我们假设过，潜能先于实现，某种层面上这种说法是对的，那换一个角度它就不对了。阿纳克萨哥拉领会到了实现先于潜能（他的理性因此得以实现），此后恩培多克勒也在他的"爱憎"讨论当中体会了，而留基伯等等主张宇宙有不息运动大概含义是有别于此的。

"混沌"和"暗夜"绝不是无尽的存在，它们之所以在宇宙间出现，是由于变化循环的支配和其他规律的影响，所以说实现必须先于潜能。因此永恒循环是存在的，众多事物的活动都是常循着一种方式来进行的。再假定，生灭成坏是存在的，那么就应当有不同的事物以不同的方式来运动。这运动的产生或因为自己或因为他物，还可能是由于第三个活动原理，最后推到最原始的动因。不过现在还是要回到第一动因，如果没有了第一动因，第二和第三动因就必须重新去寻找获得活动原理的事物。因此这第一的称号是必须的。永恒常规运动的原因就是这原因，此外事物则是变异的原因。两者合在一起，那就是宇宙常在和变异的总原因了，与此同时这也是运动实际表现出来的性格。因此，何苦去寻找其他的原理呢？

极因

其一是关于这问题可能的解释,其二如果事实并非如此,那么世界就会由着"暗夜"和"一切混合事物"同"非是"的产生而不断发展(也就是承认了上面的解释),这个疑问也就最终得以解决了。所以说,这里必然有常动不息的事物存在,动程是圆形,理论上是这样,事实也同理论一般。第一天[1]必然是永恒的,也必然有使他物永动的事物。动和被动中间存在着间在事物,而因此必然存在着有致动却不动的永恒事物,它们的本体就是实现。像是这种能使其他物动,但自己保持不动的方式,欲望和理性的作用也亦然。

欲望和理性的基本对象没有差别。欲望的目的一般是虚善(外表事物),而理性的目的则是真善(真实事物)。不过欲望一定是后于思想的,毕竟思想是起点,所以先于欲望。理知事物才有理性,在对反两个系列当中必有一个系列是理知对象。这其中本体是系列之首,而在本体中单纯实现者又为首(单纯不同于一,一只不过是计量而已,单纯则指的是事物当中能够称作单纯的本性),美和所有本身可成为欲望的事物也在这一系列当中,每一级对成当中为先的事物要不就是最好的,要不就是可比拟为最好的。

在众多不动变的实是中有一个极因存在,它可以用来辨清实义且为此解释和说明。极因的作用不仅仅是善业,还是为了某物的善果而作用。后一种命意是对不动变事物的应用,前一命意则不然。极因产生动变在于其所喜爱之物,[2]但也并非无法对其他形式发生动变。即使其变化不由本体而起,也还可以守住其常有的位

---

1 第一天是恒星天,也就是最远的一重天。
2 这句话在这一章当中很特殊,尚未考察出其出处。

置。如果已经把那些能致动他物却自身不动的事物确认为原动实是的话，那么只要是动变的事物就不能脱离其致动人存在，这是常规。动变的第一类是空间运动，空间运动的第一级是圆运动，第一级运动则由第一主动者来致动。原动者显然是必须存在的，既然是必须的，那它作为实是的本旨也就是必善的。有了如此命意的存在才会是第一原理。所谓必须应该具备以下几个命意：（一）与自然脉动势力逼迫所不得不成的对反。（二）舍弃常道，无法达到善的。（三）舍弃这一方式却无其他方式，唯独只能依托这一方式存在的。

所以说，世间自然和所有天体都因为这一原理而存在。我们在这样的宇宙中生存，安身乐命，即便是这样的欢愉很是短暂（只要宇宙长存，这快乐和这原理就也长存，只不过不是指生活的这个世间），不过当其为实现的话道理也是相同的，其中的欢愉快乐也是如此。我们由此而获得的活动和实现，以此为觉醒，以此为视听，以此为意想，常常是因此而感到盎然自在的，只要等到安息了之后又以之为希望、回忆等等，无不因此而悠然自得。这其中以纯理为活动和实现的更好，凡最佳最高的思想一定是致力于所想之物的，这样启动的思想才是嘉想。思想与之所想的事物彼此接触、参与，直到两者合成一体。而只有了解了理知对象是什么的，才是真正的理性。思想活动的瞬间，也是思想获得其所想对象的瞬间。倘若以思想的内涵而说容受神明，还不如直接说秉持神明，所以说默想是唯一的胜业，它的善和乐都已经到了最高境界。如果说我们偶然以此能领悟到这样的佳境的话，神明也必然有那么一刻不在这佳境之中，这倒是让人感到神奇无比。如果说神明所处之地尚且比这更佳的话，那势必更是叫人惊奇不已。事实上，神所处之处确实更高更佳。生命本来就属于神明，其本身是理性的实现，因此只有神能实现生命，神自身的实现其实就是永恒且至善的生命。所以神明对我们来说就是一个永恒且至善的实是，生命之所以可以无限延续以及其存在的永恒时空都属于神明，这就是神明。

譬如毕达哥拉斯学派以及斯泮雪浦那样的人们，总是由于植物和动物的例子，就开始假设只有后果才出现至善和全美，而非始因，这显然是不对的，种子来源于一些个体，个体完善总在种子之前，所以种子不是第一事物，而是完成了的实是。

所以正确的说法应当是，有一个人先于种子，不是子生人，而是人生子。

上面所说的这些已经阐释得很清楚了，感觉事物之外确实有一个不动变、永恒且独立的本体存在。这个本体本身不存在量度，也没有可区分的部分（就因为如此才能在无尽的时间创造运动中生存，凡是有限的事物是不会具备无限的能力的，每一个量度或有限或无限。既然这一本体有无限能力，那就一定不会是有限的量度，只不过无限量度不是实际存在的，所以它就不可能是无限量度），一切动变都在空间变化之后，这也说明了这本体不接受任何动变，且不容易改变。

本体的数量

那么关于本体就应该很明确了。只不过我们不能忽略的一点是"这样的本体不单纯只有一个",那如果不止一个的话到底还有多少呢?我们还应该提出,或者各家原本应该说明的本体尚未说明,只不过没人去关注到底数有多少。意式论当中对此并不关注,他们[1]总是以意式为数,这些数时而为无限,时而止于十,不过它们从未精确地证实过这个数为什么会是十。但是我们却应当以预设的虚拟来详细分析我们所提出的问题。第一原理或是基本实是是第一级单纯永恒运动创作的理由,只不过它们自身不存在运动,更没有附带的运动。只因为被动事物必有一个致动事物,但致动事物本身却要保持不动,而相应的,永恒单纯的事物都要由永恒单纯的运动[2]而产生。此外,我们还看到了那些最初保持不动的本体出现的宇宙单纯空间运动,除此之外还有像行星运动一般的空间运动,这些也是永恒的(只要是从事圆运动的物体都是永恒的,这一点"物学论文"里已经充分证明了)。因此这运动必由一个永恒且不动的本体所产生。星辰的本体先于星辰且致动于星辰,所以成为了永恒本体。依照上文所提到的理论,很显然所谓本体一定同星辰的众多运动数量一样多,不但自己不动,还是永恒且没有任何量度的。

这就已经说得很清楚了,按照星辰运动的顺序,致动的所有本体当中必有个第一,然后有第二,紧接着还有更多的本体。但是,仅有天文学才能告知大家运动的数量,天文学和哲学很是相近,属于数理学中的一门学术,我们只有站在天文学的立场上才能理解星辰运动的问题。天文学是唯一能探究到永恒且可见的本

---

[1] 这里指柏拉图。
[2] 单纯的运动是指宇宙永恒的旋转。

体的，像是算术、几何等其他学术研究的对象都不是本体。相比于运动中的天体，天体的动轨数量要多得多。但凡是对天文学多多少少有所关注的人就会明白，行星的运动一定是多轨。那到底是有多少动轨，我们需通过引证数学家的观点，建立一个专题来得知确切的数字。而其他问题的解决，一方面需要我们不断研究，另一方面需要通过对其他学科的学习来完成。若是这些人在这个问题上的观点与我们相左，我们要做的首先是互相尊重，然后再去发现答案最为准确的那一方。

在欧多克索[1]的推断里，太阳和月亮的运动必须遵循三个天球，首先是恒星天，其次是黄道的中线圆轨，最后是黄道两个极中间的偏斜圆轨。相比于太阳的轨迹，月亮的圆轨偏斜度要更大一些。行星运轨则要遵循四个天球，这里的第一个和第二个和上述的日月轨迹相同（恒星天称为总动天，所有的天体都要遵循它和第二个黄道的中线圆轨迹）。但是行星的第三个运轨就是动轴，在黄道中线上建成的圆面。最后一个天球则是同上一个天球的赤道有所偏斜，在第三天球动轴的两极，仅有亚芙洛第（金星）和赫尔梅（水星）两者是众行星中相同的，剩下的都有所不同。

关于天球位置的推断，加里浦[2]的观点和欧多克索相似，他们都指出宙斯（木星）和克罗诺（土星）在动轨数量上是相同的，可是日月的动轨要比之多出两个，剩下的行星则比之多出一个，这样的数量才和天体实际情况相符。

不过在解释天体的实际运轨时运用天球的综合运动的话，必须在每一个行星上都安排一个能与上述天球相平衡的其他天球（行星中的每一个平衡球数和原有的运动天球相比都各少一个）。这样做的目的在于让天球中每一个的下层都能恢复到应有的位置上去。唯有这样的安排才能使天体在全体运动的时候，人们观测到所需观测的行星现象。土星木星一共有八个运动天球，剩下的总共是二十五个运动天球。二十三个动轨在最下层的行星和天球之间是没有必要平衡的，所以说在最外层行星的平衡球轨应该为六个，余下的四个行星的平衡天球的数量为十六

---

1 欧多克索，数学天文学的奠基人，柏拉图学园中的成员。
2 加里浦，盛年约公元前330年，寄居于雅典，亚里士多德的好友，精通律法。

个。运动天球和平衡天球的总和为五十五个。日月的动轨如果没有上述所有的增添的话，那么动轨天球总的数量就应当为四十七个。因此，如果动轨天球的数目也是这么多的话，那么不动变本体和原理也是同样的数量。可是还是需要其他思想家来更为精确地论证这些数据。

假设对星辰运动没有意义的其他空间运动都不存在的话，另外再假设实是和本体中的每一个都可以免于变化，且由自身而成善，还可以作为一个终极，那么就我们上述提过的那些实是以外，再不存在其他的实是了，而这所有的数目就都是本体的数目了。即便是真的存在其他的实是，它们会因为运动的极因而产生变化。可是实是除了上文提到过的天体运动之外应该是不会有其他运动的。这种说法从被动变物体来说也是合理的。运动是被运动物体中的，受动者的存在是致动者之所以致动的理由，运动是为了星辰，而非为了运动自身或是为了其他运动而运动。如果运动的目的是另一个运动的话，那么一个运动就要向另一个运动去追溯，这样无尽地循环是不可能的。因此运动的终极目的就在于在天空中运行的天体，它们才是运动的表现。

宇宙显然就只有一个。如果宇宙的数量也和人一般多的话，那么运动的原理也会和人一样只有一个形式，但是数量却很多。数量多的事物普遍具有物质，一个相同的关于人的定义却在众多的人身上都可以适用，苏格拉底就是众人中的一个。而那些基本怎是是不具备物质的，它属于完全实现。保持不动的原动变者尽管数量为一，但它的定义也只是一，而受动的事物经常且延续的运动也是如此，因此宇宙只能有一个。

远古的祖先们都把自己世代传承下来的认识一代代再传给他们的子孙们，而这当中最常见的方式就是神话，他们把所有的天体都说成了是神，关于神的秘密都在这些天体当中。此后这些道理被用来劝诫民众，维护礼制以及在其他的实际用途中使用。渐渐地这些神话一点点被扩充，诸神[1]也被人们用人或是动物的方式来描叙，在此基础上，他们还争相为这些故事添加更多丰富的色彩。不过当这些

1　希腊神话中的人和兽大多都源于埃及传说。

后世的附会一旦被去除的话，最远古时代的本意就会随之呈现在人们面前，实际上就是人们对原始本体的诸神有了清晰的认识。人们不能不为此而感到惊讶，因此有了一定的灵感，从而创造了这些美丽且不朽的神话。回想一下那些技艺和学术，在一代代的传承中难免有一些存在消亡，但是很多观念都如同是荒野里拾珍一样始终留传至今。唯有通过这些看法才能清晰地了解先祖和早期思想家们的观点和信念。

理性

理性（即心）在本质上常常包含了一些问题，思想是我们关注到的最虔诚的事物，但是真正被问到该如何去安排才凸显其虔诚的话，很多人都会产生疑问。人的心灵一旦缺少了思想，那无异于睡眠状态，要得到他人的尊重也非常困难。不过如果要说理性要依赖其他一些事物才能进行思想活动的话，那么它的本体也就只是一个潜能而不是思想活动了，这本体也就不够完善了。理性因为有了思想活动而日臻完善。我们暂时不去考虑理性的本体应该是归属于思想活动还是思想本身，只是想先弄明白它所进行的思想究竟是什么。想的是它自己还是其他事物呢？如果是后者的话，那么它所想到的是同一个事物还是多个事物？是专注于善业的思考还是随意胡思乱想呢，两者又有什么区别？是不是有不可思想的事物存于世上呢？很显然（首先理性必须预设自身是不运动的）思想的对象是最为宝贵、最为神圣的事物，且不发生变化。一旦有了变化那就只是运动，而且情况会越来越糟糕。因此（一）理性如果是知识潜能而非思想活动的话，那么就必须设想对于理性而言，延续不断的活动即为疲劳。（二）理性要思想的对象就需要有更为理性、更为宝贵的事物。思想活动本身与至善的事物之间没有必然的联系，在人们从事思想活动的过程当中，不论过去还是现在都思考过一些世俗的事物，甚至是不该思考的事物（世间确实有不少不足观的事物被人们所发现，因此他们也想过很多不值得想的事物）。所以理性如果作为至善的话，理性的思想就只能包含神圣的自身，而思想也因此成为了思想于思想的一种思想了。

知识、感觉、意见和理解通常都以他物作为对象，和自己有关的机会均为偶遇。假设思想和被思想者两者相异的话，那么思想活动本身和所得的思想也会有所不同，那么至善之物应当属于哪一个呢？这个问题可以这么回答。在很多例子当中，思想的对象是知识。在制造学术中，如果我们不去管物质，那么就把思想的对象定为事物的怎是。在理论学术当中，思想的对象很自然地就应该是公式或是思想活动。因此那些非物质的事例上，思想活动和思想是不同的，思想是合于思想活动当中的。

　　最后还有个问题，思想对象能否复合，如果可以，思想在全部各个部分经历的时候都应当顺应地进行改变。这么说的话，也就说明非物质事物都是无法区分的，就比如"人心"或是理性，也就是那些被称为复合物体的。思想对象复合是有可能的，而人心却不过是偶然的一个追求罢了。（人心的至善不但是和全善相异，还会时不时地思考到不善。事实上只要在整个人生过程中追求至善即可。）唯独是那些全善的神心在亘古变化中才能单纯地以大自我而思想，时时刻刻都为至善。[1]

1　参见"尼哥马可伦理学"中幸福和快乐的定义。

至善本性

宇宙的本性究竟是以哪种方式来保持至善的，这是我们要考虑的，这点毋庸置疑。在万物之上独立存在的自然，或者也可以称作是万物的秩序。或许这两种方式都可以做到，举个例子，一个军队之所以为善，和它的秩序与首领不无关系，必定是兵士们尊崇首领的人居多，这就是因为秩序源于首领，而非首领得于秩序。万物的规律尽管不同，但都有各自的秩序，花鸟虫草无一不是如此。世上的万事万物都各有特点，但实际上彼此都有所关联。万物就好像要接受一个目的的安排，仿佛是在同一个房间里，自由人的自由反而是最少的。他们的所作所为无一不是有目的的，做的任何一件事情都和他一生的目的有关，相比之下奴隶和牲畜则并非如此，大部分的它们都不够用心，看起来蠢蠢欲动却不为某个共通的善业而努力。人类本性当中就有这些共通的善业，而其他的机体也同人类一般为了向往的目标而努力去实现共通的善业。

那些和我们相左的意见我们也不能忽视，那其中必然或多或少地包含了众多不可解的症结。此外古今贤人的意见我们也要注意，很多论点经过比较之后，迷惑就解开了。普遍的观点是对成产生一切事物。可是这当中"对成产生"和"一切事物"两者均有一定的谬误，思想家们似乎谁都没有相信对成是如何造成具有对成的事物的说明，毕竟对成各据一端，要相互制造很困难。我们现在要使这疑问解决，就必须通过第三要素（即底层）。但是那些思想家的做法是将物质视为两个对成中的一个，譬如说有一部分人可以以不等为相等的物质，或者以众多为单一的物质[1]。只不过凡是以同一物质为一组，它底层和众物都不成对反，那这样一来

1　这里指材料。

原来的论据就被推翻了。此外那些正在为我们所热议的思想家，他们还认为在元一之外的所有事物都和恶有关，原因是两个对成中恶是必然的要素之一。不过也有些学派的观点是善恶都不是原理，不过在事物当中，至高原理中有一个是善实。在前者的观点中，把善视为一个原理是对的，只不过他们缺少了善为何称为一原理的说明，而且也没有说清楚它究竟是目的、动因还是形式。

恩培多克勒也有一个观点是个悖论。他的善是友，不过友作为一个原理来说，既是动因（它能让事物结合），同时又是物因（它是混合物的一个部分）。就算是同样的事物又是物质又是主动原理的话，那起码要保证两者的实是要是相异的。关于友的原理和哪一方面相关呢？此外把斗看作是不灭坏的也是个悖论，因为它就是恶的本质。

阿那克萨哥拉把主动原理定成了善，他的眼里能致动所有事物的唯有"理性"。在致动事物的过程中，动因会引领其向某一个目的发展，这目的和动因是有区别的，所以极因我们认为是善，依照此前我们提过的另一个命意的话，健康也可以是医师。善是"理性"，但因为理性没有对成，所以这观点也是悖论。我们若不是抓住了所有谈论对成的人的观点，并将其收入他们自己设置的模型当中去的话，他们的对成就得不到应用。他们的观点是同一原理产生一切现存的事物，事物有一部分是可灭的，另一部分是不可灭的，而为何如此他们却没有解释说明。还有一些人的观点是非现存事物产生现存事物（如"无"生"有"，"非是"生"实是"）。也有人为了避开这样的谬误和悖论，就干脆把所有事物都视为混合在一起的。

不过关于常有创生的原因是什么，还是没有人能具体说明。

把创生假定为两个原理的人，需进一步假定更高的原理（即动因），包括那些将通式视为创生之本的人们，也要这样做，缺少了事物的参加，又何来参加通式呢？思想家们似乎无一例外地都要面临这样的结论。智慧，也就是最高知识，和某些事物必然对反。而我们却得不出这样的结论，只要是原始的事物就不存在对反，而对反的事物必存在物质，物质只能视为潜在的存在。若是把所有知识的相对名词都视为"无知"的话，那就可以从"无知"的对象来推测引导出"知识"的对象，只可惜原始事物均不存在对成。

如果可感觉事物之外再无其他事物，那么第一原理、秩序、创生、日月星辰也就都无从谈起了。这就和自然哲学家和神学家说的一样，一个原理必有另一个原理先于它存在。不过，通式或是数即便是存在也无法完全成为事情的原因，就算是原因也不可能是动因。那么一个延续体的量度如何才能由无量度来产生呢？数是不能够作为动因或是式因的，更不能用来作为延续体的创作。只要是事物、是制造或是动变的原理的话，就不含有任何对成。若是含有对成，那么它就很可能是"非是"，要不然最起码是实现活动要在潜能之后。因此世界无所谓永恒，不过永恒也确实存在于世界上，不过要先舍弃其中的一个前提才行。前面我们已经阐述过如何来成为永恒了。

"列数"、"灵魂和身体"，或者是一般的"形式于事物"因为什么而成一，这个问题也从来没有人具体说明过。如果有人能说清楚这些问题的话，他就只能依照我们前面提到的，凡致动者是他们成一的理由。主张第一为数的人，通常都会认为一类又一类的本体是由数来创造的，并且赋予了每一类不同的原理，宇宙众多本体在他们那里就不过是一串的插曲（在他们的观点里，万事万物存在还是不存在都和其他事物没有关系），他们还会告诉我们众多的管理法则，不过世界对于混乱的管理必须拒绝。

"哪有多门出善政的道理，一王当政才是真治。"

Part 13
探究事物内部

永恒本体

在"物学"的部分我们已经阐明了关于可感觉事物的本体和物质，之后又对实现存在的本体进行了分析和讨论。现在我们研究的问题是，究竟有没有不动变且永恒的本体在可感觉本体之外存在？如果有，那又是什么本体？各家的主张我们都要全面考虑。假设他们的观点中有谬误的地方，我们就想办法去避免出现同样的问题。如果我们的想法和众人没有相通或者是可以互相印证的，那我们对自己的论述也不该抱憾。但凡观点总要推陈出新，这样才能让道闻于世，对于古人的观点我们可以从中吸收养分，即便自己的观点未必比前人贤达，也不必因此而感到羞愧难当。

对此问题一般有两种意见，一个是数理对象为本体，例如数、线等等；另一个是意式为本体。这是由于很多人在意式和数学这两者之间有着不同的意见：（一）有人觉得意式和数理对象二者是不同的级。（二）有人认为两者性质是相同的。（三）还有一部分人觉得数理本体是本体，数理本体的存在与否是研究的方向。如果存在，存在的方式就是研究的重点。可是这些是不是意式，以及能否成为现存事物的原理和本体，包括它自身的特质，这都是可以暂时不谈的。此后按照一般的要求分别去讨论意式。我们讨论过的许多观点大家都很熟悉了，这里的大部分研究，类似本体和原理究竟是数还是意式样的问题都已经说清楚了。讲清楚了意式以后，就只有第三个论题还需要讨论了。

数理对象若是存在，它们肯定是要存在于可感觉对象当中的，这和部分人的观点是一致的，当然也有其他一些人的观点是存在于可感觉事物之外的。如果两者都不是的话，那么它们是不是真的存在，也或许它们是不是还有其他特殊的含义等等？这样的话我们所讨论的就不是存在问题而是如何存在的问题了。

可感知之外的对象

"数理对象在可感觉之外存在"这个教义太过矫揉造作了。之前我们在解释疑问的时候就说明了这种情况事实上是不可能的。在我们的论点中,两个实体在同一空间内是不可能的,既然如此,其他的潜能和特质也必须是在可感觉事物中,独立存在完全不可能,关于这一点早前我们已经讨论过了。基于这个理论,实体无一可以进行分割,这点也显而易见,理由是实体的区分是面,面的区分是线,线的区分是点。如果这么说的话,点如果无法分割,那么线、面、体也照例无法分割。这类实是或许是可感觉的事物,或许是参与到可感觉事物中搞得不可感觉的事物,可是这两类的区分何在?结果一定是一样的,可感觉事物如果被区分,那么参与其中的事物也应该是可区分的。如果不是的话,可感觉事物就无法称之为无法区分且独立存在的数理实是了。

如此实是是一定无法独立存在的。在可感觉立体之外,如果真的存在一些能与之分离且先于它们的立体,那么就可以说面之外有能与之分离且独立的面存在,线和点也是如此,唯有这样才能说得通。可是一旦存在的话,那么就是说面、线、点之外必然存在可分离的面、线和点(组合体之前必先有单体存在,像是可感觉的立体就有无感觉的立体先存在。同理可证,固定了的立体必先有自由存在的面。所谓的这些面线是思想家们在他们拟定的数理面线的外部又存在的另一套立体。这些与数理立体上的面线同时存在,另一套则是先于数理立体面而存在的)。参照同样的观点,先天存在的面线外还有先于它们而在的线点,继而在这些线点之外,还有先于存在的点,继而有了先于这些先存在的点而存在的点,别无他物。说到这里我们发现:(一)这道理已经非常荒谬了,显然在可感觉的立体之外我们又建设了一套立体,总共有了三套面:脱离可感觉立体的一套,数理立体本身的一套和脱离数理立体而独立存在的一套。此外还有四套线，更有五套点。对于数学研究而言哪一套应该是研究的对象呢？那固定立体上存在的面、线、点显然不是研究的对象，因为学术研究一定是先于事物存在的。（二）同理也适用于数，一套点之外存在着另一套单位，每一套现存的事物外有着另一套可感知数存在，而在可感觉数之外还有另一套理想数，以此循环，无穷无尽的级别之数就随之出现了。

那么我们之前所列举的那么多问题又该如何解答呢？天文对象也是独立于可感觉事物之外，和几何对象一般，不过宇宙和其他部分，包括其他一切具备运动的事物，是如何独立存在且摆脱了原有的一切的呢？类似的还有光学、声学的对象也要各自独立存在。因此其他感觉也会是这样的，它们的对象也应当各自独立存在，怎么可能一种感觉如此，而另一种感觉不是如此呢？假使真是这样的话，那么就会有独立存在的动物，它们也和人类一样有感觉存在。

显然，数学的某些普遍定理已经有了超越这些本体的发展了。在意式和间体之外，我们还有一套中间本体，它们既不是数也不是点，更不是空间或是时间度量。假设它们不可能，那么所有之前我们假定存在的可脱离且独立的事物实是都是不存在的。

数理对象如果被人们视为独立的实是，那么它们的存在就必须予以承认。也就是说，这就会造成与真理和常识相反的结论。要是这些也存在的话，首先必须要可感知的空间量度先存在才行。事实却并非如此，它们的存在是后于空间量度的。从创生的过程来看，未完成的空间量度在先，只不过是总体次序上为后，这与无生命事物后于有生命事物道理是一致的。

数理量度怎样统一，又是如何成一的？在可感觉世界当中，灵魂或是灵魂的一部分是事物成一的理由，除此外其他一些有理性的事物也是成一的理由。就在这些尚未出现之时，事物呈现出的是一个个分别存在且混杂在一起的个体。既然数理事物原本是可以区分的，那是什么原因使得其合成为一呢？

我们的观点似乎可以通过数理对象的创造方式来证明是对的。量度先有了长度而后有了宽度，最后是深度，这才是完整的创造过程[1]。在创造过程之后假设在本体次序之前，那么立体一定会在面和线之前。这样说的话，体也是完整的，也因此体成为了活物。反之，如何能有线或是面存在呢？这样的设想显然已经逾越了我们的感官能力。

作为本体的一类立体能称作"完全"，如果这样线如何算是本体呢？线不但无法和灵魂一般被视作形状，而且也不能跟立体一样被视作物质，显然我们缺少把线、面和点拼凑成事物的经验。所以如果它们真的是物质本体的话，那这些事物被拼凑起来的可能就存在了。

因此，就定义而言，它们必然被作为先于。只不过这一点还不足以说明只要是先于定义的就可以先于本体。但凡事物先于本体的，那么脱离了其他事物之后，独立存在的能力就在其他事物之上。而那些在定义上先于其他事物的事物，一般在他物的定义当中，它们的定义就成为了组合的因素，这两方面并没有强求一致。像"动的"或是"白的"这样的属性，如果不脱离本体的话，那么定义上"白的"就要先于"白人"，不过在本体上则处于后。"白的"这属性和"白人"这个综合实体要同时存在，是无法脱离综合实体的。显然，抽象所得的事物的先于是不可能了，那么增加一个决定性名词后的所得也不一定就是后于。所以，"白人"是在"白的"之上加上了一决定性的名词（即人）。

这已经充分证明了数理对象不是比实体更高级的本体，作为实是它们只不过在定义上是先于，而不是可感觉事物的先于，更无法脱离开而独立存在，无论是可感觉事物的内外，它们都不存在。这也就明了了一个事实，它们要不就是完全不存在，要不就是只以特定的涵义存在。由于"存在"的命意众多，因此它们并非是全称存在。

---

1 这里的"创造过程"实际上是线、面、体的自然发展程序。

属性

数理普遍命题研究的对象中不含有脱离实际而延伸出来的量度和数，大多数是独立存在的对象，而所研究的对象也是量度和数，只不过量度和数和原事物有区别，不再是量性的和可区分的。很明显，某些可感知量度的命题和实证可能存在，它的关注点并非是在原事物的感觉性上，而是在某些特质之上。有不少专研运动的命题，事物本身是什么不重要，它的偶然属性是什么也不重要，总之这些命题所关注的就是事物的运动。没必要将运动从可感觉事物中剥离，或是选择在可感觉事物中另外成立一个运动实是。也就是如此将事物从运动方面视为实体，或是面或线，也可能可区分，也可能不可区分却有自己的位置，也可能作为无法区分的事物。只不过不需要建立一个运动的对象同样能建立不少命题，并因此获得知识。

因此，可分离的事物和不可分离的事物（如运动）都同样存在，这是基于以上所说的皆是真实的基础上，那么也就是说那些被数学家赋予了特质的数理对象也是完全可能存在的。此外还可以说，其他门类的学术也大多数如此，所有的研究不论什么主题也都不关心主题的偶然属性（譬如医学以健康为主题，好比是健康的事物是"白的"。但医学所关心的不是白不白，而是是不是健康）。学术都关注自己的主题，就像是医学总是将可作为健康论的领域作为自己研究的对象，研究人的也总是把讨论人作为自己的研究对象，几何也是如此。几何学一旦遇到可感觉的事物，那么它所研究的绝不是可感觉性，也因此数学不至于被认定为可感觉事物的研究学术。另一方面，那些研究剥离了可感觉事物的学术也不至于因此被误会。

事物中的众多特质常常是事物的由己属性产生的，比如动物的一个特殊禀性就是雌雄之分（世界上几乎不存在能脱离动物而拥有的"雌雄"），而类似长度和面线等等的属性则不属于此类。与之类似的是，但凡先于定义的单纯研究往往会得到更为精准的知识，也可以说是更为单纯。因此脱离了空间量度的抽象学术相比于那些混含在空间量度中的学术更为精准，剥离开运动的研究比混含于运动中的来得更为精准。可是学术所研究的是运动，那基本运动的研究则更为精准，理由是这运动是最单纯的，基本运动的方式常常是因为均匀、同式和等速而促成了单纯。

像是光学、声学等也适用同样的道理，只不过这两门学术研究时并非将对象作为视觉或是声响，而是当作数和线来做研究的[1]，这显然是光和声所具备的特殊禀赋。同样的力学也是这样。

事物按照属性的不同——分开，我们对它们分别进行研究。有些人会在地上画上一条线，他们将此作为一脚的长度标准，事实上这线并非一脚长。这么做与其他人相比并不显得错得厉害，毕竟之前的假设前提中并不包含这当中的错误。

考察一个问题最好的方式就是这个方式，如算术家和几何学家一般，线要分离事物。人是无法区分的事物，算术在考察人的时候先要假设人是一个可以计数却无法区分的事物，因此具有的属性。几何学家考察人的角度既不是人本身，也不是无法区分的事物，而是看作了一个立体。很明显，即使存在无法区分的时候，这些属性的特质无论如何还是属于人的。所以说几何学家将其视为立体是没有错的，而他们研究的对象也确实是现存的事物，主题也真实存在。这一切的原因都在于人不仅仅是个完全实现的存在，还是个物质的存在，这就是人这个实是的两式。

美和善是不同的（善通常指的是行为，而美除了行为，在不动的事物身上也存在），认为数理的学术和美、善并不相关是错误的观点。数理和美、善之间的关系很密切，为此很多人还提出过许多实证的证据。如果不了解它们之间的关系，但只要有数理为美、善的定义产生过影响，这就不能说数理和美、善毫无关系。美的形式主要是"秩序、匀称和明确"，这部分只有数理学术可以为其作证。此外很多事物的原因都是秩序和明确，所以以美为原因的众多结果也是数理学科自然而然要涉及的。这一方面的问题我们将在其他部分进行更为详细的分析。

---

1 古希腊将光学在分类时隶属于几何学，光学的研究之本就是线，声学则是隶属于算术，它的比例就是音乐之本。

数理对象

数理对象我们已经讲了很多了，关于数理对象是存在的，它们能以什么命意存在，又凭借什么命意先于，什么命意不先于这些我们都已经论证了。我们现在在讨论意式的时候，最先考虑的应该是意式本身，和数的性质没有关系，是对意式论创始者们设想过的原义进行研究。拥护意式论的人之所以追溯到意式单纯是由于对事物真实的追求，是因为赫拉克利特的教义告知他们一切可感觉的事物都要描述成为"永在消逝之中"。因此认识或是思想如果要有一个对象的话，那么只有通过诉诸于可感觉事物之外的永恒实是才是。世间万物时时刻刻都在发生变化，要从中获得认识几乎是不可能的。苏格拉底最留意伦理道德辩论，在伦理品德的定义方面他是最先提出观点的人。早先的自然学家德谟克利特只是对冷和热在物理学上做出了一个粗浅的界定，而对于定义问题只不过是蜻蜓点水。毕达哥拉斯学派从前还研究过少数事物的定义，例如机会、道德和婚姻，这些事物在他们那里都和数连结在一起。诚然，苏格拉底在综合辩证方面殚精竭虑，他的论理起点是"这是什么"，随之进入了事物怎是的探究之中。到了那个时候人们还没有甄别差异的能力，在揣测对反的时候大可不用依照本体知识，更不必去认定对反是不是属于同一学术，而苏格拉底正好解决了这两大问题——归纳思辨和普遍定义，这两个问题成为了各个学术门类的基础。苏格拉底尽管尚未分离普遍性和事物，但是意式论者却使两者分离且独立存在了，这其实就是所谓的被称作是意式的一类事物。

根据大致相同的论据也能推出一样的结论。普遍讲述的事物都有意式，这就好比是一个正在点数的事物，但是事物数量太少，点数有点困难，于是他就开始为了点数再增加数量。可感觉事物的数量可能比通式少，只不过在发现事物原因的时候，他们开始跨越事物而寻求通式。凡事物都有脱离本体的同名实是（其他的组列也是如此，他们一定存在一个"以一统多"的通式），这和"多"究竟是现世的还是超现世的没有关系。用来证明通式存在的办法几乎无一能让人信服，其中不少论据所引出的结论并非如此，不少在我们看来是无通式的事物也会有通式的结论出现。照这么说的话，一个事物如果归属多个学术的话，它就相应地有多个通式出现。一句"以一统多"的观点，即便是否定（"无物"或是"非是"）也都存在通式。如果我们遵循了事物消亡后，对该事物的思考等不灭的原则，很多消亡的事物也有通式了，毕竟在我们的印象中还存留该事物。很多充满了智慧的辩论中，有不少人习惯用未成独立级类的事物推演出"关系"的意式，此外还有一些论辩的结果出现了"第三人"。

通常情况下事物因为通式的论点而消亡，事物的存在和意式的存在相比的话，关心通式的人一般会给予前者更多的关心。那么结果就是数为第一，而不是两为第一，相关数先于数，更是先于绝对数。另外，还有人们在意式思想展开的通式还有其他的结论，难免会和那些执持的原理产生冲突。

如果我们所有关于建立意式的假定都成立的话，不仅要有本体的通式，其他事物也应该有通式（这观念适用于本体，也适用于非本体，因此非本体事物的学术才得以出现，众多类似的疑问也由此产生）。假如根据通式的主张或是事例的主张它们能够被参与的话，本体意式就应该存在。理由是被参与即便存在也是参与了没有范畴的本体，而不是真正的属性上被参与。（举个例子来说明一下，比如一个事物参与了"绝对之倍"，同时还参与了"永恒之倍"，不过后者是附带的，原因是后者只能为属性上的"倍"。）因此通式只会是本体，相同的名词也用来指代个别本体，而意式世界中的本体也是如此。（假设不是这样的话，那么所谓"以一统多"的，在个别事物以外的意式世界中的本体又该是什么样的含义呢？）只要意式和参与意式的个别事物在形式上保持相同的话，那么它们的特质也必然是共通的。（在所有可灭的"2"和永恒的"2"当中，"2"都是相同的，那么又为什么"绝对2"和"个别2"是不一样的呢？）只不过它们只是名字相同，而形式上有所区别，这就好像加里亚被称为是"人"，而一块木头也被称作是"人"，这显然是忽视了两者共通性的做法。

在其他方面我们也假定普通定义适用于通式，就比如说"平面圆形"以及其他部分定义也适用于增加了"这实际上是什么"（通式之所以为通式的理由是什么）的"本圆"（意式圆）之上，关于这个我们要了解其是否完全没有意义。定义的这一补充要增加到哪一个要素之上呢？是"中心"、"平面"或者是其他定义的各个部分吗？在一切怎是的各个要素之中都是意式，譬如"动物"和"双脚"。这里提及了"平面"的意式，那么"作为意式"就要和"作为科属"的含义两者相符。要知道，"作为科属"应当是所有品种最共通的性质。

通式于事物

最后还有这个问题大家也可以讨论一下,世上可感觉事物(包括了永恒的和可灭的),通式对它们来说有什么作用?它们既无法致动事物,也无法使事物变化,此外它们对认识也没有任何帮助作用(这是因为事物的本体不是它们,就算它们是本体,那么它们就应该在事物当中)。要是它们的存在不是在个体参与事物之中的话,它们只能是原因,像是事物组成中有了"白",这是一个事物之所以为白的原因。阿那克萨戈拉用过这一论点,就在欧多克索为他解答疑问的时候。其他很多人也用过这一观点,可是尽管如此这观点仍旧很难站住脚。不过这观点要提出辩解的反对论点却实在不易。

事物都是由通式演化而来的,这当中的"由"字可谓是意味深长。通式是模型,事物都参与其中,这种说法过于像是诗喻或是虚文了。再来看看意式,它所创造的究竟是什么?事物缺少了意式作为蓝本来临摹的话,结果当然也会出现。就好比世上本来并没有苏格拉底这样的人存在,但是最终还是会有苏格拉底出现。即便说苏格拉底是永恒的,但是依旧会有这样的人出现在世上。一个事物有多个模型是很正常的,相应的它就应该有几个通式,好比人的通式就包括"动物"、"两脚"。通式既然是模型,它可作为可感觉事物的模型,也可以是通式本身的模型,这和科属相似,可是所有品种所归属的科属,同样也可以是科属的科属,这么说的话,一个事物就可以同时是蓝本又是抄本了。

本体似乎是不可能与本体所在两极的,那么意式又是如何同时是事物的本体和脱离事物而独立存在呢?

这个问题在"斐多"中被这么描述:对于现成的事物和将生成的事物而言,通式是它们的原因。可是通式的存在只会让一些事物为之产生动变,却不会有参与通式的事物出现。许多其他事物（譬如一栋房子或是一个指环）就算是没有通式也同样可以生成。显然上述事物生成的原因或许正是那些具有意式样的事物存在和生成的原因，因此没有通式存在它们也能依赖这原因而存在。意式可以依照这个来论述，更可以有准确且抽象的观点来驳斥。

意式

关于意式的众多问题我们都讨论过了，接下来要考虑的就是那些认定数是可分离的本体，且第一原因是事物的主张所能产生的后果。如果设定数是一个实是，照上述的主张，只有数才能是本体，这样一来就会有这样的各数系。首先，数可以说是第一、第二，是一个个挨着的实是。这当中每一个数都必须是彼此不能相同的，再或者它们尽管是次序上挨着的数，可是它们之间必须如数学之数一样能和其他数相通。数学当中的数，数的单位并不是彼此不同的，其中有一部分能相通，但也有一部分不相通，就比如说，假定第一个挨着1，又挨着3，这样接下去每个数的单位都是相通的，比如第一个2的各个单位相通，第一个3，包括其他的数字都是这样。只不过"绝对2"和"绝对3"的单位是不相通的，剩下的各个数也是这样。数学的数就是通过这种方式来计点的，如1、2（这是一个1接着上一个1而成的）、3（再有一个1接着上两个1），剩下的数均为如此。意式的数同样是这种计数方式，1后面跟着的是分明的2，只不过不含上一个数在内，接下来是3也不包含2，剩下的也一样。如果是这样的话，或许数这一类就同我们最先说明的一类一样，而数学家们所说的另一类则是另一种，最后说的那一类是第三类。

各类数系，要不然就是可与事物相剥离，要不然就是在视觉对象中存在且不可分离的（不过这和我们先前考虑的方式不同，只不过是从这个意义上说，视觉对象是由在其中的数组成的罢了[1]）。可能是其中的一种，也可能不是其中的一种，可能两种都是，或两种都不是。

列数仅有的方式就表现在这些必然当中了。数论派的观点是万物的初始是一，

---

[1] 毕达哥拉斯学派的观点。

这是万物的本体和要素。列数都由这个一和其他一些事物来合成，他们所提出的数系大致都是这样的类别。只不过还没有人提出由全然互不相通的数目形成的一类数系。这么说是合理的，在上述的各种方式之外不再有其他的数系存在。有人认为两类的数系都存在，只不过各数为品种的是和意式相区别的，而数学之数和意式以及可感觉事物都是有差别的，两类数系都通过可感觉事物而分离。还有一部分人认为数学之数脱离了可感觉事物，它的存在是最原始的实是。毕达哥拉斯学派也认为数系当中仅有数学之数，只不过他们是数无法脱离可感觉事物，数是组成可感觉事物的基础。数被他们用来搭建整个宇宙，这里提到的数不是抽象单位，而是假定存在量度的。不过他们对于第一个 1 怎么构成量度始终没有说明。

有思想家[1]说过，通式的数也就是第一类数系是唯独存在的。还有另一些人[2]说通式的数就是数学的数，两者没有区别。

线、面、体三者的事例相似。一部分人会把作为数理对象的事物和意式彼此分别。还有人与之意见相左，他们谈论数理对象的时候用的数学方式，他们不认为意式是数，更没有提到意式的存在。还有人在谈论数学对象时不依据数学方式，他们的观点是空间量度不是每一个都可以区分成计度，不是随意两个单位都可以形成 2。可是不是主张 1 产生万物原理和元素的人，排除毕达哥拉斯学派外，都统一认为是抽象的单位组成了数。他们会说数其实就是量度，正如上述的那样。这里已经把数的方式种类阐述得非常清楚了，只不过其中还有一些想法会更为虚幻一点。

---

1 某个未知名的柏拉图学派学者。
2 指的是凯诺克拉底。

单位的相通

我们现在开始研究一下单位能否相通。若相通，那么之前我们分析过的两个方式哪一个方式更合适呢？或许所有单位存在不相通的状态，也或许"本2"和"本3"的种种单位也不相通，通常任何一个意式的数单位和其他意式数单位之间是不相通的。（一）所有单位假定彼此相通而且相同，那么我们得到的就是数学之数，这是数中的唯一一个系列，意式不会是类似的数。"人意式"和"动物意式"还有其他的一些意式会不会成为这样的数？事物都会有意式存在，比如人有"人本"，动物也有"动物本"。不过还有众多相似和尚未分化的数存在，个别的3和其他的3一样都可以作为"人本"。假设意式不是数的话，就无法存在。意式是由什么原理来衍生的呢？1和未定的2衍生出了数，这就可以成为数的原理和要素，因此意式和数之间没有先后之分。（二）各个单位之间如果不相通的话，那么任何数之间都不会相通，这种数不会成为数学之数。理由是数学的数的组成部分是未分化的单位，性质也被充分证明了和实际很契合。通常这也无法成为数学之数，剩下的数不再会有"2，3，4……"这样的串联顺序。不论是不是和持意式论的人们所说的那样，意式2的所有单位的衍生来源都是"不等"（当"不等"被平衡了之后，列数就会因此产生），当然还有一些其他的方式。如果其中的一个没有比另一个先于的话，那么这就会先于所组合的2。如果有一物先于另一物的话，那么两者的综合体一定是先于其中一个，且后于另一个的。

此外，由于第一是"本1"，所以在它之后一定存在一个先于所有个别1的个别1，然后依次再有一个个别1，紧接着再有第三个，以此为顺序。这样依赖，所有单位都是先于它们所点到的数序。在2当中，因为有第三单位先于3而存在，3当中还有第四、第五单位，且先于4、5存在。现在的思想家们尽管并没有明确提出单位之间是不相通的，但是依据他们的原理来推断的话，事实上这个就是不可能的。这个观点显然是很合理的。第一单位或是第一个1假如真的存在，那么单位和单位之间就要有先后之分。第一个2若是存在的话，那么所有的个别2也会有先后次序之分。第一之后一定会有第二这非常合理，要是有第二就会有第三，依次顺序相接（与此同时可以做两样叙述，意式的1为第一，有一个后于它的另一个单位为第一个1，那么又说2是在意式之1之后的第一个2，这就是不合理的了），他们假定存在了第一单位或是第一个1，那就没有第二个1和第三个1了。他们设定了有第一个2存在，同样也就不会有第二个2和第三个2出现了。

　　单位和单位之间如果不相通，那么"本2"和"本3"也不可能存在了，其他的数也是如此。这是因为单位不管是未分化的还是彼此不同的，要点计都要通过加法来完成，就比如2等于1加上1，3等于2加上1，所有数都是这样。数是无法由"两"和"一"依照制数的方式来组成的，如果依据加法来说，3当中包含了2，4当中包含了3，以此类推，一个个都是这样。可是却有人说4是由2和2组成的，这组成的结果和"本2"是有区别的。要不是这样的话，4当中就应该包含"本2"，此外还有一个2，那么2也可以类推是由"本1"加上另一个1的产物。如果是这样的话，那就不应当是"未定的2"，因为它必须创造出另一个单位，而未定之2是无法产生一个可定的2的。

　　那么众多的2和3是如何存在于"本2"和"本3"之外呢？它们的组成中又如何由各种先于和后于的单位完成呢？所以说这些无疑都是十分荒谬的，所谓的原2（第一个2）和"本3"（绝对3）均是不成立的。不过"一和未定之两"如果都作为要素的话，那它们存在就有可能了。只要这些结果不可能存在的话，那么作为创造的原理也要视为不可能。

　　单位品种倘若有所不同，那么与这些类似的结果就会随之产生。可是如果只是每一个数里的单位还未分划但彼此互通，那么各个数里的单位不但彼此分化还品种相异，很显然这疑问还是依旧存在。就比如在本10当中有十个单位，1可以组成 10，同样的 5 也可以组成 10。不过不是任意偶然的单位可以组成"本 10"[1]，它们之间的每一个单位都要互相不同。那么在 10 当中包含了两个 5，那是不是就没有其他不同的 5 了呢？如果没有的话，那么这个问题就会形成一个悖论，如果有的话，那用这种不一样的 5 来组成的 10 又是什么样的呢？要知道在 10 当中除了"本 10"以外是没有其他 10 的。

依照这个说法的话，4 也不是任意的偶然 2 可以组成的。这观点中提到未定的 2 接受了已定的 2，这会产生 2 个不同的 2，事实上未定的 2 的性质就决定于使其所受之数的成倍之上。

脱离了两个单位的 2 视为一个实是，3 也可以脱离 3 个单位而成为一个实是，这显然是不可能的。兴许是一个参与到其他当中，让"白人"与"白"、"人"迥然不同的原因，也或许是一个和其他之间的区别，这好比"人"和"动物"、"两脚"相异一样。

有因为接触而成一的事物，也有因混合而成一的，更有因位置而成一的。对于组成 2 和 3 的各个单位，这些命意都无法应用，就好比是两个在一起的人彼此无法脱离成两个各自的单位，反倒是成了一个事物，每个单位用来组成列数时的道理是相同的。本来它们是无法区分的，不过这对于它们作为数的身份并不重要。点也是无法区分的，只是两个单点和一对点之间没有本质的区别。可是有一个结果我们不能忘，事实上还有"先于之 2"和"后于之 2"，其他的数也一样。即便是 4 所包含的 2 是同时的，那么在 8 所包含的 2 就该是"先于之 2"，这如同 2 创生了它们一样，"本 8"当中的两个 4 就是这么产生的。所以，第一个 2 如果是意式的话，那么其他 2 也会是某一类的意式。所有的 1 也适用这个道理，因为"第一个 2"里的 1，随着第一个 2 产生了 4 而进入了 4 当中，因此所有的 1 都成为了意式，同时若干个意式也组成了一个意式。很显然，组成产生了意式。如果说动物的意式存在的话，那么就可以说众多的动物组成了动物。

不管用什么样的方式去描述因为单位的分化而使得品种不同的观点都是荒谬

1　这话的意思是意式的 10 是一个整数，它当中单位的各数就应该是意式数。

的语言。这里所说的语言的意思是为了配合一个假设而杜撰出来的种种说明。我们所看到的一，质量两个方面的一都和个别的一相同，可是数存在等或是不等的情况，事实上所有数都是这样，抽象的数更是这样。因此一个数如果不大于且不小于另一个数的话，两者即相等。数上所说的是相等，换到事物上，如果是品种相同且相等的就说是相通了。要是品种不一样，尽管"本10"当中包含着的所有2相等，也照例会被分划。谁要是不赞成分化就请提出一定的理由。

再假设2就是1加另一个1，那么"本2"和"本3"包含的1也可以组成2。不过组成这个2的1是不同的。而10当中的2究竟是先于3还是后于3呢？答案显然是先于，如果说其中的一个2和3是同时的，那么另一个就要和2是同时的。就我们所说的，2是一个1和另一个1的组成，那么不管事物是等或是不等，就好比是一个善一和一个恶一，或者说是一个人和一匹马，放在一起还是个2。

如果"本3"就数量而言不大于2，这让人很惊讶，那么如果说是大于的话，那其中定有和2相等的数，它和"本2"一定不会不同。只不过如果说第一类数和第二类数品种不同是不可能的。

意式为数也是不可能的。就这个特点而言，就如前文所提到的，如果把数视为意式，那么认为单位各自不同就是对的了。通式是整一的，可是不同的个别1是不同的，个别的2和3也是不一样的。所以我们可以这么计点所有的数，而无法说数是依次由前一个数和1组成的。依照我们的观点，未定之2不是数的来源，数更不可能成为意式，就因为一个意式之前必然存在另一个意式，而所有个别的通式也必须是一个通式的诸多部分。他们的假设使得所有他们的推断都是正确的，但换全局的观点来说却是错的。他们承认了自己的主张有很多疑问存在，譬如在计点的时候，到底是一个加一个的点数还是在点各个部分呢？如果我们所做的包含了两个部分，那么这个问题就会出现重大的分歧，也会变得非常荒谬，因此说他们的观点会有很大的祸害。

数的差异

关于数的差异是必须先决定下来的,如果1也存在差异,那么差异会是什么呢?质和量是寻求单位区别之处,单位在这两个方面确实有不同。作为数论的数,一般在量上就存在差异。如果存在了量差的单位,即便包含了相同数量这样单位的两个数,它们也是不同的。是第一单位或大或小形成那些有量差的单位呢?又或者是第二单位或增或减形成的呢?上述的这些都是一些不合理的虚拟。关于质它们也不能不同。对于单位而言是没有属性可言的,而对于列数来说,也是因为有了量而有了质的系属[1]。未定之2和1都是无法让数产生质变的,理由在于1本身不存在质,而未定之2也仅仅有量而已,它们作为实是对于事物来说只有增加多的性能。倘若不是这样,那么在话题刚刚开始的时候就要提出说明,况且他们还没决定单位的差异是因什么而存在。所以说没有事先的说明,这种差异也就无从存在。

我们可以发现,意式如果是数,那么单位之间就不会相通,只不过上面所提到的两个方式说明了它们之间也绝非是全然不相通。只不过有些人在议论数的方式还存在不少不足。主张意式样,却始终不认为数列出于意式样的人们,常常只是认为世界上有数理对象的存在,而现存万物的基本实是应当是列数,它的起点就是"本1"。这是个悖论。从他们的说法出发,个别的1当中是存在"原1"的,而在个别的2里面却不建立"原2",同样的个别3当中也没有"原3"。这样的道理适用于所有的数。假设数确实是这样,很容易让人联想到数学之数的实际存在,可是起点就不是1了。(此时的1和个别的1是不同的,而2当中也应当包含一个

---

[1] 数在质上的差别有素数和组合数,平方数或是立方数,这些都会成为属性。

和个别 2 不同的 2，依次下去也是如此。）可是，1 若是万事万物的起点的话，那么数理的实义就或许同柏拉图所说的一般，"原 2"和"原 3"是理所应当存在的，而数与数之间也必然是不相通的。如果不是这样的话，那么人们还认定这样的事实的话，势必与上文提到的很多荒谬的结论如出一辙。因此这两者当中必然要有一个作为依据，如若不然，那么数就成了无法脱离事物而存在的事物了。

这个观点的众多翻版中，第三版也就是意式的数和数学的数两者相通的说法是非常拙劣的。这一观点中有两个错误：（一）数学之数非此类的数，唯独是在有此主张的人们杜撰出一些特殊的线索才能成立。（二）有了意式数主张的人必须面对所有可能的后果。

相对于其他存在众多疑问的学派而言，毕达哥拉斯学派的数论更为标新立异一些，疑问也少一些。在他们的观点中，数无法独立存在由此解开了众多的疑问。此外，他们还认为列数成实体，因此实体就是列数，不过这是不可能的。由此来说明空间量度的无法区分是不够准确的。这一类的空间量度是无所谓多少的，像是个别的 1 就没有量度，那么一个量度又怎样用无法区分的事物来组成呢？抽象的个别 1 是可以组成算术的数，只是这些数被思想家们视为了实物，或者至少是把列数视为了实物的组成，然后再把数学命题安上去。

如果数是一个独立存在的事物的话，那么在上面所提到的各种方式中，它就要挑一个方式存在。如若不然，数也就不具备相应的性质，只不过是有此主张的人硬把独立存在事物身上的性质安在它身上罢了。

究竟每一个单位是不是都来自于"平衡了的大和小"，或者是一个来自于"大"而一个来自于"小"呢？要是后一种情况的话，那么不是每一个事物都具备全部的要素，也因为一个中有大，一个中有小，它们所包含的每个单位也一定存在差异。各个单位在"本 3"当中是怎么安排的呢？这当中有一个特别的单位。或许是这个原因的作用，它们以"本一"而成为了奇数当中的中间单位。可是如果是两者的话，那么完整的一个事物 2 当中的大和小是怎么组成的，和其他单位又存在什么差异？单位是先于 2 的，因此单位消失 2 也会随之消失。1 随之成为了一个意式的意式，而且还先于 2 生成。可是这生成是从何而来？很显然不是"未定之 2"，毕竟"未定之2"的作用是使之成"倍"。

再来的话，数定是无限或是有限的（思想家们认为数是可以独立存在的，那就必须是两者居其一[1]）。很明显，无限是不可能的，理由是无限不可能是奇数或者是偶数，不过列数所生成的不是奇数就是偶数。当中的一个法则，1和一个偶数相加的话，就会有一个奇数产生；另一个法则，1和2连续相乘的时候，2的倍数就会产生；还有一个法则是，在2的倍数增加时，如果有奇数和它相乘也就有其他的偶数出现。此外，一个意式如果是某些事物的意式的话，数为意式，无限数事物（可感觉事物或是其他事物）就是一个事物的意式。这种说法本身就存在不合理的地方，所以他们的理论也就不可能存在，至少可以说意式的安排就无法合理。

如果说数是有限的，那么什么是它的极限？这个话题必须得有事实来说明，此外还要有理由。假设是同有些人所说的那样，10是数的终点，那么通式的数的终点也是10。比如说3是"人本"，"马本"该是什么数呢？事物之本的众多数列的终点也应该是10。数是在一个限度中的数，理由是这样的数才能是主体或是意式。有限的数很快就用完了，这些数目还不足以来描述动物形式的种类。与此同时，如果用意式的3作为"人本"的话，那么所有个别的3也应当如此，这样一来就会产生无限数的众多人。如果每一个个别的3就是一个意式的话，那么个别的3就将是"人本"，不用于此，它们就只能是众多的个别了。再假设大数的一部分是小数（姑且就把同一个数里的每个单位都视为相通的），因此如果把"本4"当作"马"、"白"以及其他一切事物的意式，如果人是2的话，那么这就应当是人为马的一个部分。显然这也是悖论。10的意式若是存在的话，那么11和其他以下的各个数也不得存在。可是碰巧的是，实际上有可能真的没有通式，那么没有通式又是因为什么呢？我们认为事物的原因不是通式。和本10相比，从1到10的数系更适合于实物和通式，这个观点也是悖论。作为整体而生成的本10，而从1到10的数系是没有作为整体而生成的，但是他们却把从1到10假定为了一个完整的数

---

[1] 数如果是独立存在的话，那么实现就会是无限或是有限数。亚里士多德的主张是数一定是潜在的无限，而实现是一个有限数。

系，或者至少可以说在 10 这个限数之内假定了众多的衍生物，譬如虚空、比例、奇数还有其他众多的各项。他们认为的初始原理是动静、善恶一类的事物，可是剩下的事物都归于了数。他们的观点还把奇性都合于 1 当中，如若将 3 视为奇数的本源，5 又该如何对待？

他们还用有限的数来说明空间量体以及类似的事物，比如第一，不可分线，第二是 2 还包括其他，一直到 10 而终止。

假设数是可以独立存在的，那么关于哪一个数在先人们就可以有相应的疑问，究竟是 1、2 还是 3？数如果是组合存在的，那么 1 肯定是先于其他的，可是如果普遍性和形式是先于的话，那么列数也必然是先于的。理由是在列数中，1 是物质材料，形式应该是起作用的数。从某个意义上说，直角是先于锐角的，直角是有限的，锐角则尚未有定，因此从定义上说是先于的。可是换一个角度锐角则先于直角存在，理由是锐角是由直角划分而得来的，是它的部分。从物质的角度来说，锐角的元素和单位都应当先于，但就形式和定义所解释的本体来说，则是作为"物质和形式结合起来的整体"，因此应当是先行。综合实体尽管生成过程在后，却比其他更为接近形式和定义本身。既然这样，1 又为何是起点？他们的回答是，1 无法区分，通常普遍性、个别性或元素都是无法区分的。事实上，作为起点，"始于定义"和"在时间上为始"二者是存在区别的。那 1 的起点是从哪个角度来说的呢？上文曾提到，直角和锐角两者都可以先于，那直角和锐角都可以作为 1，这样 1 就在两个方面都成了起点。这是荒谬的。普遍性成一是由形式或是本体而成，元素成一是因为物质或是部分。两者（数和单位）都成一，那么两个单位都必须是潜在（或者至少说，依他们的观点，数的不同是因为组成单位的不同，也就是说数是各自为一个整体的，那么就会是这样），却不是完全的实现。之所以他们有错误的原因在于，他们同时有了数理和普通定义的立场开始研究，由数理出发，1 是起点也就是第一原理，因为单位本身是没有位置的（他们和此前很多人[1]一样，把最小的部分用来组成事物）。由此数的物质要素就是 1，它也先于 2。可是就是当 2

1　这里指的是原子（不可分物）论派。

视为一个整数，一个形式的时候，2又先于1。不过当他们开始探究普遍性的时候，1又被作为列数形式涵义的一个部分了。我们知道同一个事物不可能同时有这么多的属性。

假设"本1"这一单位是无定位的（因为它并不和其他1不同，除了作为原理之外），2是可区分的，而1是无法区分的，显然相比于2来说，1更为接近"本1"。那么"本1"也更接近1。于是，2当中的每个单位都要先于2，可是他们并不承认这个观点，他们总说2是先创生的。

如果说"本2"是个整体，"本3"也是这样，那么两者就可以合成2（也就是两个整体）。可是合成这个2的那二者又是什么事物呢？

串联与接触

列数之间的关系是串联而非接触，像是 2 和 3 的诸多单位之间就什么都不存在。人们或许有这样的疑问，本 1 是不是也紧随着这些单位，或者说是 2 还是 2 当中的一个单位紧随在本 1 之后。

如线、面、体这样后于数的种种事物，似乎也存在类似的疑问。有一部分人引用"大和小"的各个品种来组成这些，譬如线由长短而成，面由宽窄而成，体由深浅而成，这些都是品种上的大和小。这部分几何事物的第一原理就和列数的第一原理一样，总是有很多版本，众说纷纭。此类问题最常见的就是有很多和事实矛盾的寓言存在。首先如果不是宽窄也能成长短，那各级几何事物都会彼此分离（一旦宽窄和长短相合，面和线相合，体和面相合，那么剩下的角度图形还有其他众多的事物该如何解释呢？）。其次，数也会遭遇同样的情形，"长短"是作为量度的属性，量度的组成和它们无关，这就好比线的组成不是"曲直"，体的组成不是"平滑和粗糙"。

以上所有的观点遭遇的困难，还有当谈论普遍性时，科属内的品种所遭遇的困难，二者是共通的，就比如在个别动物中参与的究竟是"意式动物"还是"动物"。像是普遍性不脱离可感觉的事物，这自然不会有太多困难。如果依照一些人的主张，列数和一分离，那么困难就会一直存在。其实这所谓的困难就还是不可能。举个例子，当我们想到 2 或其他一般数目当中的 1 时，到底是意式之 1 还是其他的 1 呢？

有些人创制几何量体所用的就是这样的物质，而有些人的做法不同，他们采用的是点或是其他材料，譬如和 1 不同的"众"等等。后者总是感觉 1 和点尽管不同，但是彼此相似。他们的原理也会遇到很严重的困难。假设物质是相同的，那么线、面、体就是相同的，要知道相同元素所组成的事物也必然是相同的。如果说物质是多样的，其中含有线的物质，有面的物质，也有体的物质，彼此相容又彼此不相容，那么结果还会是一样的，因为这么认定，面就会含有线，或者直接自己就是线了。

再说，数的组成怎么可能是"单或众"呢？对此他们没有详细的解释。只是不管他们解释了什么，他们都必须接受来自于主张数是由"1 和未定之 2"而组成的人[1]的反驳。其中有一种说法是数的组成是一般普遍性的"众"而成的，而不是个别的"众"；再有一种说法是数的组成是第一个众，也就是特殊的众。后者的意思就是 2 是第一个众。因此这上面的两种说法实际上没有多大区别，这里理论都要面临相似的困难。数的组成有哪些，方法又是什么，究竟是混杂、排列还是孳生等等？不过人们可以在众多的疑问当中只执着于以下这个问题——"如果每一个单位都是 1，那么 1 是从哪来的？"其实，不是每个人都是"本 1"，也就是说每个 1 都要从"本 1"或是"众"以及"众"的一部分当中来。单位如果是来自众的话，这显然是不可能的，理由是它本身是无法区分的。至于 1 由众的一部分来组成，那更是不合理，每一部分都要求是无法区分的，这怎么成立（要是这样的话，即便从中取一部分也还是众，那就应该是可以区分的了）。这样一来，由于单和众无法成为两个要素，单位就无法从单或众中产生。主张如此的人，常常只是预设了一个数，而其他均不做，他们认定由这个无法区分的事物所组成的众就是这个数。

从这个理论出发，我们还要去研究数究竟是无限的还是有限的。一开始仿佛有一个本身是有限的数存在，然后这个数和"一"产生了众多有限的数单位。此外还存在一个绝对的众，它是无限的。那么元一的配合要素究竟是哪一类众？人们还可以用类似的方式来观察"点"，关注这个几何问题的创制要素。显然这个点不是唯一的，那么就让他们务必要说明其他的点是通过什么来创制的。各点的创制一定不是通过"本点"增减一定的距离来完成的。数的组成首先是无法区分的，但是几何量体与之不同，因此它不是由众这个要素中无法区分的部分来创制的，

---

[1] 亚里士多德用"未定之 2"当作 2 和本 2 来批判柏拉图学派的观点。

那么点就必须是由距离的无法区分的部分来创制的，所有的反对意见和类似的论据都说明了数和空间量体是无法脱离事物而独立存在的。另外不同的学派在数论上众说纷纭，其中有不少是错误的表征，它们常常引起很多混乱。有人主张数理对象能脱离事物而独立存在，他们在看到通式时总是会有众多的疑问，于是就放弃了意式之数，把方向转向了数学之数。不过主张同时维持通式和数的人又假设了那些原理，却没有察觉到数学之数存在于意式之数之外，而是把两者在理论上合一，其实就是消除了数学之数的存在，他们这么做的原因在于众多由他们提出的数理假设都和事实的数理不符。最早提出通式概念的人假设数就是通式，同时也认为数理对象是存在的，而这两者被他们自然地分开了。因此，他们有一部分观点是正确的，但是总体来看难免存在不少谬误。从立论的角度来说，他们的观点就会有冲突，这也从侧面说明当中一定存在错误。错误就在于假设和原理。就好比要制成好家具就不能用坏木头，爱比卡包谟曾经说过："刚刚出口人家就知道这有错误了。"

我们在数这个问题上所提出的疑问和所得到的结论太多了（认同我们观点的人，可从后面更为详尽的描述当中坚定自己的看法，不认同的人就此也再不会认同了）。至于第一原理、第一原因和元素，我们在物学的著述当中已经说到了一部分只谈论可感觉本体的众学派，其他的那些还尚未在我们研究的范围之内。此外还有不少是在可感觉物体之外认为存在本体的学派，我们必须在讨论上述的各学派之后再来考虑他们。有人说意式和数实际上就是这一类的本体（超越感觉），而那些要素却是源自实物的要素和原理。我们对他们要研究的是他们的观点如何，当中所提到的内容实义又是什么。

在数上专注且认为数学之数是数的主要部分的学派观点，我们后续将继续讨论。不过那些笃信意式的人们，我们大可先来观察一下他们思想的趋向以及他们所产生的疑问。意式在他们那里就是"普遍"，可是同时又被视为是可分离的"个别"来处理。前面已经提到这样的做法是不对的。之所以让本体在普遍之外还具备个体的特性，实际上是因为他们假设了本体可脱离可感觉事物而存在。可感觉世界的形形色色他们都想到了，一切仿佛都会消亡，只有普遍的真理可以脱离万物一直在人们的意识中保存下来。之前我们就提到了苏格拉底曾用"以求在万变中探寻不变的真理"这一定义启发出了类似的理论，可是他的观点中"普遍"和"个别"是不分离的。所以说在这一点上苏格拉底是正确的。结果已经很明了了，缺少普遍性的事物难以被认识的话，它的认识也不会在世界上被保存下来，而意式脱离事物而存在的观点是会引起争议的。只不过苏格拉底的继承者们的观点却有所不同，他们在可感觉事物外建立了本体，那么普遍性就要脱离事物，因为它们要成为本体而独立存在，就是这样它们才成了又是普遍又是个别的特性。如果从我们上文的看法来分析的话，这显然是意式论本身的终结。

普遍本体和个别本体

那些相信意式的人,姑且给他们提一个我们共同的疑问。我们在前面列举多个问题时都提到了这个疑问。如果我们不能假定本体可以像个别事物一样能独立存在的话,那么我们所臆想的"本体"是不是就为自己所消灭了呢?可是本体一旦被假定成了可脱离的话,那么它的元素和原理又会是什么样的呢?

本体一旦被假设为个别的而不是普遍的话,结果是实物与要素的数量必须一致,而且要素要为其认识也不可能。试想一下,语言当中的音节是本体的话,那本体的要素就将是字母,各个音节既然已经不是相同形式的普遍,也不是类名,那就必然成为个体,每个音节都只有一个(柏拉图学派在意式实是这个问题上也认为其能成为一个整体)。倘若音节作为整体是唯一的话,那么它当中包含的种种部分也都是唯一的,无论是哪一个都不可能超过一个。同理,相同音节是不可能多数存在的,因为所有的字母都是唯一存在的。可是假设这是正确的话,字母之外就仅剩下字母而已。再说要素,它也会不为其认识,原因是它们也是非普遍的,而知识要获得的是事物的普遍性。依照实证和定义才能获得知识,这也充分证明它是具有普遍性的。只要不是每一个三角形的内角和都等于180度,我们就不能武断地认为"三角形的内角和是180度"。要是没有观察到每一个人都是动物的话,自然也不能武断地得到人是动物的结论。如果每一个原理都是普遍的话,那么这些原理所组成的本体也具有普遍性,或者可以说非本体是先于本体的。假设一个本体不是普遍,但是其中的要素和原理却具有普遍性,那就说明要素和原理要先于自己所组成的事物。

他们在要素组成意式的时候,还提出意式是独立的实是,并且意式脱离了和它自己形式相同的本体,这样一来疑问也就产生了。

可是，举语言要素为例的话，就会发现如果音节的本体不被需要的话，那么就会有诸多个音节，而且彼此相似。

从所有认为语言从属于普遍的观点来看，事物的所有原理都应当是普遍的，不可能是独立而在的本体。而这个说法却在实际当中为我们招来了众多的疑问。虽说这个说法从一个层面上说有些涵义是不合的，但是换一个角度看它却是正确的。"知识"首先来源于"知"，其中包含两个命意，一个是潜能一个是实现。从潜能来说，本身就是普遍的且不具有定限的，但凡是潜能的话都没有专指。再说实现，即便有定，但仅仅是"这个"，它是个确定的个体。眼睛看到的颜色就是确定的颜色，而如果看到的是普遍颜色那定是偶然所见。语言学家考察的个别音节就是一个音节而已，如果看到的是普遍音节那一定是偶然。原理假设必须是普遍的，由原理所推演的所有事物如果能在论理实证当中那也必然是普遍的。这样依赖，所有事物都要无法区分且独立存在，也就是说一切都没有本体。这样说起来的话，知识就应当有两义，一为普遍，另一为非普遍。

Part 14
论数

对反

我们已经对这一类本体做了充足的论述，哲学家们认为对反无论是在自然事物当中还是在不动变的事物当中都应当是第一原理，此外没有什么事物可以先于第一原理，因此它们只能是从某一事物中演变而来，而成不了第一原理。就此来说，如果说第一原理是"白"，那就要以白为白，也没有其他事物先于白。只不过这白是来自于另一事物的演变，这一演变的底层事物是先于白的，那么这个说法就非常荒谬。由对反而产生的事物都是来自于底层的，所以对反一定含有底层的。本体本身不存在对反，这是个显然的道理，更何况理知的思考也证实了这一观点。因此从严格意义上说，凡对反都不能视为第一原理，两者是有区别的。

思想家们把物质也视为两个对反之一。有一部分人把不等作为元一的对反（在他们看来"众多"的本性就是"不等"）。还有一部分人则是把众多和元一视为对反。前者认为制数的是"不等之两"，也就是"大和小"，而后者认为制造数的则是"众"。依据这两部分人的观点，两者的共同点在于认定制数的都是一的怎是。主张"不等和元一"是要素的哲学家，认为"两"是由"不等"和"大和小"来组成的，这意思是"不等"和"大和小"就是其中的要素，可是在定义上它们为一[1]，而在数上为一这个问题却缺少详细的说明。对于这些他们统称为要素的原理，这样的描述很是含混。一部分人指出"大"、"小"和"元一"是数的三个要素，两个为物质，一个为形式；一部分人列出了"多和少"，理由是"大和小"不适用于数，只能用在量度上；还有一部分人举出的是"超过和被超过"，这是大小和多少的通性。就

1　柏拉图认为"大和小"是一物，且是一原理。亚里士多德承认这个说法，而且用它来和元一相对，可是在其他章节中亚里士多德却总是对这一观点加以批判。

这些意见的结果来看，三种说法并没有大的差异。他们所做的说明都是很抽象的，所引出的结果也很抽象，主张不同说法的人不过都是对避免抽象的疑问自圆其说罢了。唯一存在的差异就是，如果大和小不被视为原理的话，那么必须以超过和被超过为原理，而所有要素都要先于2而制成列数。相对于"大和小"，"超过和被超过"更是普遍一些，而2和列数相比，列数也更普遍一些。可是他们真正做到的只有承认其中一义，而否认了另一个。

还有一些人的看法是"异"和"别"成对反，当然也有人提出"众"和"一"是对反。他们显然是认为"凡事物皆处于对反"，那么依照他们的观点，"等"和"不等"成对反，"异"和"同"对反，"别"和"本"对反，那就可以很肯定"众"的对反是"一"，只是这观点总会惹来不断的争议。多和少为对，众有多的性质，那相对的一定是属于少的性质，很自然的"一"就转化成"少"了。

明确地说"一"是个计量，无论什么事例都存在"一"，那是本性分明的一个底层事物，像是在音乐当中的四分音程单位，其他的量度单位还有像是一指、一脚等等与之类似的，韵律的单位是一拍。同理，在重力方面的单位主要的目的在于确定某一单位的重量。相同的办法在计质和量上可以适用于所有事例（计量是无法区分的）。任何事物的本体都不是"一"，这么说是合理的说法，首先是因为一是众的计量，而数作为已经计了量的众，其中包含了大量的一，因此很显然一非一个数，计量和计量单位是不能混淆的，作为计量的起点和单位一是有别于计量对象的。计量通常一定和自己所计量的对象是相同的事物，譬如马群的计量方式就是马，人群的计量单位就是人。倘若一个人、一匹马如果是计量单位的话，那么他们所计量的也必是活物。假设事物是"白的"、"散步"，等等，就无法成数了，只不过由于它们都同属于一个主题，所以主题用于计量的话数只能是一。不过这些要计量的话就要按照类别或是名称来计数。

他们的观点是"不等"是一个事物，它是由"两"以及"大和小"组成的未定组合，这说法事实上还不足以成为事实，但是也不是完全不可能。多和少用于数，大和小用于量度，这和奇偶、曲直、粗糙和平滑一样，只不过数和量度包括事物的属性和演变都不是底层事物。这观点除了上述的这个错误外，还有例如"大和小"须和一定的事物相关，可是质和量是先于这关系的，本体和实是只能算是其中最末梢的一部分。我们前面提到过，此处说的相关仅仅是量的一个属性，事物和事物之间要造成一般关系，必须通过显在的本性，然后凭着这一本性与其他事物或是事物的部分产生相关。但凡是以大和小，或是多和少与其他事物相关的，自身也必然是有大和小，或者多和少的本性。最为末梢关系的本体和实是，它们的标志可为人所知，譬如质量上有增减变化，位置有移动，本体有生灭等等，它们的关系均不存在动变和生灭。关系本质不变，但是与之相关的事物发生变化，但另外一个事物不变的时候，这关系势必是时而大，时而小，还有可能相等。事物，或者说是本体，在所涉及的范畴当中的物质是潜在的。可是关系不同，它们不潜在，更不会实现为本体。

很奇怪的是，甚至可以说是不可能的是，非本体先于本体而存在，且能为本体中的要素，理由是本体是先于所有范畴的。要素绝不是自己成为要素的那些事物，只不过多和少总是用来表示数，这和它是分开还是合拢的状态无关，这点和长短用于线，宽窄用于面是一样的道理。假设有一个众（非常多的数），那么也必然有"少"这一项。就比如说2（2本身不能作为多，这是因为如果2是多，那么1一定是少），必然存在相对的一项来表示绝对的"多"，就好比是10（如果10是最大的数）。由此可说，多和少怎么可能组成数呢，显然两者如果不是都表示数的话，那就是两者都不表示数。事实上，一个数能指称的只是其中的一个而已。

永恒事物之要素

永恒事物是不是由要素组成,这是我们要研究的问题。如果是的话它们当中一定存在物质。要素组成事物,那事物必然是物质和形式的复合体。事物假设是永恒的存在,那必然有一定的组成,不管是生成很久的还是刚刚生成的,都应当包含组成。凡是组成生成的事物都来自于潜在的事物(缺少了潜在就不会有生成发生,更不会包含要素)。潜在的事物既然可以实现同时也可以不实现,那么它始终是不存在的,即便它实现成为永恒的数,也包含物质,但它仍旧同包含了物质要素的事物相似。这样说来,年代久远的数的存在会失去,而仅仅存在一天的数也会失去。存在时间可以无限延长,只要是不存在的总有一天会失去存在的。这么说它们就无法是永恒的,在其他篇章当中我们还会有机会来说明永恒不是那些可消失的事物。现在我们所说的就普遍性而言是准确的话,只要非实现的本体就不是永恒,那些以要素为本体的底层物质,还有那些永恒的本体都不由要素组成。

有一部分人提出"元一"和"未定之两"之间存在共同的要素,同时他们用这样的观点来驳斥那些"不等"的观点所带来的疑问,这当中的理由已经非常充分了。尽管在这个过程里"不等"中的疑问关系得到了解决,但是又出现了由"关系"为要素引出的疑问。思想家们制数的时候用的是哪些要素,不管是意式数还是数学数,总是有来自各个方面的非议。

他们之所以这么解释,是有很多原因的,这其中最重要的是他们解决疑问的方式过于古老。在他们看来,巴门尼德的名言如果不违背的话,所有现存的事物都可以是元一,换言之就是"绝对实是"。事物在他们眼里不会止于一,那么就要证明非是为是,理由是这样的话,所有事物才能经由实是和另一些事物而成多。

只不过首先实是如果有众多命意的话(有时指的是本体,有时指的是素质,有时又是某个量，有时是某个范畴），同时非是假设不存在的话，那么现存事物成的一将是什么样的一呢？是以所有本体为一呢，还是以变和不变为一呢，还是众多范畴相合为一呢？这么说的话，像"这个"、"如此"和"这么多"还有更多其他的范畴，主要是指代某一级实是的，是不是就一定归属于同一个一呢？可是一个单纯的事物（非是）为何会引出这么多不同的部分，其中一个部分是现存的"这个那个"，还有一个部分是"如此如彼"，有一个是"那么大小"，还有一个是"此处彼处"，这实在是太奇怪了。

其次，事物的组成到底是哪一类的"非是和是"呢？和是一样，非是也有非常多的命意。"不是人"的意义不是其一的本体，"非直"的意义是一些非是的素质，"非三肘长"的意义不是某一个量度。可是众多的组成是由哪种"是和非是"结合而成的呢？这些思想家们用它和"是"结合形成了现存事物的众多，这使得"非是"为虚假。就好比几何学家把"不是一尺长"举例为一尺长，这就是我们之所以把虚假视为假定的理由。几何学家既然将虚拟事物为假设（前提和推断是没有关系的），那么"非是"所创成的事物也不应该是如此命意。可是由于在不同范畴中的"非是"彼此不同，况且在这之外，虚假和潜能也是来自于潜在非是而创出的"非是"，很显然，人是潜在的非人而生成，白也是潜在的非白而生成，所生成的事物不管是一还是多都和非是无关了。

很显然这其中的问题还在于，作为命意的本体的实是如何成多，事实上，原本创成的数、线和体就有多。不过这很奇怪，为什么要专门去考查实是是怎样成多的，而却对实是的质和量为何成多丝毫没有关注呢？虽然对于白有两种，色、味有多种，形状也有多种来说，"未定之两"或是"大和小"未必是他们的原因，可是真要把"未定之两"和"大和小"都视为它们的成因的话，那么色和味也将称为数和单位了。不过他们要是真的开始涉及这些领域的话，就大多能明白本体众多的原因是什么了。事实上这些众多的原因正是那些相同的或是可相比拟的事物。为了能让对反、实是和元一能共同产生事物，那就必须从探寻实是和元一的对反着手，由此他们循着相同错误的方向一同发现了那个相关词项（也就是不等）。关系对于实是和元一而言不是它们的对成，更不是它们的否定，而是和本体素质一样，是实是的一个类别而已。所以他们会对相关词为什么会有众多而不止一个这个问题发出疑问。按理说，他们已经研究了为何第一个1会有众多1，可是对于"不等"外有那么多"不等"未做进一步探求。于是他们就径直开始用"不等"来说大和小、多和少（这是用来制数）、宽和窄（这是用来制面）、深和浅（这是用来制体），此外还有很多种类关系词。那么这些关系事物又怎么会如此众多呢？

对我们来说，也就是说有所是的事物每一个都必须预设它们的潜在，通常这么主张的人都认为这潜在还必须是"这个"，潜在的也是个本体，却不是本身称为实是。比如这是"那个关系"（就好比是"那个质"），它不但不是潜在的元一或是实是，也不是元一和实是的否定，仅仅是众多是当中的一个。依据我们前面所提的意见，如果他们想要研究的是实是为什么有那么多，那范畴中实是有多少就不用去探究了，其中例如为什么有众多本体，有众多素质等等，对于他们来说，重要的是要考察一下全体实是为什么能有如此许多，其中包括了实是是本体的，是各种演变的，是各种关系的。本体之外的各个范畴，在众多性中还有一个问题。范畴本身是无法脱离本体的，这是由于它们的底层为多，质和量都是多，而对于实是而言，它们中的每一级都有一些物质，这些物质无法脱离本体。假设一个事物不视为一个个体，而是视为一般性格，那么在个别本体上要解释"个体"多的原因就有可能了。从问题中引出的疑问就在这里，究竟各个本体为何不是一而是如此之多呢？

另外，个体和量如果存在不同的话，那么现存事物如何成多和为什么成多的原因尚未明了，只不过是在量上举出了怎么多而已。通常"是"的意思是量，除了作为计量单位，且在量上无法区分以外，一的意义仍是一个数。假设量和本体存在不同，没有一个人向我们解释过本体如何成多和为何称多的问题。可是如果两者是相同的话，那么又会有大量与事实不符的情况发生了。

他们的注意力也关注到了数这个问题上，他们相信它是存在的，但是它的价值何在？这似乎为信奉意式的人提供了现存事物的某些原因。每个数都是一个意式，事物成实是的原因总是来自意式，因此他们有了类似的假设。只不过，那些不主张意式的，且认为意式论内涵存在违碍的人们（他们根本以意式数来论事），他们仅仅讨论的是数学之数，那又何来去相信他们的阐述而认为意式数是真正存在呢，那么意式数对于其他事物而言有什么作用呢？认同此类意式数存在的人，他们没有指出所有事物的原因都出自于此，为此我们也尚未发现它成了任何事物的原因（他们所说的是为自身而存在的独立实是）。关于算术家提出的定理，我们早前已经说过，在可感觉事物上应用都是合适的。

意式数和数学数

假设意式存在的那么些人，他们就会根据自己的假设而以意式为数，这是应用了脱离实例而抽象出来的方法。在他们的观点里，普遍此项的一致性也假定存在，这是用来进一步解释数存在的原因。但是，他们的理由不够充分而且也不可能存在，这些理由还不足以让人们相信数是独立存在的实是。而毕达哥拉斯学派在研究中观察到了可感觉事物身上有数的属性，于是他们的假定便是万事万物皆为数，这个观点是说事物是由数组成的，而不仅仅是用数来计量。这是什么原因？譬如乐律、天体还有其他事物都具备数的属性。主张仅有数学之数的人，他们的立论当中本应该没有这一类观点的，但是他们却常常否定了可感觉事物作为学术主题的可能。我们前面提到过，因为这些被确认为学术的主题，数学对象就不能脱离可感觉事物而独立存在，如果不然，它们的属性就不会在实体中出现。毕达哥拉斯学派在这一方面并没有引来反驳的声音，只不过是他们认为自然体由数来构成，有轻重的事物由无轻重的事物来构成这观点遭到众人的批评。他们提到的天体还有其他事物和可感觉事物是有区别的。主张数是可分离的人的观点是"可感觉事物非真实"，唯独"数式才是真实的公理"，而且他们还通过性灵来就解释数为何存在，且独立于事物之外，这似乎和几何对象非常相似。与此观点相悖的数论的观点与之正好相反，不过我们在这里有一个疑问，如果不是存在于可感觉事物中的数，那又如何让可感觉事物具备数的属性呢？凡是主张数可以独立存在的人们应当为我们解开这个疑问。

有人因为了解了线的端是点，面的端是线，体的端是面，就得出了点、线、面、体都是事物的结论。而我们进一步去考察的话就会发现这个理由过于薄弱：（一）事物的端不过是事物的限度，自身并不是本体。像步行一类的运动通常都有终点，依据他们的观点的话，这些也都会成为"这个"，也就是本体了，这显然是荒谬的。（二）即便是本体的话，也是可感觉世界中的本体，可是他们的观点明显是在脱离可感觉世界，那又该如何分离而独自存在呢？

我们认为在数和数学对象上他们的观点还不够充分，因此以下这个问题必须慎重去提，先天数（数学对象）和后天数（几何对象）两者也互不支持。如果始终要坚持数学对象为存在的人，那么要知道数不存在的话也会带来空间量度的不存在，空间量度如果不存在，灵魂和可感觉事物却会因此而存在。从可见世界的真相来看，自然体系并不能被比作一个坏剧本，各幕之间还并非没有联系。相信意式的人，他们忽略了这疑问。空间量度对他们而言是由物质和数来制造的，2用来制线，3用来制面，4用来制体[1]，还有其他的数也用来制作，这当中是没有区别的。可是这些量度会成为意式，那么它们的存在又将是怎样，对事物的作用有哪些？这些的作用多不大，就如同数学对象一般。假设人们在创立自己原则的时候不愿意去干涉数学对象，这样一来，他们的所有定理都无法给予他实用的帮助，但是这不妨碍他用一连串随意的假设来得出众多的结论。

这些思想家们犯这样的错误就因为想让数学对象和意式相结合。最开始主张把数区分为意式数和数学数的人，其实并没有举出数学数是如何存在的以及它由什么组成，这原也是无法说的问题。他们仅仅是把数学数放在了介于意式数和可感觉数的中间，这是因为：（一）如果数是"大和小"组成的话，那就和意式数两者相同（大和小为此组成了空间量度）。（二）假使它又有其他要素的话，那么用来制数的要素就太多了。两类制数的第一原理倘若是同一事物的话，那元一就和一成为共通的形式原理了。这样的话，我们必须追问一是如何就成了许多事物的呢？依据他的观点，数只能由"一"和"未定之两"二者衍生，却不能由一直接制成。

这一切都显得非常荒谬，里面充满了各种冲突和矛盾。这个理论让我们想到了西蒙尼得的长篇大论，其中提到了奴隶们在隐瞒事实真相的时候总会显得矫揉

---

[1] 意大利学派中的数学和几何演算都是用卵石来排列的，两个卵石可以确定一条线、三个就可以确定一个三角形，四个则是一个四面体。

造作。关于"大和小"这些要素仿佛也在对赋予原本不属于它们的事情发出抗议。实际上，它们所能制数和一乘二所连续得到的数是相同的。

荒谬的是要给永恒事物赋予一个创造的过程，这一定是不可能的。

毋庸置疑的是，毕达哥拉斯学派否定了永恒事物的创造过程，他们明白凡是元一通过面、种子，或者一切他们还未弄明白的元素来构成的话，一经构成，凡是无限的都为这些有限的极限所限制住了。既然所构成的是一个世界，那就要通过自然科学的语言来建设理论，这样的理论我们要仔细审查，只要不是太过分的话在现有的研究当中就姑且如此吧。我们必须要研究的是那些在不变事物上作用的原理，关于这一类数的创生问题。

思想家认为奇数是没有创造过程的，也就是说偶数才有创造过程，有人甚至还说偶数是"不等"制成中最早的，只要有"大和小"在"等"上平衡的时候就有了偶数。因此，"不等"平衡之前是归属于"大和小"的。如果说大和小常常处在平衡之中，那自然就不会有"不等"，也就是说平衡是常在的话，那么不等就是不常在了。所以他们引进了数的创造说，这对于理论而言是没有明显的益处的。

美与善的问题

要素和原理在与美及善如何相关的问题上存在一个疑问,在众多的要素中,我们所意指的善和至善这样的要素是不是存在,或者在要素之后是不是有本善和至善存在。神学家们似乎和现代的不少思想家们一样都在逃避这个问题,只说是在自然发生了进步之后,善和美才在事物当中出现。(之所以他们这么做的理由是要避免以"元一"作为第一原理时引来的非议,这非议实际并不是来自于他们将善视为第一原理的属性这个问题,而是他们把制数的要素一也视为了一个原理,这才有了争议。老诗人们认为,君临天下来统治世间的再不是那些宇宙原始力量的象征,譬如混沌,譬如奥基安[1],而是宙斯,这些诗人的说法似乎和思想完全契合。他们这么说就因为他们看到了正在不断变换的世界统治者。而那些完全没有神话意味的人们,譬如费勒色特[2]和其他一些人,就把善和美合并了,将"至善"视为是原始的创造者。此外,麦琪[3]和后来的先哲们也是这么说的,譬如恩培多克勒和阿纳克萨哥拉等等,前者通常以本一为主,也就是本善,他们看来本善的性质主要是元一。)

那么这两种说法究竟哪一种才是对的呢?如果说基本永恒的,且能自足的事物缺少了"善"这种自给自足的素质的话,那么就应当产生怀疑了。自足的事物不会灭坏,这其中唯一的原因就是本性之善。因此善必须是第一原理,这点不值得再怀疑。可是如果说原理就应该是元一,这是不可能的,或者说不是元一而是

---

1 详见荷马史诗"伊里埃"。
2 茜洛人费勒色特(约公元前 600—公元前 525),以宙斯为三原神之一。
3 麦琪这里是指波斯琐罗亚斯德宗僧侣阶级。

列数中的一个要素，也是谬论。有些人为了躲开强烈的反驳，他们放弃了这个理论（他们提出第一原理和要素就是一，由此一就成为了数学之数的原理和要素）。可是由于"元一就是本善"的理论，所有的一和所有善的品种都会一致，这会让人们想到事物的意式。如果假设的只有善的意式存在，那么这些还不是本体的意式（仅仅是素质的意式）。再假设如果是本体的意式的话，那么所有的动植物以及事物，只要是和意式有关的都是善的（本身意式是有善的性质的）。

　　荒谬的推论都是来自于"元一和本善相合"的说法。还有另外一个问题也因此出现，相对于元一的要素，不管是多还是不等，譬如大和小，是不是就是本恶?（因此，一位思想家认为既然对成出创生，那是不是说众的本性就是恶，而善应当避免从属于此。还有一部分人直接就认为不等性就是恶的本性。）照此说来，一切事物中唯独一和本一之外，所有都有恶，而列数更是参与到了恶当中，和空间量度相比它们的形式更为直接。因此恶成了善，在它们当中实现了自己的活动范围，此外，由于对成本身都有毁灭相对事物的趋向，因此参与其中的恶的目的就在于毁灭。我们前面提到过，如果物质潜在的是每一个事物的话，好比潜在的火是可以实现的，那么恶正好就是潜在的善了。

　　这些谬论的出现，原因在于：（一）他们将所有的原理都当成了要素。（二）他们把所有的对成都当成了原理。（三）他们把一当成了原理。（四）他们把列数当成了通式，并将其视为是独立存在的原始本体。

善为第一原理

　　试想一下，善若是不包含在第一原理当中，这显然是不可能的，就是把善放在第一原理当中也是不当的。这说明在原理和原始本体的假设当中还有很多是不明确的，把宇宙的原理和动植物相比的人，他们还尚未把物质的想法理顺，因此他们认为在动植物上，总是不完备的、未定型的。正因为这一观点，让上述的思想家们有了那样关于第一原理的结论，事实上本一本身就不是一个现实的事物。这描述不够准确，因为世上的动植物它们由来的原理是完备的。

　　同样这也是荒谬的，创造空间的同时数学立体也在创造（个别事物存在空间特性的原因造成了空间上的各自分离，可是数学对象是没有固定的处所的），那么数学立体就有固定的处所，可是处所是什么却始终没有说明。

　　他们指出事物来自于要素，数则是最为原始的事物，所以要他们先说明的应当是什么是一物出于另一物，此外还有数是由第一原理衍生的方式又是什么？该怎么混合？可是首先不是所有的事物都可以混合，其次要素产生的事物和要素相异，这样的混合就无法分离，那元一就无法如他们所愿总是保持为一个分明的实是。就比如一个音节，它该如何组合？不过要素第一是要有位置来安排的，第二人们只要想到数，就可以分别想到一和众，因此数必须是一个由一加上众，或者是一加上不等而成的组合物。

　　一物出于一物，一个事物要不然就是在某一个事物之中，要不然就全然不是在它之中。由要素所出的数，要素是包含在数中还是不是呢？唯独是创生的事物才能出于要素，而且要素还包含其中。可是数来自于要素是不是和来自于种子是一样的呢？要知道无法区分的事物是没有产品的。那么它是来自于对成，尤其是其中的可变对成？不过，要知道只要是出自对成的事物都必然存在不变事物的底层。曾有思想家把一视为是众的对成，更有另外一位思想家将一作为等与不等对成，那么这么说数就出于对成了。因此就它的对成而出的数还存在不少不变的。可是为什么世上那么多出于对成的，或是具有对成的事物总是可变的，可灭的呢？（即使它们都出自于所有的对成，它们也是可变的。）为什么在这之外只有数是不灭的呢？这一点从来没有被解释过。对成无论是在产物之中还是在产物之外，始终是有破坏性的，例如斗争可以破坏"混合"（事实上这不应该被破坏，混合物与之并非是真的对成）。到底数是由哪一种方式成为本体和实是的原因，这一问题尚未解决。首先是由于数是有限的吗（就好比点是空间量度的界限）？欧吕托[1]就是由此来决定万事万物的方式的，他和其他一些人一样用卵石来获得三角形和四方形的数，再依照自然对象的方式来求得其数（比如人和马也有其数）。其次是因为数以音乐为比例，所以其他事物和人也应当如此吗？属性譬如白、甜、热等等又是以什么为数呢？很显然，数无法成为事物的式因，它是一个比例，而数仅仅是这个比例的物质而已。就好比说数只是存在于肌肉和骨当中而已，可以说是三份火和两份土。无论是哪一个数总是用来计量某些事物的，比如多少火和多少土，以及其他单位。可是真正的怎是或是式因是指其中混合的比例，而不单纯是一个数或是一个混合数的比（也可能是实体或是其他类别的数比）。

不管是一般的数还是抽象单位而成的数，它既不是非事物的物质，也不是公式或是式因，更不会是事物的有效原因，那么它也不可能是终极原因。

---

1 欧吕托（英文：Earytus），盛年约在公元前4世纪初，为毕达哥拉斯学派菲洛赖乌（英文：Philolaus）弟子。

数与列数

人们或许还有这样的疑问，一个容易计算的数或是奇数可以说明事物的组成的话，那么事物从数那里可以获得什么样的益处呢？实际上，就好像蜂蜜水并非是有了三比三的比例才更好喝，其中不存在特殊的比例，不过是冲淡了的蜂蜜水和太甜的蜂蜜水相比，在可用数表示上显得更合适一些而已。此外，混合物的比例不是数与数的相乘，而是相加，就好比三份水加上两份的蜜，而不是三乘以二。事物要能够相乘，首先要保证科属是一致的。因此 $1×2×3$ 得出的结果必须是 1 这个单位可以计量的，而 $4×5×6$ 的结果也是要以 4 可计量的，乘积的计量都必须是原乘数。如果水是 $2×3$ 的时候，火就不应当同时是 $2×5×3×6$ 了。

如果说所有事物都要参与到列数当中，那么事物就一定是相同的，一个数就可能有时属于这个事物，有时属于那个事物。那么数是不是原因呢？是不是有了数事物才存在呢？也或许这还无法肯定呢？譬如太阳的运动是有数的，月亮的运动也是，那么动物的寿命和成长无一不包含数。因此这些数不能相乘或是平方、立方等等。如果说所有事物都要参与到数中去，而数所习用的范畴又非常有限的话，那么一样的数就无法用在不同的事物当中去了。因此只要是科属相同的事物就可以被冠以相同的数，就好像太阳和月亮。这又是为什么呢？譬如元音有七个，乐律有七弦，动物七岁换牙（一部分是这样），这些事物当中都包含了数七，所以战斗英雄也有了七位[1]，那么昴星也是七个吗？实际上之所以有七个英雄是由于城堡的门就只有七个，或是还有其他的原因，而昴星为七个，这就好比大熊星座有十二颗星一样，如果眼神更加敏锐的人还可能从中数出更多的星来。

1　详见希腊古史。

除此之外，他们还认为 m、Ψ、n¹ 是和音，原因是和音有三个，因此辅音也应该有三个。他们似乎忽略了这么说的话，这样的音注例如 Aσ 也可以算和音。可是，他们如果说这三个音都是由其他两个字母而成的，那么在口腔中的发音就应当有三个部分，对应 σ 声者也只有这三个字母了，再无其他可以算是辅音的了，不过这一切和三个和音完全没有关系。事实上，辅音只有三个，而和音是多于三个的。通常以往的荷马学者在这个问题上都只能看到小同而不识大异。

有人认为此类的例子非常多，还比如中弦中标示的数字九和八。史诗的一行是十七个音节，和两弦的节奏相合，在朗诵的时候抑扬顿挫都合于右前半行者九音，合于左后半行者八音。可是他们还提到笛管由最低至最高间的音符数就等于由 A 至 ρ 间的字母数，天体合唱队的数目和音符数也相符。可疑的是这样的叙列并不难比拟，永恒事物当中此类的实例很多，即便是在世俗事物中也不难寻觅。

我们这一番仔细地检查之后，不少人为了坚持自然的种种原因都是数，赋予了数可赞美特性，此外还有对成和数学的一般关系都因此而消亡了。就前面所提到的第一原理的所有命意，数无论如何是无法成为事物的原因的。但是他们也解释清楚了一个涵义，善是从属于数的，和奇、直、正方还有其他数的潜能都放在同序列中，放在美的对成行列中，比如季节和 4 这个数字合。在数学论理当中，他们收集了大量这样的例子。事实上这就是一些相符罢了。其中存在了偶然性，但凡是可以相符的事物就可以彼此适应还可以互相比拟。在实是的范畴当中，总是可以找到比拟的词项，例如直比拟于线、平比拟于面、奇比拟于数、白比拟于色等等都是如此。

再说，音乐现象的存在原因和意式数没有关系（尽管意式数相同但是属类不同，意式单位也是这样）。因此仅凭这个理由我们就可以断定数论的结果并不是这些意式，事实上还有更多驳斥谬论的理由。在制数上，他们遇上了不少麻烦，数论体系始终无法建立起来，这也说明了数学对象确实是无法与可感觉事物分离，这和很多人所提出的观点相悖，而且它们也无法成为第一原理。

1　希腊文字母。